CÉSAR

*

LES MARCHANDS DE GLOIRE

MARCEL PAGNOL
de l'Académie française

CÉSAR

film réalisé en 1936

*

En collaboration avec Paul Nivoix

LES MARCHANDS DE GLOIRE

pièce en cinq actes

FRANCE LOISIRS
123, boulevard de Grenelle, Paris

Édition du Club France Loisirs, Paris avec l'autorisation
des Éditions de Fallois

ISBN : 2-7242-5016-8

SOMMAIRE

CÉSAR

film réalisé en 1936

DISTRIBUTION

CÉSAR	*Raimu*
MARIUS	*Pierre Fresnay*
FANNY	*Orane Demazis*
PANISSE	*Charpin*
TANTE CLAUDINE	*Milly Mathis*
LE CHAUFFEUR	*Maupi*
ESCARTEFIGUE	*Paul Dullac*
HONORINE	*Alida Rouffe*
M. BRUN	*Vattier*
FERNAND	*Doumel*
LE DOCTEUR	*Delmont*
LE CURÉ	*Thommeray*
CÉSARIOT	*André Fouché*

Musique de Vincent Scotto.

C'est au milieu de l'été, sur le quai du Vieux-Port à Marseille. César, seul, marche d'un pas pressé. Il a vieilli, car vingt ans ont passé depuis le mariage de Panisse. Sa moustache est blanche, son visage ridé. Il s'arrête devant l'église Saint-Laurent, et regarde un instant le porche, puis il contourne le monument, et entre par la petite porte de la sacristie.

DANS LA SACRISTIE

C'est une vaste pièce, sous une très haute voûte. Elle est entourée de très grandes armoires en vieux chêne ciré. Dans une haute cathèdre, un gros bedeau sommeille. César entre, sa casquette à la main. Le bedeau ouvre les yeux.

CÉSAR

Bonjour. Est-ce que je pourrais voir M. l'abbé Bonnegrâce ?

LE BEDEAU

Dans un instant, Monsieur, il finit le prêche provençal. Asseyez-vous.

CÉSAR

Bon.

Il s'assoit, sa casquette à la main, qui pend entre ses jambes. On entend tout à coup les orgues. Enfin, une petite porte s'ouvre et le curé entre. Il est revêtu des ornements sacerdotaux. Il est vieux, il a des cheveux blancs tout frisés. Il voit César. Il sourit, mais il est étonné.

LE CURÉ

César ! Qu'est-ce que tu fais là, mécréant ?

CÉSAR *(gêné, à voix basse)*

Je viens te voir, Elzéar.

LE CURÉ

Et tu n'aurais pas pu venir à la messe par la même occasion ? Tu as peur de passer pour un esprit faible ?

CÉSAR

Non, Elzéar, ce n'est pas ça. Ce n'est pas ça du tout. Je ne suis pas entré parce que j'arrive à peine... et j'arrive à peine parce que Panisse est mourant.

LE CURÉ *(ému)*

Honoré ?

CÉSAR

Oui, notre pauvre Honoré. Hier au soir, on faisait une grande partie de boules au Pharo, contre l'équipe de Bandol, et Honoré jouait comme un dieu ; et tout d'un coup, il tire, il manque, il devient tout pâle, et il me tombe dans les bras... Félicien a dit que c'est une crise du cœur... S'il en a une autre, il y passe.

LE CURÉ

C'est lui qui t'a dit de venir me chercher ?

CÉSAR

Non. C'est Fanny. Elle est allée à la gare pour attendre son fils, qui arrive de Paris. A l'École Polytechnique, ils lui ont donné trois jours de congé.

LE CURÉ

Est-ce qu'il se rend compte de son état ?

CÉSAR

Oh oui... Ce matin, il a demandé à nous voir, pour nous faire ses adieux... C'est ce qu'il a dit à Norine... Alors j'y suis allé, avec Escartefigue et Monsieur Brun... Et puis, il dormait — enfin, il avait l'air de dormir — mais il est peut-être déjà sur le départ.

Une grosse larme roule sur sa joue.

LE CURÉ

J'y vais. *(Au bedeau)* Gustave, fais préparer un enfant de chœur.

CÉSAR

Seulement, écoute, il ne faudrait pas que tu le lui dises.

LE CURÉ

Ça me paraît difficile de le confesser, sans le lui dire ?

CÉSAR

Je veux dire : il ne faut pas qu'il sache que tu es venu exprès.

LE CURÉ

Si je lui apporte la communion et les saintes huiles, il verra bien mon costume et les instruments du culte.

CÉSAR

Justement... C'est ça qui risque de l'effrayer... Félicien a dit qu'une petite émotion peut nous le tuer... Alors tu pourrais laisser le costume en bas, dans la salle à manger, avec l'enfant de chœur... Et tu feras celui qui passait par hasard... qui a eu l'idée de lui dire bonjour. Et petit à petit, tu comprends, tu le préparerais... Ça se ferait moins brusquement, il me semble que ça serait mieux. Je sais bien, Elzéar : c'est un mensonge que je te demande. Mais je t'assure que ça serait mieux...

LE QUAI DE LA GARE SAINT-CHARLES

Il y a beaucoup de gens qui vont et viennent, le petit train électrique des bagages sonne de toutes ses forces, Fanny se promène, elle attend... Elle n'est plus très jeune, mais elle est encore belle.

LE QUAI DU PORT

César passe le long du quai. Il revient chez Panisse. Il y a de petits cireurs qui jouent à la marelle sur les trottoirs. César, sans les voir, passe au milieu d'eux. Et il arrive devant le magasin de Panisse, sur lequel, en grandes lettres dorées, il y a :

HONORÉ PANISSE ET FILS

Nous allons l'attendre dans la chambre du malade.

LA CHAMBRE DE PANISSE

C'est une grande chambre provençale, tapissée de cretonne jaune à petites fleurs. Dans un grand lit, Panisse est couché.

Il ne bouge pas. Autour du lit, Escartefigue, le chauffeur, Honorine. Tous pleurent. César entre, rapidement, sur la pointe des pieds. Il va vers Honorine qui est lugubre, et il lui parle à voix basse.

CÉSAR

Elzéar arrive. Et lui ?

HONORINE

Il ne se réveille pas... Le docteur a dit qu'il faut le laisser reposer. Il est allé chercher un remède...

CÉSAR

Et qu'est-ce qu'il en pense ?

HONORINE

Il en pense qu'il peut nous claquer dans les mains sans dire « ouf ».

CÉSAR *(qui a les larmes aux yeux)*

Même s'il disait ouf ça n'arrangerait rien.

Entre Monsieur Brun sur la pointe des pieds.

M. BRUN *(il chuchote)*

Alors ?

HONORINE

Toujours pareil. Il sommeille.

M. BRUN

C'est peut-être bon signe...

Escartefigue se mouche. A ce moment, Panisse parle d'une voix de rêve. On ne comprend pas ce qu'il dit, sauf le dernier mot, qui est « fini ».

M. BRUN

Il a parlé !

CÉSAR

J'ai entendu « fini ». *(Il s'approche du lit.)* Mais non, Honoré. Tu vas beaucoup mieux, puisque tu parles !

M. BRUN

Qu'est-ce que vous avez dit ?

PANISSE *(plus fort)*

La partie de boules, est-ce que vous l'avez finie ?

CÉSAR

Mais non, voyons ! On s'est occupé de toi tout de suite ! Nous sommes restés 13 à 9.

M. BRUN

Si c'est là votre principal souci, tout va bien !

PANISSE

Ça, ce n'est pas sûr, Monsieur Brun... *(Il regarde Escartefigue qui s'essuie les yeux.)* Félix, ça ne se fait pas de pleurer dans la chambre d'un agonisant !

CÉSAR

Et où vois-tu un agonisant ? Tu as une figure de prospérité !

PANISSE

C'est bien possible. Parce que c'est une maladie imbécile, qui tue les gens en bonne santé, et ça fait des morts ridicules... Mais c'est vrai que je respire très bien... Honorine, mettez-moi un coussin dans le dos.

HONORINE

Non, Honoré. Ça, ce n'est pas permis.

PANISSE

Mais oui, c'est permis puisque je vous le permets.

HONORINE

Vous croyez, Monsieur Brun que...

M. BRUN

Ma foi, cela dépend de ce qu'a dit le docteur.

HONORINE

Il a dit qu'il ne faut pas qu'il bouge.

HONORÉ

Il a dit aussi : quand la crise sera passée, tu seras comme avant. Eh bien la crise est passée.

CÉSAR

Mais il faut prendre beaucoup de précautions pour éviter la prochaine.

HONORÉ

Ne t'inquiète pas : j'en prendrai. Mais pour le moment, il me vient une idée intéressante. Honorine, ouvrez ce placard et sur la plus haute étagère, prenez une bouteille de mon vin blanc de Cassis — et il y a les verres à côté.

CÉSAR *(effrayé)*

Honoré, tu ne vas pas boire un verre de vin blanc ?

HONORÉ

C'est pour vous que je le réclame. C'est pour consoler Félix, et toi, et M. Brun. Et ça sera bien naturel que je trinque un peu avec vous !

M. BRUN

Honoré, je vous assure que le docteur...

HONORÉ

Le docteur a dit beaucoup de choses, et je vais vous répéter la plus importante. Surtout, pas de CONTRARIÉTÉ. Ça peut être mortel. Oui, parfaitement. Et il a même dit : « Je te défends de penser à la traite protestée de Galimberti. » *(Il s'excite.)* Oui, car ce salaud a refusé de payer une traite de 65 000 francs, que j'avais acceptée en toute confiance — et qui me compromet mon échéance du 15 ! Qui aurait cru ça de lui ?

CÉSAR

Honoré, calme-toi ! Je crois que tu es sauvé, mais calme-toi !

PANISSE

Il n'y a qu'une chose qui peut me calmer : c'est un verre de vin blanc !

M. BRUN

On va vous le donner. Calmez-vous !

DANS LA RUE

On voit passer le curé dans ses habits sacerdotaux. Il est accompagné de l'enfant de chœur, qui sonne sa clochette. Sur une porte, sont assis deux fainéants, qui se lèvent pour saluer respectueusement.

DANS LA CHAMBRE

Panisse, soutenu par des coussins, trinque avec ses amis.

CÉSAR

A ta santé, mon cher Honoré.

PANISSE

C'est bien le cas de le dire !

La porte s'ouvre. Le prêtre entre et paraît très étonné.

CÉSAR *(joue la surprise)*

Vé ! Elzéar !

ESCARTEFIGUE

Tiens ? Comment vas-tu Elzéar ?

ELZÉAR

Eh bien comme tu vois : le bon Dieu me conserve !

PANISSE

C'est Fanny qui est allée te chercher ?

ELZÉAR

Oh pas du tout ! Je ne l'ai pas vue depuis au moins trois semaines. Oui, elle a manqué deux fois la messe !

PANISSE

Et alors, pourquoi es-tu venu ?

ELZÉAR

Parce que j'ai entendu dire qu'hier, en jouant aux boules, tu avais eu un malaise un peu inquiétant... Et alors, comme je passais devant ta maison, il m'est venu l'idée de monter prendre de tes nouvelles.

CÉSAR

Il n'y a rien de plus naturel.

ELZÉAR

Je suis heureux de constater que si tu es malade, ça ne se voit guère.

PANISSE

Eh oui. Je suis malade et ça ne se voit guère. Mais toi tu es menteur, et ça se voit beaucoup !

CÉSAR

Honoré, tu oses dire ça à un prêtre !

PANISSE

Je sais bien que c'est par amitié qu'il ment. En réalité, Fanny est allée te chercher. Dis la vérité, Elzéar.

ELZÉAR

Je n'ai pas vu Fanny depuis plus de quinze jours, car elle a manqué deux messes.

PANISSE

Tant mieux. Parce que si ce n'est pas elle, c'est César, et Fanny je sais où elle est. Enfin, ne discutons pas là-dessus. J'ai pensé à toi cette nuit, Elzéar. Surtout hier au soir ; et si j'avais pu parler, j'aurais dit à Honorine d'aller t'appeler, parce que j'ai bien cru que c'était fini !

ELZÉAR

Eh bien, puisque je suis venu, profitons-en *(aux autres).* Sortez je vous prie.

PANISSE

Attends, Elzéar. Est-ce que c'est obligatoire que je reste seul avec toi ?

ELZÉAR

C'est l'usage, mon cher Honoré. Il est vrai que les premiers chrétiens se confessaient devant toute la communauté : mais c'étaient des saints !

CÉSAR *(près de la porte)*

Oui, ils n'avaient pas grand'chose à dire.

PANISSE *(avec une grande simplicité)*

Eh bien moi, je ne suis pas un saint, mais je voudrais que vous restiez là. *(Il se tourne vers Elzéar.)* Parce que je vais te dire, Elzéar : Quand on fait sortir tout le monde, je trouve que ça n'a pas bon air. Ceux qui sortent, à peine ils sont dans l'escalier, ils commencent à dire : « Qu'est-ce qu'il doit lui raconter, là-haut ! Qu'est-ce qu'il a dû en faire dans sa vie, des cochonneries, des voleries, des mensonges ! » Et on s'imagine des choses terribles !... Eh bien moi, je n'ai rien de terrible à te dire. Je n'ai pas fait que de bonnes actions, loin de là ! Mais enfin, le mal que j'ai fait, ça m'ennuie plus de l'avoir fait que de le raconter devant tout le monde. Sauf peut-être devant Norine. Parce que je n'ai pas fait des crimes, mais il faudra peut-être que je dise des choses qu'on ne dit pas devant les dames, quoique ça soit avec elles qu'on les fait.

HONORINE *(pudique)*

Oui, moi j'aime mieux ne pas rester, à cause du 9e commandement !

Elle sort, elle ferme la porte. Un temps.

PANISSE

Allons, Elzéar, pose-moi des questions.

ELZÉAR *(solennel)*

Honoré, toute confession est grave. C'est pourquoi il convient de donner à cette cérémonie amicale un caractère de solennité. *(Un temps)* Honoré, répète après moi cette phrase : « Bénissez-moi, mon père, parce que j'ai péché. »

PANISSE

Bénissez-moi, mon père, parce que j'ai péché.

ELZÉAR

Que le Seigneur soit dans ton cœur et sur tes lèvres, afin que tu fasses une sincère et entière confession de tous tes péchés. Au nom du Père, du Fils et du Saint-Esprit. Ainsi soit-il.

Au fond de la chambre, César, Escartefigue, le chauffeur et M. Brun se signent en même temps que le prêtre.

DANS UN WAGON DE PREMIÈRE

Un jeune polytechnicien en uniforme regarde défiler les cyprès, le long de la Crau. Il est seul, il est grave et muet. Dans le filet des bagages, il y a sa valise, son bicorne et son épée. C'est le petit Césariot, qui vient au chevet de son père.

Sur le quai de la gare, sa mère l'attend toujours. Et dans la chambre de Panisse, la confession continue.

ELZÉAR

En somme, tu n'as pas vécu comme un bon chrétien, Honoré. Tu n'as pas observé les commandements de notre Sainte Mère l'Église. Tu as négligé tes devoirs envers toi-même et envers Dieu... J'espère qu'Il te pardonnera. Et maintenant, as-tu fait le mal dans ta vie ?

HONORÉ

Oh, certainement Elzéar. On ne peut pas vivre sans faire le mal, même sans le faire exprès. Tu n'en as jamais fait, toi, du mal ?

ELZÉAR *(humble)*

Sans doute, sans doute... Je ne suis qu'un homme... Mais enfin, ce n'est pas moi qui me confesse, c'est toi. Toi, quel mal as-tu fait ?

HONORÉ

Je ne sais pas. Je veux dire, je ne sais pas ce que, toi, tu appelles du mal.

ELZÉAR

Ce n'est pas moi qui décide, Honoré. Ce sont les commandements de Dieu. César, approche-toi, et lis-nous les commandements de Dieu, l'un après l'autre. Ça sera l'occasion de te les rappeler.

César, confus, prend ses lunettes, et il va lire à haute voix, avec respect, les commandements.

CÉSAR

Un seul Dieu tu adoreras
Et aimeras parfaitement.

HONORÉ

Ça, ça va. D'accord. Je n'ai jamais adoré plusieurs dieux, Elzéar. Parole d'honneur.

CÉSAR

Le nom de Dieu ne jureras
Ni sans raison, ni faussement.

HONORÉ

Ayayaïe. Celui-là est mauvais pour moi. J'ai dit beaucoup de jurons, je te jure...

ELZÉAR

Encore ?

HONORÉ

Excuse-moi. Je t'affirme qu'au moment où je prononçais des jurons terribles, je ne pensais pas du tout au Bon Dieu. Ça voulait dire simplement que j'étais en colère. Mais tu penses bien que le Bon Dieu, fort comme il est, je n'avais pas du tout l'intention de le provoquer !

ELZÉAR

Bien. Continuons.

CÉSAR

Les dimanches sanctifieras
En servant Dieu dévotement.

Et la confession continue. Cependant, au rez-de-chaussée dans la cuisine de Panisse, Honorine et la tante Claudine sont assises devant la table. En face d'elles, il y a l'enfant de chœur, qui mange des confitures. Sur le bahut, sous un léger voile de mousseline blanche, le bon Elzéar a laissé le ciboire et les instruments du culte. Sur un fauteuil, les ornements sacerdotaux qu'il va reprendre tout à l'heure. La tante Claudine n'est plus très jeune, mais elle est toujours fraîche comme une pomme. Elle regarde l'enfant de chœur, qui mange de grand appétit.

CLAUDINE

Toi, ça ne te coupe pas l'appétit, ces choses-là.

L'ENFANT DE CHŒUR *(la bouche pleine)*

Quelles choses ?

CLAUDINE *(à voix basse)*

Qu'il y ait un homme en train de mourir.

L'ENFANT DE CHŒUR

Je le connais pas. Et puis, il meurt pas : il part pour la vie éternelle. Alors vous pensez...

Il reprend de la confiture.

HONORINE *(très inquiète)*

Ça va nous faire un brave tintouin !... Tous ces gens

habillés de noir. Et puis ça va en poser, des questions ! Ma petite Fanny, qu'est-ce qu'elle va devenir ? Dis, qu'est-ce qu'elle va devenir ?

CLAUDINE *(raisonnable)*

Elle va peut-être devenir veuve, comme toi et moi.

HONORINE

Elle n'a que trente-huit ans.

Un temps assez long. Puis Claudine dit doucement :

CLAUDINE

Et Marius, le fils de César, tu sais où il est ?

HONORINE *(fronce les sourcils)*

Pourquoi tu me parles de cet individu ?

CLAUDINE *(innocente)*

Je ne sais pas, moi... Au hasard...

HONORINE

Ne mens pas : tu penses à quelque chose, toi. Eh bien ça, jamais. *(A voix basse)* La dernière fois qu'il est venu à Marseille, il y a au moins douze ans, son père l'a mis à la porte pour toujours ; et pourtant, son père l'adorait !... *(A voix très basse)* On dit qu'il a fait de la prison...

CLAUDINE

Mon Dieu, quel malheur ! De la prison !

L'ENFANT DE CHŒUR *(très naturel)*

Oh, pourquoi ? Moi, mon père va souvent en prison parce qu'il est pêcheur à la dynamite. C'est tout ce qu'il sait faire, peuchère, et les gendarmes veulent pas qu'il le fasse, et on veut pas lui donner le chômage ! Alors, quand on l'attrape, on le met en prison. Ça le fait même pas maigrir.

DANS LA CHAMBRE

César est toujours debout au pied du lit.

CÉSAR

Faux témoignage ne diras
Ni mentiras aucunement.

ESCARTEFIGUE *(à voix basse)*

En voilà encore un qui est dur !

HONORÉ

Mon père, je m'accuse d'avoir commis le péché de mensonge.

ELZÉAR

Souvent ?

HONORÉ *(dans un grand élan de sincérité)*

Continuellement. Enfin, je veux dire plusieurs fois par jour. En jouant aux boules par exemple. Ou en revenant de la pêche ou de la chasse. Et surtout, surtout, avec la clientèle... Tu comprends, Elzéar, s'il faut toujours dire la vérité à la clientèle, il n'y a plus de commerce possible...

CÉSAR

Oui, tu n'aurais pas pu vendre ce fameux bateau à M. Brun !

ELZÉAR

Raconte-moi donc cette histoire.

M. Brun se lève et très gentiment il dit :

M. BRUN

Ce n'est pas la peine, Monsieur le Curé... La victime ne porte pas plainte... Ce n'était pas un vrai mensonge, ce n'était qu'une galéjade.

HONORÉ

Merci, Monsieur Brun.

CÉSAR

C'est égal ! S'il s'était noyé, pour ta confession, ça t'aurait fait un brave plat de résistance !

SUR LE QUAI DE LA GARE

Voici l'arrivée du rapide, qui entre lentement.
Fanny cherche, elle va de wagon en wagon. Soudain elle aperçoit son fils. Elle s'avance vers lui. Il la prend dans ses bras, il l'embrasse.

CÉSARIOT

Bonjour, Maman. Et Papa ?

FANNY

Toujours pareil. Quand je suis partie, il dormait. Un sommeil lourd. Le docteur est très pessimiste....

CÉSARIOT

Il t'a dit qu'il était perdu ?

FANNY

Non, mais il est en danger. Oui. Le docteur a dit que s'il a une autre crise, ce sera la dernière. Lorsque je t'ai téléphoné, on croyait qu'il ne passerait pas la nuit...

Le garçon, très ému, prend le bras de sa mère. Ils s'éloignent dans la foule.

DANS LA CHAMBRE

CÉSAR

L'œuvre de chair ne désireras
Qu'en mariage seulement.

HONORÉ

Aqui, sian arriba au plus mâri...

ELZÉAR

Es un grand peca ; es bessaï lou plus grand...

CÉSAR

De segu, es aqueou que si fa lou plus souvent.

ELZÉAR

Allons, parle, Honoré. Débarrasse ta conscience.

PANISSE

Ça me gêne de te dire ces choses-là à toi.

ELZÉAR

Dans ma paroisse, Honoré, il y a beaucoup de pauvres filles... J'en ai certainement entendu de plus graves que les tiennes. Allons, parle.

HONORÉ

Eh bien oui. Je l'ai fait, ce péché. Et ce qui est plus terrible, c'est que je l'ai fait avec plaisir.

CÉSAR

Pardi ! Si les péchés faisaient souffrir quand on les fait, nous serions tous des saints.

ELZÉAR

Combien de fois as-tu péché ?

HONORÉ

Souvent, et de toutes mes forces.

ESCARTEFIGUE *(admiratif)*

Hé ! Hé !

HONORÉ

Quand j'étais jeune, tu comprends... Avant mon premier mariage, j'avais une petite amie que, vraiment...

ELZÉAR

Tu t'en es confessé déjà, du moins je l'espère, quand tu t'es marié.

HONORÉ

Oui, c'est vrai. Alors ça, je n'ai pas besoin de te le raconter.

ESCARTEFIGUE *(gourmand)*

Tu pourrais quand même nous le raconter à nous, Honoré... C'est intéressant...

ELZÉAR *(durement)*

Félix, je te rappelle à la plus élémentaire pudeur.

Escartefigue baisse les yeux.

HONORÉ

Ensuite, pendant mon premier mariage, ça m'est encore arrivé. Ça je te l'ai raconté quand je me suis confessé avant mon second mariage.

ELZÉAR

Mais depuis cette dernière confession ?

HONORÉ

Eh bien, depuis que j'ai épousé Fanny. *(Il hésite, puis, consterné :)* Ça m'est encore arrivé.

CÉSAR *(stupéfait)*

Tu as trompé Fanny ?

HONORÉ

Eh oui... Fanny a toujours eu pour moi beaucoup d'affection... Mais de la passion, pas énormément... Et ça se comprend... Alors, moi avec elle, j'ai été plutôt discret. Tu me comprends ? Alors, le Diable m'a tenté...

ELZÉAR

Quelle forme avait-il pris ?

HONORÉ

Il avait pris la forme d'une de mes ouvrières.

ESCARTEFIGUE *(curieux)*

Laquelle ?

HONORÉ

La petite rousse.

ESCARTEFIGUE

Je m'en étais toujours douté !

ELZÉAR *(à Honoré)*

Je te rappelle que ta confession ne doit mettre en cause que toi-même ; c'est une règle absolue. *(Puis, brusquement, il se tourne vers Escartefigue.)* Pour toi, Félix, je te prie de sortir.

ESCARTEFIGUE

C'est sérieux ?

CÉSAR

Allez, sors, grande bourrique !

ESCARTEFIGUE

Bon, bon ! *(Il sort.)*

ELZÉAR

Ton péché a duré longtemps ?

HONORÉ

Cinq à six minutes...

ELZÉAR

Mais combien de mois ?

HONORÉ

Presque un an. Après, elle s'est mariée : elle n'a plus voulu.

ELZÉAR

Tu as l'air de le regretter.

HONORÉ

Sur le moment, Elzéar, je l'ai regretté. Mais maintenant, je regrette de l'avoir regretté. Et tu sais, quand je te vois me parler comme ça, je le regrette sincèrement. Mais tu ne sais pas le plus terrible... Quand elle n'a plus voulu... Non, je crois qu'il vaudrait mieux que je ne finisse pas ma confession. Je vois que ça te fait de la peine.

ELZÉAR

Je t'écoute, Honoré, avec toute la tendresse qu'un prêtre peut offrir à tous les hommes. Allons, parle, Honoré...

HONORÉ *(à voix basse)*

Eh bien, quand elle n'a plus voulu, j'en ai pris une autre...

CÉSAR *(à voix basse)*

Oyayaïe...

ELZÉAR

Continue, Honoré...

DANS L'ESCALIER

Escartefigue applique vigoureusement son oreille contre la porte. Il écoute, stupide, sympathique et joyeux...

SUR LA CANEBIÈRE

Fanny, au volant d'une jolie torpédo, ramène son fils chez elle. Elle arrête la voiture devant une pharmacie. Elle descend, elle entre. Césariot attend.

DANS LA CHAMBRE

ELZÉAR

Tu m'as tout dit, Honoré ?

PANISSE

Oui, tout — et du fond du cœur. Mais je pense maintenant qu'il faut encore que je te dise quelque chose. Et ça, comme ce n'est pas mon secret, je ne peux le dire qu'à toi seul.

ELZÉAR

Bien. Sortez donc s'il vous plaît !

Ils sortent en souriant.

Qu'est-ce que c'est ?

PANISSE

Elzéar, devant tout le monde quand tu m'as interrogé sur les mensonges, je n'ai pas voulu te dire qu'il y en a un de mensonge qui me pèse beaucoup, et qui dure depuis vingt ans. Oui. Un mensonge de tous les jours... De toutes les heures...

ELZÉAR

Et lequel ?

PANISSE

Tu le sais bien. Fanny te l'a sûrement dit en confession.

ELZÉAR

Je ne reconnais jamais les gens qui viennent se confesser.

PANISSE

Je te comprends. Eh bien, tu sais qu'en vérité, l'enfant n'est pas mon fils, et beaucoup de gens le savent. Et ma grande crainte — la crainte de toute ma vie — ça a été que quelqu'un le lui dise, par bêtise ou par méchanceté... Lui, naturellement, il ne le croira pas, et j'ai peur qu'il étrangle celui qui le lui dira... Ou bien, s'il le croit, il pensera que je lui ai menti toute ma vie et même après ma mort. Ou alors peut-être il s'imaginera que je ne l'ai pas su, que j'ai été le dindon de la farce, et que sa mère a été une coquine. Alors, il faut lui dire la vérité. Moi, je ne peux pas le faire. J'aurais une trop forte émotion ; et puis, j'ai été son père toute sa vie, je veux mourir en étant son père. Et puis, je le connais : il serait capable de refuser mon héritage. Il faudra le lui dire quand tout ça sera réglé et quand il aura fini ses écoles.

ELZÉAR

Et tu veux que je m'en charge ?

PANISSE

Je veux qu'à ce moment tu ailles dire à sa mère qu'elle doit lui révéler la vérité, que c'est moi qui l'en ai chargée, et que c'est ma dernière volonté. Et puis, voilà une petite lettre pour lui. Tout juste quatre lignes pour lui prouver que sa mère ne m'a jamais menti. Quand le moment sera venu, tu la donneras à Fanny. Je te la confie. *(Il a pris sous son coussin une petite enveloppe. Il la baise, et la tend au prêtre.)*

LA SALLE À MANGER

César, Escartefigue et M. Brun boivent toujours du vin blanc. Claudine coupe des tranches de saucisson qu'elle dispose dans un plat.

CLAUDINE

Mon pauvre mari, moi, ça s'est passé d'une façon étrange. Une nuit, il me réveille. C'était le premier chant du coq. Il avait la figure un peu rouge, et la main sur la poitrine, il me fait : « Claudine, qu'est-ce que tu dirais si je mourrais d'un seul coup ? » Moi, à moitié endormie, je lui fais : « Ça prouverait que tu n'es pas malin. » Et alors il me fait : « Eh bien, par conséquent, je ne suis pas malin. » Et toc ! Il est mort.

ESCARTEFIGUE

Pas possible !

CLAUDINE

Parfaitement. Il avait cinquante-trois ans. Le médecin a dit qu'il était mort de l'embouligue.

CÉSAR *(stupéfait)*

De l'embouligue ?

CLAUDINE

Oui, Monsieur, il avait un embouligue.

CÉSAR *(se tâtant le nombril)*

Moi aussi, j'ai un embouligue ! Tout le monde a un embouligue !

ESCARTEFIGUE *(fièrement)*

Moi, le mien, il est grand comme une pièce de cinq francs !

CLAUDINE *(supérieure)*

Mais, ça ne veut pas dire le nombril ! L'embouligue, dans le langage des savants, c'est une maladie. Le médecin a dit : « C'est une espèce de bouchon qui se met dans les artères. » Et tout d'un coup, cloc ! Ça s'éteint comme si on te coupait le gaz !

CÉSAR *(scientifique)*

Ah ! Elle veut dire une embolidre !

M. BRUN *(sans rire)*

Il y a même des gens qui appellent ça une embolie !

CÉSAR *(condescendant)*

Oui. A Lyon.

M. BRUN

En effet. A Lyon.

CLAUDINE

Si vous voulez. Mais enfin, il est mort quand même.

HONORINE

Ça, au moins, c'est une belle mort.

CÉSAR

Oh vaï ! C'est une belle mort pour les autres. Mais moi, j'aime mieux une laide vie qu'une belle mort... Parce que la mort, on ne sait pas où ça va.

HONORINE

Quand on s'est bien confessé, et bien repenti, ça va au Paradis.

CÉSAR

Oui, peut-être. Mais moi, il y a une idée qui me tracasse : le Bon Dieu d'Elzéar, — le nôtre, enfin — si ça N'ÉTAIT PAS LE VRAI ?

ESCARTEFIGUE *(épouvanté)*

Oh, couquin de Dieou !

HONORINE *(scandalisée)*

Mais qu'est-ce que vous dites ?

CÉSAR

Je veux dire que je connais des musulmans, des Hindous, des Chinois, des nègres. Leur Bon Dieu, ce n'est pas le même, et ils ne font pas comme nous !... Nous, nous avons des péchés que chez eux c'est une bonne action, et vice versa... Peut-être qu'ils ont tort, remarquez bien... Seulement ils sont des millions de milliasses.. S'ils avaient raison, Monsieur Brun ?

M. BRUN

Il est certain que la question peut se poser.

CÉSAR

Le pauvre Honoré est tout préparé, bien au goût du Bon Dieu d'Elzéar. Et si, en arrivant au coin d'un nuage, il se trouve en face d'un Bon Dieu à qui on ne l'a jamais présenté ? Un Bon Dieu noir, ou jaune, ou rouge ? Ou un de ces Bons Dieux habillés en guignol, comme on en voit chez l'antiquaire, ou celui qui a le gros ventre ? Ou bien celui qui a autant de bras qu'une esquinade ? Le pauvre Panisse qu'est-ce qu'il va lui dire ? En quelle langue ? Avec quels gestes ? *(A Escartefigue)* Tu te vois, toi, déjà fatigué par ta mort, et tout vertigineux de ton voyage, en train de t'expliquer avec un Dieu qui ne te comprend pas ? Et tu as beau lui faire des prières, il te dit : « Quoi ? Comment ? Qu'est-ce que vous dites ? » Et il te le dit en chinois ?

ESCARTEFIGUE

Situation terrible. Là, tu me donnes le grand frisson. *(Il boit.)*

HONORINE *(en colère)*

Taisez-vous, grand mécréant. Et la Sainte Bible, alors c'est des mensonges ? Et les Évangiles ? Vous n'avez pas honte de dire des choses pareilles devant l'enfant de chœur ?

CLAUDINE *(sarcastique)*

Si vous alliez un peu plus souvent à l'église, au lieu de boire tant de pastis, vous sauriez qu'il n'y a qu'un Dieu ! Et ce Dieu, c'est le nôtre.

CÉSAR

Oui, évidemment, le bon, c'est le nôtre. Mais alors, sur toute la terre, il y a beaucoup de gens qui sont couillonnés. Ça me fait de la peine pour eux. N'est-ce pas, Monsieur Brun ?

SUR LE QUAI DU PORT

Le docteur se hâte vers Panisse. C'est Félicien. Il est vieux, il est grand, il est maigre. Il porte des lunettes dont les verres sont cerclés d'or, mais il a une pauvre redingote grise, assez fripée. Il est célibataire, et ça se voit, parce qu'il a des pellicules sur le col de la redingote. Allons l'attendre dans la salle à manger de Panisse.

LA SALLE À MANGER

Ils sont encore tous là, autour des verres de vin blanc.

CÉSAR

Moi, c'est pas le curé qui me fait peur. C'est le docteur. Après ce qu'il a dit....

M. BRUN *(avec force)*

Eh bien, moi, je n'ai aucune confiance dans les médecins. Ils se trompent bien souvent !

Entre le docteur en coup de vent.

FÉLICIEN

Et vous avez bien raison, monsieur Brun.

M. BRUN *(confus)*

Excusez-moi, Docteur, je parlais en général...

FÉLICIEN *(débonnaire)*

Oui, vous parliez en général du médecin qui soigne Maître Panisse. Mais, sincèrement, vous avez raison. *(A Honorine)* Il s'est réveillé ?

CÉSAR

Oui. Il nous a parlé longtemps.

Le docteur voit soudain les instruments du culte.

LE DOCTEUR *(inquiet)*

Elzéar est là-haut ?

CÉSAR

Oui. Il l'a confessé devant nous.

LE DOCTEUR

Il lui a donné l'extrême-onction ?

L'ENFANT DE CHŒUR *(nasillard)*

Non Monsieur le Docteur. Pas encore.

LE DOCTEUR

Ce garçon a des végétations dans le pharynx. Je vais voir ce qui se passe là-haut.

Il sort.

DANS L'ESCALIER

Le docteur monte, le prêtre descend.

LE DOCTEUR

Tu l'as confessé ?

ELZÉAR

Oui. Il a toute sa connaissance, et je crois que tu vas être assez content.

LE DOCTEUR

Peut-être. A condition que tu ne lui fasses pas ta cérémonie.

ELZÉAR

Pourquoi ? La communion n'a jamais tué personne.

LE DOCTEUR

La première, c'est vrai. Mais la dernière ? Surtout pour les crises cardiaques, ce n'est pas recommandé. Pas plus tard que la semaine dernière, le sacristain de la Palud, je l'aurais peut-être sauvé ; naturellement j'avais recommandé le calme le plus complet ; mais cinq minutes après, l'abbé Sylvestre s'est amené avec la sonnette et les huiles. Il lui a fait raconter sa vie, il lui a dit que le Bon Dieu l'attendait à son Tribunal, et hop ! Envolé le sacristain. Il est peut-être au ciel, mais il n'est plus chez lui. Et pourtant, c'était un professionnel !

ELZÉAR

Tu veux donc m'interdire de sauver des âmes ?

LE DOCTEUR

Je veux que tu me préviennes, pour que je te dise si le moment est venu.

ELZÉAR

Et je ne confesserais que des cadavres !

FÉLICIEN

Allons donc ! Le Bon Dieu sait bien ce qu'il fait. Quand une créature est perdue, elle a toujours, au dernier moment, quelques minutes de clarté. Nous appelons ça « l'euphorie ». C'est le logement de la confession. C'est ton heure : Attends-la.

Il monte, Elzéar descend, puis s'arrête et se retourne.

ELZÉAR

On ne devrait pas le laisser seul : il boit du vin blanc.

FÉLICIEN

Du vin blanc ? *(Il monte en courant.)*

LA SALLE À MANGER

Tout le monde mange de bon appétit.

CÉSAR

Les voilà !

Entre Césariot, suivi de Fanny.

CÉSARIOT

Bonjour parrain.

CÉSAR

Bonjour mon petit. *(Il l'embrasse.)*

CÉSARIOT

Papa ?

CÉSAR

Il s'en tirera, petit. Il a voulu boire un verre de vin blanc... Il est avec le docteur...

Elzéar entre.

CÉSARIOT *(inquiet)*

Et le prêtre.

ELZÉAR

Je crois que tu n'as pas de raison de désespérer pour le moment. Je l'ai confessé par précaution. On ne sait ni qui vit ni qui meurt. De toutes les personnes qui sont ici, il y en a peut-être une qui mourra avant lui.

Cette déclaration jette un froid. Alors Elzéar ajoute :

Peut-être moi.

CÉSAR *(affectueux)*

Tu es malade ?

ELZÉAR

Pas plus que toi. Mais si nous mourrions tous les deux la semaine prochaine, ce ne serait pas un événement extraordinaire.

CÉSAR

Pour moi, oui.

ELZÉAR

Nul ne sait le jour ni l'heure, et c'est pourquoi il faut être prêt. *(Il touche l'épaule de l'enfant de chœur.)*

Viens, mon petit. Ramenons le Bon Dieu chez lui.

L'enfant de chœur prend le plateau. Ils sortent.

LA CHAMBRE

Le docteur replace son stéthoscope dans son étui.

LE DOCTEUR

Mon cher Honoré, écoute-moi bien. Ta crise est passée. Tu as eu un accident sur une petite artériole du cœur. La défense a très bien joué, tu as fait un petit caillot là où il fallait, et les tissus artériels sont très probablement déjà ressoudés. A l'auscultation, tout paraît normal. Mais....

PANISSE

Mais ?

LE DOCTEUR

Mais je ne puis pas te garantir absolument que tu n'auras pas une autre crise dans un mois ou dans un an. La rupture de cette artériole prouve que tes vaisseaux ne sont pas en très bon état. Donc, je vais te donner un régime qu'il faudra suivre strictement, et tu pourras vivre encore dix ou quinze ans. Je viendrai demain avec le spécialiste, parce que tu ne m'obéiras pas. Tu resteras couché bien tranquille, pendant plusieurs jours ; parce que si tu as la prétention de te lever, et d'aller finir cette partie de boules, tu peux mourir brusquement sans avoir le temps de dire « ouf ».

PANISSE

Ça, ça commence à m'agacer. Ça fait quatre ou cinq fois que je l'entends dire, par toi, par César, par M. Brun. Et pourquoi je dirais « ouf » ? Et pourquoi je ne le dirais pas ? Si c'est ça qui vous inquiète, je te le dis tout de suite « Ouf ! ouf ! ouf ! » Et maintenant je ne risque plus de mourir sans avoir dit « ouf ».

LE DOCTEUR

Calme-toi. Pense à la fragilité relative de tes vaisseaux...

PANISSE

C'est quand même injuste que moi, qui ai fait tant de voiles pour des cotres, des goélettes, et même des trois-mâts, ça soit des vaisseaux qui me font des misères. Enfin, dès qu'ils arriveront, dis-leur de monter.

LE DOCTEUR

A qui ?

PANISSE

A Fanny et au petit, qu'elle est allée attendre à la gare.

LE DOCTEUR

Qui t'a dit ça ?

PANISSE

Mon petit doigt.

LE DOCTEUR

Puisqu'il est si savant, ton petit doigt, il devrait bien te dire que tu ne dois pas boire du vin blanc.

Il prend la bouteille.

Je repasserai vers midi.

Il sort, la bouteille à la main.

LA SALLE À MANGER

Le docteur entre. Il pose la bouteille sur la table.

CÉSARIOT

Alors ?

FÉLICIEN

Le moral est bon. La crise est passée, mais il faudra de grands soins... *(Il tend une ordonnance à Fanny.)* Voilà des gouttes que tu lui donneras cette nuit. Envoie chercher ça le plus tôt possible.

FANNY

J'y vais. Césariot peut monter le voir ?

FÉLICIEN

Oui. Il l'attend. Il avait deviné que tu étais à la gare !

Césariot sort.

LA CHAMBRE

Dans son lit, Panisse attend en souriant. La porte s'ouvre sans bruit. Césariot paraît.

PANISSE

Où est ta mère ?

CÉSARIOT

Elle est allée porter une ordonnance chez le pharmacien.

PANISSE

Tant mieux, parce que j'ai à te parler.

CÉSARIOT

Bonjour mon vieux papa. *(Il l'embrasse.)* J'ai passé une bien mauvaise nuit dans ce train.

PANISSE

Et moi ! Je te voyais dans le couloir du wagon, je ne pouvais guère respirer, et je me demandais si je tiendrais jusqu'à ton arrivée, parce que j'ai quelque chose d'important à te dire. Il y a longtemps que j'y pense, mais on croit toujours qu'on aura le temps : cette nuit m'a servi de leçon. Assieds-toi là, et écoute-moi.

CÉSARIOT

Père, ce n'est peut-être pas le moment de te fatiguer.

PANISSE

Ce n'est pas long, et puis ça m'enlèvera un grand souci. Mon grand souci, c'est elle, naturellement. Elle n'a pas encore quarante ans... Si le bon Dieu fait les choses comme d'habitude, il faudra qu'elle reste veuve pendant au moins trente ans, et ce sera par ma faute.

CÉSARIOT

Quelle faute ? Si tu meurs avant elle, il est certain que tu ne l'auras pas fait exprès ! Et puis, tu sais bien que je ne la quitterai jamais.

PANISSE

Je le sais, et je te la confie ; mais il est certain que tu te marieras. Tu auras ta femme, tes enfants, la famille de ta femme... Elle n'aura qu'une place de belle-mère et de grand-mère. Elle est beaucoup trop jeune pour ça... Alors, je veux te dire que si un jour, plus tard, elle rencontre un homme qui lui plaise, et si tu estimes que ce serait un mari convenable, il ne faudra pas t'y opposer en souvenir de moi.

CÉSARIOT

Mon cher papa, je connais ta bonté et ta générosité : mais tu me parles d'un avenir qui est encore lointain, et je t'affirme que le docteur m'a rassuré. Nous n'en sommes pas encore là.

PANISSE

Nous n'y sommes pas encore, mais nous y viendrons

certainement — et peut-être, à ce moment-là, je ne serai plus capable de te faire les dernières recommandations. Et voilà la dernière : tu trouveras chez le notaire une grande enveloppe à ton nom. C'est l'inventaire de nos biens. Nous sommes beaucoup plus riches que tu ne penses, et ta mère elle-même ne sait pas tout. Alors, si elle se remarie, j'exige la séparation des biens. Ça, c'est indispensable. On ne sait jamais. Les femmes ne sont pas toujours raisonnables... Il vaut mieux prendre des précautions.

CÉSARIOT

Eh bien ne te tourmente pas : j'ai compris, et je ferai exactement ce que tu m'as dit. Compte sur moi.

PANISSE

Bien. Maintenant, ça va mieux... Si je meurs, je ne mourrai pas de mauvaise humeur. Maintenant, ta mère va venir. Donne-moi le petit miroir qui est dans le tiroir de la table de nuit.

Césariot lui tend un petit miroir à manche. Panisse regarde son image.

O yayaïe ! C'est extraordinaire ce qu'on peut changer en quelques heures... Prends la brosse, et il y a aussi un gros crayon un peu noir. Donne-le-moi.

Césariot a pris la brosse, et lui donne le crayon.

Il faut que tu me coiffes parce que le docteur m'a défendu de lever les bras.

Césariot le coiffe. Panisse tient le miroir ; avec le crayon « un peu noir », il noircit légèrement ses sourcils. On entend un pas dans l'escalier.

Attention. La voilà ! Cache tout ça !

Césariot renferme en hâte, dans le tiroir, la brosse, le peigne et le crayon.

Mets-moi deux coussins dans le dos.

Césariot le soutient par deux coussins. On entend un pas léger qui monte l'escalier. Panisse, blême et radieux, regarde la porte qui va s'ouvrir.

UN GARAGE À TOULON : MARIUS ET FERNAND

C'est un garage assez grand, où il y a une douzaine de voitures et la place — vide — d'une douzaine d'autres.

Dans un coin, Marius travaille sur un tour. On entend une voix qui crie : « Marius ! O ! Marius ! » *Marius répond :* « Vouei ! » *Il quitte le tour, et en s'essuyant les mains, il s'approche. On le suit, on rencontre Fernand. Chapeau melon gris, escarpin à claque à un pied, pantoufle à l'autre. Il s'appuie sur une canne, il a l'air de souffrir épouvantablement.*

FERNAND

Bonjour, petit !

MARIUS

Bonjour, ma vieille. Ça ne va pas ?

FERNAND *(dramatique)*

Une attaque foudroyante à la cheville. Impossible de faire un pas sans crier.

MARIUS

Ça ne t'a pourtant pas empêché d'aller faire l'imbécile hier soir au petit bar des Vieux Quartiers.

FERNAND

Qui t'a dit ça ?

MARIUS

Quelqu'un de très bien informé. Tu étais parfaitement saoul, et devant cinq ou six truands, tu as fait une petite conférence sur l'art de maquiller les voitures volées.

FERNAND

Moi ?

MARIUS

Oui, toi.

FERNAND

Je n'ai pas fait une conférence : ce n'est pas vrai. C'est Jo les Gros-Yeux, qui parlait du maquillage des voitures. Il n'y comprenait rien. Il confondait l'immatriculation et le numéro du moteur. Alors moi je lui ai expliqué, naturellement...

MARIUS

Tu trouves naturel que mon associé dans ce garage explique comment on maquille les voitures volées ? Surtout avec la gueule que tu as, et ta manie de ne fréquenter que des gangsters... Quel besoin as-tu de cette ordure de Jo les Gros-Yeux ?

FERNAND

Nous étions ensemble à l'école communale...

MARIUS

Et puis ça te plaît de jouer les truands...

FERNAND

Écoute : tu m'engueuleras après. Il y a quelque chose dans le journal qui t'intéresse : dans un avis de décès, il y a le nom de ton père...

MARIUS *(pâle)*

Le nom de mon père ?

FERNAND

Ne t'émotionne pas. Son nom y était, mais il n'avait pas la vedette. La vedette s'appelait... Attends, je l'ai gardé.

Il tire le journal de sa poche et il lit.

« Madame Honoré PANISSE et son fils,
Madame Veuve Honorine CABANIS,
Madame Veuve Claudine FOULON,
ont la douleur de vous faire part de la perte cruelle qu'ils viennent d'éprouver en la personne de :

Honoré PANISSE

Maître voilier du port de Marseille,
pieusement décédé à son domicile, à l'âge de 66 ans.

Priez pour lui. »

MARIUS *(pensif)*

Panisse est mort !

FERNAND

Ben, à 66 ans, que veux-tu ? Mais attends : en dessous, il y a un autre avis de décès. Celui-là, il est en grosses lettres, avec beaucoup de blanc entre les lignes. On voit que lui, il a dû coûter cher, celui-là.

« M. César OLIVIER, du bar de la Marine,

M. Albert BRUN, vérificateur des douanes.

M. Félix ESCARTEFIGUE, capitaine au long cours en retraite,

M. Innocent MANGIAPAN, ex-chauffeur du ferry-boite,

M. le Dr Félicien VENELLE,
ont la douleur de vous faire part de la perte cruelle qu'ils viennent de subir en la personne de :

Honoré PANISSE
Maître voilier

qui leur fit, pendant plus de trente ans, l'honneur de son amitié. »

MARIUS *(ému)*

Panisse est mort... Pauvre Honoré... Pauvre...

FERNAND

Tu le connaissais bien ?

MARIUS

Tu penses ! C'est celui que je t'ai dit.

FERNAND

Celui qui t'a pris ta femme et ton petit ?

MARIUS

Il y a eu plus de ma faute que de la sienne. Et puis, s'il m'a fait du tort, il a tout fait pour le réparer... Quand Peugeot nous a fait ce long crédit pour l'outillage, je croyais que c'était pour mes beaux yeux... Et puis un jour le représentant m'a dit que c'était lui, maître Panisse, qui avait donné sa garantie. Remarque que ça ne lui a rien coûté, puisque nous avons tout payé. Mais, si nous n'avions pas fait une échéance, c'est lui qui aurait payé pour nous !

FERNAND

Tu ne sais pas ce qu'on va faire ? On va aller à son enterrement. C'est demain matin...

MARIUS

Non, ça non... Ça, je ne peux pas... Je ne veux pas voir mon père, Escartefigue... toute l'équipe, quoi... Eux, ça ne leur ferait pas plaisir de me voir... Et moi, ça me ferait de la peine...

À MARSEILLE, DEVANT LE MAGASIN DE PANISSE

Les draps funèbres sont tendus autour de la porte.

Sur le trottoir, une foule de gens, qui attendent, derrière le corbillard à gros pompons. Le cocher du carrosse macabre porte un bicorne barré d'argent, et sous ce bicorne, une trogne incroyablement enluminée, et ornée d'une énorme verrue.

Pendant que nous le regardions, les croque-morts ont mis le cercueil à sa place, sous une montagne de fleurs et voici que le cortège se met en marche.

Seul, le premier, Césariot s'avance, en grande tenue. Il est très pâle, il marche comme un automate, les yeux baissés. Derrière lui, au premier rang, le chauffeur, César, Escartefigue, M. Brun. Ils sont tous vêtus de noir. Ils marchent, les yeux rouges, leur chapeau à la main. Derrière eux, il y a quatre ou cinq messieurs assez gros, des commerçants, sans doute, des juges au Tribunal de Commerce ou aux Prud'hommes. Une foule de clients ou d'amis. Tout ce cortège défile le long du Vieux-Port. D'abord en silence... Puis, au bout de quelques minutes, il y a un peu partout des conversations particulières à voix basse.

UN GROS MONSIEUR

Moi, je n'ai pas de chance, il me devait 250 francs. Maintenant, je n'oserai jamais le dire à la veuve... Voilà 250 francs de claqués.

LE VOISIN

Comme lui.

LE GROS MONSIEUR

Comment comme lui ?

LE VOISIN

Ben quoi, il est claqué, lui aussi.

LE GROS MONSIEUR *(charmé)*

Eh ! au fait ! c'est vrai ! il est claqué. *(Il rit.)* Il est bon, il est bon.

Un autre rang.

UN MONSIEUR FRAIS ET ROSE
(à voix basse, mais avec violence)

A grands coups de pied dans le derrière !

SON VOISIN

Qu'est-ce qu'il avait fait ?

LE MONSIEUR

Évidemment, à quatorze ans, on a bon appétit. Mais je l'ai surpris, monsieur, en train de manger des saucissons d'Aubagne, qui venaient d'arriver. Il en avait mangé deux, sans pain. Un bon kilo de saucisson frais ! Alors vous pensez.

SON VOISIN

Oui, évidemment, vous ne pouviez plus le garder...

Un autre rang.

UN MONSIEUR

Dites donc, je crois qu'on peut mettre son chapeau. Moi, avec ce soleil, je n'en peux plus.

L'AUTRE MONSIEUR

Personne ne s'est couvert encore...

UN MONSIEUR

Il faut bien que quelqu'un commence.

Il se couvre. D'autres se couvrent à mesure. Au dernier rang, un petit monsieur se couvre. Le chapeau melon lui descend jusqu'aux oreilles. Il le regarde avec stupeur.

LE PETIT MONSIEUR

Ça, c'est curieux, par exemple...

SON VOISIN

Qu'est-ce qu'il y a ?

LE PETIT MONSIEUR

Je me suis trompé de chapeau.

LE VOISIN

Où ça ?

LE PETIT MONSIEUR

Chez le mort. Je l'avais laissé en bas dans le vestibule, pour monter voir notre pauvre ami... Et en redescendant, j'ai cru prendre le mien, et j'ai pris celui-là.

LE VOISIN

C'est peut-être le chapeau du mort !

LE PETIT MONSIEUR *(impressionné)*

Ça alors, ça serait funèbre ! *(Il regarde les initiales.)* Non, ce n'est pas ça. Il y a C.O.

LE VOISIN

Alors, c'est celui de César !

Au premier rang.

LE DOCTEUR *(à Escartefigue)*

Félix, mets ta casquette. Tu risques une congestion.

ESCARTEFIGUE

Tu crois que c'est convenable ?

LE DOCTEUR

C'est plus convenable que de tomber raide au milieu de l'enterrement. Moi, je me couvre.

ESCARTEFIGUE

Tu as raison.

Ils se couvrent tous les deux.

LE DOCTEUR

Dis à César de se couvrir. Il a déjà le crâne rouge.

ESCARTEFIGUE *(se penche vers César)*

César, couvre-toi.

CÉSAR

Tu crois qu'on peut ?

ESCARTEFIGUE

Oui, on peut. Félicien dit que tu risques une congestion.

CÉSAR *(se tourne vers M. Brun)*

Qu'est-ce que vous en pensez, monsieur Brun ?

M. BRUN *(à voix basse)*

De quoi ?

CÉSAR

Vous croyez qu'on peut mettre son chapeau ?

M. BRUN *(regarde le cortège derrière lui)*

Tout le monde s'est couvert. Moi aussi, ma foi. *(Il se couvre.)*

CÉSAR

Au fond, oui.

Il met sur la tête le chapeau qu'il portait à la main. Le chapeau reste perché au sommet de son crâne. La face de César exprime une surprise assez vive. Il se découvre rapidement. Personne n'a vu son manège. Un instant plus tard, le docteur le voit de nouveau, tête nue sous le grand soleil.

LE DOCTEUR *(impatient)*

Mais pourquoi il ne veut pas mettre son chapeau ? Félix, dis-lui que c'est très sérieux... Le soleil tape dur, et à son âge...

ESCARTEFIGUE

César, mets ton chapeau. Va, le pauvre Honoré te le pardonnera... S'il était là, il te dirait lui-même de le mettre... Dépêche-toi. Mets ton chapeau.

César ne peut répondre : il commence à rire.

ESCARTEFIGUE *(au docteur)*

Il veut pas. Et il rit tout seul... Je crois qu'il devient fou...

M. BRUN

Couvrez-vous, César ! Ce n'est pas prudent... Mettez votre chapeau...

CÉSAR

Je peux pas... C'est pas le mien...

M. Brun, malgré ses efforts héroïques, commence à rire, lui aussi.

LE DOCTEUR *(du bout du rang)*

César, je t'ordonne de mettre ton chapeau. Tu entends ?

CÉSAR

Tu me l'ordonnes ? Bon. *(Il met sur sa tête le petit chapeau et tout le cortège éclate de rire.)* Si le pauvre Honoré nous voit, il doit rigoler plus que nous !

DANS LE BAR DE CÉSAR

Cinq heures de l'après-midi. Comme d'habitude, César, Escartefigue et M. Brun sont installés autour d'une table, pour la partie de manille quotidienne. César bat les cartes, et il va les distribuer tout en parlant avec une certaine véhémence.

CÉSAR

Monsieur Brun, j'ai la prétention de connaître mon métier.

M. BRUN

Évidemment, évidemment.

ESCARTEFIGUE

Ça, personne n'oserait le discuter.

CÉSAR

Monsieur Brun, tous les apéritifs sont faits avec des plantes : gentiane, sauge, anis, peau d'orange, absinthe et cétéra. Or, les plantes, ce sont des remèdes. Dans ma chambre, j'ai un gros livre : la Santé par les Plantes, ça guérit TOUT. Alors, finalement, qu'est-ce que c'est qu'un apéritif ? C'est une espèce de tisane froide. Vous pourriez me dire qu'il y a de l'alcool...

M. BRUN

Je vous le dis.

CÉSAR

Et qu'est-ce que c'est, l'alcool ? Essence de vigne : plante ! Et quand quelqu'un se trouve mal, qu'est-ce qu'on dit ? « Vite, faites-lui boire quelque chose ! Vite ! Un peu de rhum ! Un peu de Chartreuse ! » Donc, Remède. Naturellement, il ne faut pas en boire trop. Pour tous les remèdes, c'est la même chose. Sur toutes les boîtes, il y a écrit : « Ne pas dépasser la dose prescrite. »

ESCARTEFIGUE *(cartes en main)*

Quarante à pique. *(Il regarde son jeu.)*

CÉSAR

Cinquante à trèfle.

M. BRUN

Je passe.

CÉSAR

Et lui ?

Il se tourne vers la place vide d'Honoré, comme s'il attendait une réponse. Il découvre les cartes, seules sur la table. Il voit la chaise vide, il a une grande émotion. M. Brun est tout pâle. Escartefigue se met à pleurer. César pose ses cartes sur le tapis.

CÉSAR *(à voix basse)*

Cette fois-ci il est bien mort. Je ne l'avais pas encore compris.

M. BRUN

Eh oui. Cette chaise vide est plus triste que son tombeau. Les poètes l'ont dit déjà. En souvenir de lui, écoutez quatre vers de Sully Prudhomme. C'est un grand écrivain, un grand poète, qui est momentanément considéré comme un imbécile. Écoutez :

C'est aux premiers regards portés
En famille autour de la table
Sur les sièges plus écartés
Que se fait l'adieu véritable.

Un grand temps, puis César retourne sur le tapis le jeu de Panisse.

CÉSAR

Et il avait beau jeu ! Trois atouts !

ESCARTEFIGUE

Fais voir ! Oh ! Oh ! Oh ! Qu'est-ce qu'il aurait fait avec ça !

CÉSAR *(scientifique)*

Voyez-vous, moi je serais parti du sept de pique. Parce qu'il est seul, et que ça me fait une coupe.

M. BRUN

Mais lui, qu'est-ce qu'il aurait joué ?

CÉSAR

Oh ! il n'aurait pas fait la passe !

Il prend une carte dans le jeu de Panisse, et la lance avec autorité sur le tapis. Il joue la manille !

M. BRUN

Et il a raison !

ESCARTEFIGUE *(joue)*

Et il me prend le manillon sec !

CÉSAR

Il a toujours eu de la chance, et ça continue.

M. BRUN

Je charge avec le Roi ! A lui de jouer !

César ramasse la levée, et la donne à Honoré.

CÉSAR

Laissez-le un peu réfléchir ! *(Il examine le jeu de Panisse.)* Il joue atout, ce brigand ! *(Il lance une carte sur le tapis.)*

ESCARTEFIGUE *(désolé)*

S'il avait essayé sa manille de cœur, je la coupais sec !

CÉSAR

Il se méfiait.

M. Brun joue, puis César, qui fait la levée. Puis il joue à son tour.

Manille de carreau !

ESCARTEFIGUE

Mais tu es fou ! Tu vois bien qu'il va la couper !

CÉSAR *(catégorique)*

S'il n'était pas mort, je ne le saurais pas.

ESCARTEFIGUE *(joue)*

Encore un manillon sec ! Franchement, ça ne vaut pas la peine d'être cocu.

CÉSAR

Je l'entends rire !

M. BRUN

Je me défausse d'un joli carreau.

César ramasse la levée, et la donne à Honoré.

CÉSAR

Et maintenant, qu'est-ce qu'il dit Honoré ? Il abat son jeu, il te fait voir trois atouts maîtres, et deux piques maîtres, et il dit : « Tout le reste est à moi »... Et nous sommes cuits !

Ils jettent toutes leurs cartes sur celles de Panisse.

DEUX ANS PLUS TARD

Sur la terrasse d'une villa, au début de septembre. C'est à Cassis, à flanc de coteau, sous une pinède, en face de la mer.

Dans une très confortable chaise longue en rotin, Fanny lit un livre. Elle est toujours belle, mais grave. Voici qu'au bout de l'allée de pins, paraît Monsieur le Curé, tout noir. Il s'avance vers elle, qui ne l'a pas vu venir, et ne lève la tête qu'à sa voix.

LE CURÉ

Bonjour Fanny.

Fanny se lève, et va vers lui. Le cher Elzéar a beaucoup maigri ; il est bien pâle, et paraît oppressé, mais souriant.

FANNY

Bonjour Monsieur le Curé ! J'espère que vous venez déjeuner avec nous ?

LE CURÉ

Non. Pas tout à fait. C'est-à-dire que je dois déjeuner avec le curé de Cassis, qui a été mon vicaire autrefois, et j'en ai profité pour te rendre visite.

FANNY

Asseyez-vous donc, car vous ne paraissez pas bien vaillant.

LE CURÉ

Je ne le suis guère depuis quelque temps... Je dois même, sur l'ordre formel de Monseigneur, aller me reposer à la montagne, dans un sanatorium du clergé.

Tout en parlant, il s'est assis dans un fauteuil d'osier.

FANNY

J'espère que c'est tout simplement de la fatigue...

LE CURÉ

Ma chère enfant, nous sommes dans la main de Dieu, et c'est lui qui choisit notre heure. Où est ton fils ?

FANNY

A la pêche, avec Brioche.

LE CURÉ

Il va retourner à Paris ?

FANNY

Oui, mais dans une quinzaine. Ses cours ne commencent qu'en octobre.

LE CURÉ

Je croyais qu'en sortant le second de l'École Polytechnique, il avait fini ses études ?

FANNY

En principe, elles sont finies : mais il veut les compléter pour être ingénieur dans les constructions navales, parce que c'était le désir de son père.

LE CURÉ

Ces nouvelles études seront-elles longues ?

FANNY

Sans doute deux ans.

LE CURÉ *(pensif)*

C'est bien long.

FANNY

Pas pour lui.

LE CURÉ

Je parle pour moi.

FANNY

Pourquoi ?

LE CURÉ

Je crains bien qu'avant la fin de ces deux ans le Bon

Dieu ne m'ait rappelé à lui. Or, à la veille de sa mort, Honoré m'a chargé d'un message pour toi, et d'une lettre pour lui : mais il avait bien spécifié que je devais attendre que le garçon ait fini ses études... Je crains de ne pas vivre jusque-là ; et comme je suis le seul dépositaire de cette mission, je crois pouvoir considérer que notre cher Honoré ne pensait qu'aux études de l'École Polytechnique, et que je peux te parler aujourd'hui.

FANNY *(inquiète)*

Ce que vous avez à me dire est donc bien grave ?

LE CURÉ

Oui, mais c'est tout à la louange d'Honoré, qui — pour les grandes choses — fut un parfait honnête homme.

FANNY

Je le sais.

LE CURÉ

Et c'est pourquoi toute sa vie, il a eu le remords de mentir à l'enfant.

Un temps. Il la regarde.

FANNY

Je sais ce que vous allez me dire.

LE CURÉ

Sa dernière volonté, c'est que tu révèles à ton fils qu'Honoré n'était pas son père.

FANNY

Pourquoi le lui dire, puisqu'il est heureux ?

LE CURÉ

D'abord, pour qu'il ne l'apprenne pas par d'autres, et pour qu'il sache que tu n'as jamais menti à ton mari. Voilà une lettre d'Honoré, que tu dois lui remettre.

FANNY

Quand ?

LE CURÉ

Le plus tôt possible.

Fanny a pris la lettre qu'elle regarde longuement.

FANNY

J'ai souvent pensé, moi aussi, à notre mensonge... Ce ne fut pas un crime. C'était dans l'intérêt de l'enfant.

LE CURÉ

Je le sais. Mais aujourd'hui, ce n'est plus un enfant : c'est un homme. Il me semble qu'il a le droit de savoir. Il est en âge de comprendre, et d'excuser. C'est ce qu'a pensé Honoré. Et puis, je dois te dire qu'il m'en a parlé avec beaucoup d'insistance, car il croyait que la Justice Divine le garderait en Purgatoire à cause de ce mensonge paternel. Je ne crois pas beaucoup qu'il y ait dans l'autre monde des lieux de souffrance où le Dieu de Miséricorde tourmente longuement les pauvres âmes qu'il a créées. Mais je pense que notre punition, ce ne sera rien d'autre que le souvenir de nos erreurs et de nos fautes, parce que nous les verrons alors clairement. Il est possible que sa pauvre âme d'honnête homme souffre encore de ce qu'il appelait son « mensonge quotidien », et qu'en avouant la vérité à ton fils, tu la délivrerais — non pas d'une grande torture — mais d'un regret, et peut-être d'un remords.

FANNY

Puisque mon mari l'a voulu, je le ferai, dès que j'en aurai l'occasion.

LE CURÉ

Tu peux attendre, si Dieu te prête vie.

FANNY

Si je trouve une occasion... *(Elle s'arrête tout à coup.)* Attention, le voilà.

En effet, Césariot monte vers la villa à travers la pinède. Le torse nu, dans tout l'éclat de sa jeunesse, il porte deux sacs de filet qui sont pleins de poissons. Fanny cache la lettre dans son corsage. Césariot s'avance.

CÉSARIOT

Bonjour Monsieur le Curé.

LE CURÉ

Bonjour mon petit : je vois que tu as fait bonne pêche...

CÉSARIOT

Brioche connaît les bons coins, selon le temps et la saison. Vous restez à déjeuner avec nous ?

LE CURÉ

Non, j'ai déjà dit à ta mère que je suis invité par mon ami, le curé de Cassis, mais je suis charmé d'être invité une seconde fois.

CÉSARIOT

J'allais tout justement descendre à Marseille ce soir, pour vous demander de dire une messe après-demain matin...

Le Curé lui coupe la parole.

LE CURÉ

Pour le second anniversaire.

CÉSARIOT

Vous y aviez pensé, je vous en remercie.

LE CURÉ

Oui, j'y ai pensé, et si par hasard tu l'avais oublié, je l'aurais dite tout de même....

LA CHAMBRE DE CÉSARIOT

CÉSARIOT

Ma chère maman, j'ai l'impression que tu me caches quelque chose.

FANNY

Moi ?

CÉSARIOT

Oui. Tu me fais des cachotteries.

FANNY

En quoi ?

CÉSARIOT

J'ai de bons yeux... En montant dans la pinède, j'ai remarqué qu'à ma vue, tu as vivement caché quelque chose dans ton corsage, et il m'a semblé que c'était une lettre...

FANNY

Et que crois-tu ?

CÉSARIOT

Comme, à mon avis, c'est Monsieur le Curé qui te l'a apportée, ce ne peut être qu'un message parfaitement innocent — pourtant, pourtant — il avait l'air gêné, et tu n'étais pas à ton aise.

FANNY *(elle sourit)*

Tu crois que j'ai une correspondance secrète avec un galant ?

CÉSARIOT

Ni un galant, ni un amant, mais peut-être un prétendant des plus honorables...

FANNY

Tu es dans l'erreur la plus complète, et cela m'amuse que tu sois jaloux de ta mère.

CÉSARIOT

C'est un sentiment assez naturel. Mais ce n'est pas vraiment de la jalousie... Mais puisque nous abordons ce sujet délicat, je crois que c'est le moment de te dire ce qu'en pensait papa.

FANNY

Qu'en sais-tu ?

CÉSARIOT

Deux jours avant sa mort, il m'a dit : « Je te la confie.

Elle a été pour moi une épouse parfaite, mais elle est encore bien jeune pour rester veuve pendant trente ans. Et puis, un jour, tu te marieras, et elle ne serait plus qu'une belle-mère et une grand-mère. Comprends-tu, elle m'a donné le printemps de sa vie : ce n'est pas une raison pour qu'elle sacrifie l'été et l'automne. Alors, si un jour elle rencontre un homme qui lui plaise, et si tu estimes que ce serait pour elle un mari convenable, il ne faudra pas t'y opposer par jalousie de fils, ou en souvenir de moi. » Voilà ce qu'il m'a dit, assis sur ce lit où il devait mourir le lendemain soir. Il n'a mis que deux conditions : d'abord, qu'il ne soit pas plus jeune que toi — parce qu'une jeune femme qui a eu un vieux mari est tentée d'en épouser un trop jeune afin de rétablir l'équilibre de sa vie — et ensuite, il exige la séparation de biens, pour être sûr que tu pourras toujours vivre largement, quoi qu'il arrive. Voilà le dernier message de papa : tu vois que si tu remplis ces conditions, je ne me permettrai pas de te blâmer, parce qu'en somme, tu exécuteras sa dernière volonté.

FANNY

Il n'en est pas question maintenant.

CÉSARIOT

Alors, montre-moi cette lettre.

FANNY

Plus tard.

CÉSARIOT

Pourquoi me la cacher ? Il est plus jeune que toi ?

FANNY

Qui ?

CÉSARIOT

Ton correspondant.

FANNY

Cette lettre ne m'est pas adressée.

CÉSARIOT

Elle est adressée à qui ?

FANNY

Après tout, il faudra un jour en venir là. Autant te dire la vérité tout de suite.

Elle sort la lettre de son corsage, et la tend à son fils.

Cette lettre est pour toi.

CÉSARIOT

Pour moi ? *(Il prend la lettre, et regarde longuement l'enveloppe.)* Il me semble que c'est l'écriture de papa.

FANNY

Il l'a écrite sur son lit de mort.

Il regarde encore longuement la lettre, puis sa mère.

CÉSARIOT

J'ai peur de l'ouvrir.

FANNY

Moi, je n'ai pas peur.

Il hésite encore. Puis il ouvre l'enveloppe, déplie la lettre, la lit en silence. Il paraît stupéfait, et relit à haute voix.

CÉSARIOT

« Mon cher garçon. Crois tout ce que te dira ta mère. Elle ne m'a jamais menti, et j'ai toujours su que je n'étais pas ton père. Signé : Papa. » *(Il relit la lettre en silence encore une fois.)* Maman, dis-moi qu'il avait le délire ?

FANNY

Non. Il a voulu que tu saches la vérité. Tu n'es pas le fils d'Honoré.

Il va s'asseoir, les coudes sur la table, son visage entre ses deux mains.

CÉSARIOT

Je pense à certaines paroles de papa — qui n'était pas mon père, mais qui sera toujours papa — il m'avait dit un jour : Elle est intelligente... Elle est dévouée... Elle est propre... « Propre », voilà le mot, disait-il, je ne veux pas en chercher d'autre : propre, c'est elle...

FANNY

C'était vrai.

CÉSARIOT

Et puis il m'avait dit : « Chaque fois que j'ai vu un bateau blanc repeint de neuf, une belle lessive étendue, avec ses draps tout éclairés ; chaque fois que j'ai vu une grande prairie toute blanche de marguerites, eh bien, j'ai pensé à ta mère. » Voilà ce qu'il disait... Qu'est-ce que je vais penser des femmes, maintenant que je sais que ma mère peut mentir !...

FANNY

Mais il te dit lui-même que je ne lui ai jamais menti !

CÉSARIOT

Tu lui avais avoué, et il t'a pardonnée ?

FANNY

Il m'a épousée pour te donner un nom.

CÉSARIOT

Et... ce secret, vous étiez les seuls à le savoir ?

FANNY

Non.

CÉSARIOT

Grand-mère le sait ?

FANNY

Oui.

CÉSARIOT

Et tante Claudine ?

FANNY

Elle le sait aussi...

CÉSARIOT

Et mon parrain César le sait probablement ?

FANNY

Oui, il le sait.

CÉSARIOT

En somme, on peut dire qu'on a fait une certaine publicité autour de cette histoire... Et moi, toute ma vie, j'ai vécu dans l'ignorance de la comédie qui se jouait autour de moi... Il a dû y en avoir des conciliabules, des chuchotements, des inquiétudes... Et le pauvre papa devait avoir un drôle d'air au milieu de cette aventure... Quel rôle on lui faisait jouer !

FANNY

Mon petit, ce rôle c'est lui qui l'avait choisi, en pleine connaissance de cause... Et tous les jours, il m'a remerciée de lui avoir donné ce fils. Tu as été la joie et la fierté de sa vie.

Un temps.

CÉSARIOT

Tu aurais dû me le dire plus tôt. Je l'ai beaucoup aimé, mais il me semble que je l'aurais aimé davantage... Que je l'aurais mieux remercié de sa tendresse, de sa générosité... Maintenant, c'est trop tard. *(Il hésite un moment, puis parle tout à coup.)* Et l'autre ? Mon géniteur ?

FANNY

Je t'ai fait un aveu pénible, un aveu qui m'a coûté cher, parce que le prêtre m'a apporté tout à l'heure l'ordre de ton père. Il a voulu que je te dise que tu n'étais pas son fils — et il te l'a écrit lui-même — il ne m'a pas forcée à te dire le reste. A quoi bon ?

CÉSARIOT

Il est mort ?

FANNY

Pour moi, oui.

CÉSARIOT

Ce qui veut dire qu'il vit encore.

FANNY

Je le suppose. Je ne l'ai pas revu depuis vingt ans.

CÉSARIOT

Après tout, je n'ai aucune envie de savoir qui c'est. C'était sans doute un jeune homme riche, qui a séduit la petite marchande de coquillages, et qui l'a abandonnée avec un enfant. Je suis donc le fils d'un salaud.

FANNY

Ce n'est pas vrai. Il n'était pas riche, et il était honnête. Quand il m'a quittée, il ne savait pas que j'allais avoir un enfant, car je ne le savais pas non plus.

CÉSARIOT

Tu ne l'as donc pas fréquenté bien longtemps. Alors, comme ça, en passant... ? Tu as fait ça, toi ?

FANNY

Non, mon petit, non... Je le connaissais depuis longtemps... Il était beau, et il m'aimait.

CÉSARIOT

Et toi, tu l'aimais aussi ?

FANNY *(elle a de grosses larmes qui commencent à rouler sur ses joues tremblantes.)*

Si je ne l'avais pas aimé, tu ne serais pas là pour me le reprocher.

CÉSARIOT *(il se rapproche d'elle, ému)*

Alors, si vous vous aimiez tant que ça, pourquoi t'a-t-il quittée ?

FANNY

Il avait la folie de la mer. Il voulait naviguer... C'était une maladie.

CÉSARIOT

Comme Marius, le fils de César ?

FANNY

Comme Marius, le fils de César. C'était lui.

Il demeure immobile, muet de stupeur. Les grosses larmes tombent toujours.

DANS LE BAR DE CÉSAR

Il est minuit. Les chaises sont installées sur les tables, les pieds en l'air. César est seul. Il arrose les carreaux avec un entonnoir, puis il y jette des poignées de sciure. Comme il prend son balai on frappe aux volets fermés du bar.

CÉSAR

Qu'est-ce que c'est ?

LA VOIX DE CÉSARIOT

C'est moi.

CÉSAR

Qui, vous ?

CÉSARIOT

Moi, Césariot.

CÉSAR

O coquin de sort !

Il va ouvrir la petite porte du milieu des grands volets de la fermeture. Césariot entre. Il est pâle, nerveux, et parle presque sèchement.

CÉSAR

Je te croyais à Cassis.

CÉSARIOT

Nous sommes rentrés tout à l'heure.

CÉSAR

Qu'est-ce qu'il y a ? Un accident ?

CÉSARIOT

Non, mais j'ai besoin de te parler. Ferme la porte.

CÉSAR

Monsieur le Comte me donne l'ordre de fermer la porte ?

CÉSARIOT

Si je savais comment elle se ferme, je l'aurais fermée moi-même. Je suis trop bien élevé pour donner des ordres à mon grand-père.

César a fermé la porte, et le regarde avec surprise.

CÉSAR

Tu veux dire ton parrain ?

CÉSARIOT

Pas du tout. Je t'appelle grand-père parce que tu es mon grand-père.

CÉSAR

Qui t'a dit ça ?

CÉSARIOT

Ma mère. Elle vient de me le dire.

CÉSAR

Qu'est-ce que c'est que cette invention ?

CÉSARIOT

Allons, ne fais pas semblant d'ignorer ce que tu sais depuis si longtemps.

CÉSAR

Si c'est vrai, tu me l'apprends.

CÉSARIOT *(il lui tend une lettre)*

Allons donc ! Voilà la dernière lettre de papa. Il l'avait confiée à notre curé, pour qu'il me la remette à la fin de mes études.

César lit la lettre.

CÉSAR

Il n'est pas question de Marius dans ce papier.

CÉSARIOT

Ma mère m'a tout dit.

CÉSAR

Ayayaïe... Nous voilà en plein pastis sentimental. Quoique ça soit moins grave qu'un accident d'automobile, ou une typhoïde... Quand on pense à tous les malheurs qui peuvent nous arriver à chaque instant... Finalement, tu devrais te dire que tu as eu de la chance. Mais oui. Tu es le fils d'un garçon de vingt ans, et c'est pour ça que tu es beau... Un père jeune, et ensuite un papa millionnaire, ce n'est pas possible d'avoir plus beau jeu... Eh oui. Tu as été élevé comme un coq en pâte, le pensionnat, le lycée, les grandes écoles, l'automobile, le cotre, le chemin de fer en première classe, les costumes sur mesure, les cravates de soie, etcétéra etcétéra. Et si mon fils n'avait pas été fou, tu serais à ce comptoir, à rincer des verres, et à composer des Picon-citron. Si quelqu'un a perdu dans cette affaire, c'est moi, et je ne me plains pas.

CÉSARIOT

Mais moi non plus. Je ne me plains pas. Je constate.

CÉSAR

Tu constates, et tu ne dis rien, mais tu en penses le double.

CÉSARIOT

Tu as raison, car le double de rien c'est zéro.

CÉSAR

N'essaie pas de m'embrouiller avec les mathématiques ; et dis-moi plutôt, sincèrement, ce que ça te fait.

CÉSARIOT

Ça me change.

CÉSAR

Mais qu'est-ce qu'il y a de changé ?

CÉSARIOT

Mes idées, mes opinions sur tout le monde, et surtout sur ma mère.

CÉSAR

Oui. Tu viens de découvrir que ta mère était une femme. il n'y a pas de quoi s'effrayer.

CÉSARIOT

Je ne suis pas effrayé, mais surpris, et tu dois le comprendre.

CÉSAR

Oui. Je comprends que tu aurais été moins surpris si on t'avait dit que tu étais le fils d'un grand duc ou d'un archevêque... Mais non. Tu es le fils d'un beau garçon de bar, et de la plus fine, de la plus jolie petite marchande d'oursins. Eh oui, c'est comme ça.

CÉSARIOT

Ton fils navigue toujours ?

CÉSAR

Non. Quand il est revenu, ta mère s'était mariée — à cause de toi — et tu étais né. Alors, il est reparti vers les mers du Sud ; il y est resté cinq ans. Puis il a fini par en avoir assez des palmiers, des noix de coco ; il est revenu, et il s'est établi à Toulon, avec un ami.

CÉSARIOT

Je suppose qu'ils tiennent un bar ?

CÉSAR *(avec mépris)*

Même pas ! un garage ! *(Il éclate de rire.)*

CÉSARIOT

Il vient te voir, quelquefois ?

CÉSAR

Non. Il n'a plus voulu venir à Marseille. Il ne voulait pas gêner ta mère, ou Honoré.

CÉSARIOT

C'était donc par délicatesse ?

CÉSAR

Oui. Mais par délicatesse, il nous a complètement abandonnés, moi, le bar et la clientèle. De temps en temps j'allais le voir à Toulon. Avec un bar, c'est difficile de s'absenter. Et puis surtout, il vivait avec une femme vulgaire, insolente, fainéante — et chaque fois que j'y suis allé, à la moindre observation que je lui faisais elle me répondait d'une façon insupportable... Un jour, finalement, je lui ai dit ses quatre vérités.

CÉSARIOT

Peut-être même plus de quatre.

CÉSAR *(avec force)*

Je me suis soulagé pendant un bon quart d'heure — et sais-tu ce qu'a fait mon fils ? Il m'a donné tort. Oui monsieur. Je suis parti en claquant la porte — et le lendemain, j'ai reçu une lettre de lui. Je croyais que c'était des excuses. Pas du tout. Mon fils me disait que pour éviter des incidents pénibles il valait mieux que je ne revienne pas chez lui ! Je lui ai répondu que dans ces conditions, il était parfaitement inutile qu'il revienne chez moi. Et voilà pourquoi je ne sais plus rien depuis six ans !

Un temps. Césariot fait quelques pas, et regarde autour de lui.

CÉSARIOT

Ton père aussi tenait ce bar ?

CÉSAR

Bien sûr. Et mon grand-père aussi. C'est mon arrière-grand-père qui en a fait l'ouverture sous Louis-Philippe !

CÉSARIOT

C'est une vraie dynastie.

CÉSAR *(perplexe)*

Peut-être.

Un temps. Césariot fait quelques pas et regarde autour de lui.

CÉSARIOT

Voilà donc le berceau de ma race, en somme, l'asile héréditaire. Ce zinc est l'autel de ma famille, et ces bouteilles d'apéritif sont mes dieux Lares. C'est comique.

Il éclate de rire.

CÉSAR

L'instruction t'a peut-être embelli le cerveau, mais elle t'a gâté le cœur.

CÉSARIOT

Pourquoi dis-tu ça ?

CÉSAR

Parce que cet accès de ricanement m'a profondément blessé. Je n'ai même pas la force de crier.

CÉSARIOT

Ce n'est pas de toi que je ris... C'est de moi ! Allons, parrain.. Si je t'ai fait de la peine, je le regrette...

CÉSAR

Ce n'est pas à ton parrain que tu fais de la peine. C'est à ton grand-père.

CÉSARIOT

Eh bien, je le regrette, grand-père.

CÉSAR

Voilà une bonne parole. Et maintenant, qu'est-ce que tu comptes faire ?

CÉSARIOT

Je compte aller dormir, parce que demain, je vais chasser à Pichauris, Gaston vient me chercher à cinq heures.

CÉSAR

Je veux dire : qu'est-ce que tu comptes faire à propos de Marius ? Tu n'as pas la curiosité de le voir, même de loin ?

CÉSARIOT

Pas le moins du monde.

CÉSAR

Tu ne veux pas que je te montre ses photographies, quand il avait ton âge ?

CÉSARIOT

A quoi bon ?

CÉSAR

Plus tard, peut-être ?

CÉSARIOT

Pourquoi ?

CÉSAR

C'est tout de même ton père !

CÉSARIOT

Physiologiquement, c'est possible.

CÉSAR

Non, ce n'est pas « possible » ; c'est certain.

CÉSARIOT

Puisque ma mère me l'a dit, et que tu le confirmes, c'est certain ; mais pour moi, je serai toujours, et du fond du cœur, le fils de papa... Bonsoir, grand-père.

CÉSAR

Bonsoir, petit.

Ils se serrent la main. Césariot sort, César reprend son balai et réfléchit.

Fils de papa, fils à papa, c'est peut-être la même chose...

LA SALLE À MANGER DE FANNY

Il est sept heures du matin.

Césariot prend son petit déjeuner. Près de lui, sur la table, une valise ouverte, dans laquelle Fanny met du linge et des vêtements.

FANNY

C'est bien vrai que tu vas te reposer à Palavas ?

CÉSARIOT

Mais oui, c'est bien vrai ! J'ai besoin pour quelques jours de me dépayser — d'assimiler — et d'oublier ce que tu m'as dit, et ce que parrain m'a confirmé. Je l'accepte, mais il n'est plus nécessaire d'en parler, ni même d'y penser.

FANNY

Soit. N'en parlons plus. Mais dis-moi sincèrement que tu ne pars pas pour rejoindre cette Mélina qui t'a entortillé l'an dernier. C'est une fille de rien, une intrigante, qui te dira un jour qu'elle est enceinte pour se faire épouser.

CÉSARIOT

Je ne l'ai pas revue depuis l'année dernière. Aucun danger de ce côté-là. Je ne sais même pas où elle est.

FANNY

C'est donc bien vrai que tu vas à Palavas où personne ne t'attend ?

CÉSARIOT

Mais si ! Quelqu'un m'attend. C'est mon ami Dromard, que tu connais. Tu l'as vu quand tu es venue à Paris. Il a déjeuné avec nous chez Maxim's.

FANNY

Lequel était-ce ?

CÉSARIOT

Celui qui a une petite barbe noire frisée. Je puis même te dire qu'il est amoureux de toi.

FANNY

Ne dis pas de bêtises.

CÉSARIOT

Il m'a dit plusieurs fois : « Ta mère est ravissante. On dirait ta sœur. »

FANNY

Quelle est son adresse à Palavas ?

CÉSARIOT

Villa les Canaris.

FANNY

C'est ridicule, les « Canaris ».

CÉSARIOT

(avec le geste évasif de quelqu'un qui n'y peut rien)

Son père était marchand d'oiseaux.

FANNY

Sa mère est veuve ?

CÉSARIOT

Oui.

FANNY *(amère)*

Lui, il ne la laisse pas seule. Il invite ses camarades chez lui, au lieu d'aller chez eux.

CÉSARIOT

Cette remarque est judicieuse. D'ailleurs, je te l'amènerai ensuite passer quinze jours ici.

FANNY

Vraiment ?

CÉSARIOT

Mais oui, vraiment. Il t'apportera des fleurs, et il rougira chaque fois que tu lui parleras.

FANNY

Quel est leur numéro de téléphone ?

CÉSARIOT

Ça, je n'en sais rien.

FANNY

Appelle-moi dès ton arrivée pour me le dire.

CÉSARIOT *(catégoriquement)*

Non.

FANNY

Pourquoi, non ?

CÉSARIOT *(agacé)*

Parce que c'est ridicule. A vingt ans, tu vas me téléphoner tous les matins, comme pour une surveillance policière ! Ça fait rire de moi. Laisse-moi un peu libre, voyons, maman ! Ne tremble pas toujours comme si j'avais dix ans ! Moi je t'appellerai, et je t'écrirai.

FANNY

Ça, c'est gentil.

CÉSARIOT *(il se lève)*

Huit heures... Je vais faire ma toilette, et à Dieu-vat !

TERRASSE DU BAR

Il est huit heures du matin. Escartefigue, César et le docteur boivent un petit coup de vin blanc. Sur le guéridon voisin, des croissants et un service à café attendent M. Brun, qui arrive.

CÉSAR *(solennel)*

Monsieur Escartefigue, lorsque vous dites des choses pareilles, vous battez tous les records de stupidité ; c'est-à-dire que vous serrez sur votre cœur les bornes du couillonisme, et que vous courez à toute vitesse pour les transporter plus loin, afin d'agrandir votre domaine.

M. BRUN
(qui est arrivé pendant la tirade et qui est debout)

Cette déclaration a le mérite de la clarté.

ESCARTEFIGUE *(navré)*

César, j'ai le regret de constater que tu m'exécutes sans jugement. Voyons, Monsieur Brun...

CÉSAR

M. Brun est de mon avis.

M. BRUN

Probablement, mais j'ignore de quoi vous parlez.

CÉSAR

Monsieur Brun, asseyez-vous. Mon petit Césariot part

ce matin, c'est-à-dire dans quelques minutes, avec ce vaurien de petit chauffeur, sur le bateau de sa mère, bateau que nous voyons d'ici. Le petit Césariot a révélé le but de ce voyage : une visite à un ami. Eh bien, selon moi, cet ami est une ami-ye.

ESCARTEFIGUE *(à M. Brun)*

Et je prétends que, si le jeune homme a dit qu'il allait voir un ami-i, il n'y a pas de raison de croire qu'il va voir une ami-ye. Pour quelle raison ne pas le croire ?

CÉSAR

Parce que par pudeur, il ment. Je te l'ai déjà dit, mais c'est un mot qui t'échappe. La pudeur, c'est un sentiment délicat et nuancé, un sentiment très fin, très joli. La Pudeur, c'est tout le contraire de l'Escartefiguerie. Moi, par exemple, c'est par pudeur que je vous cache un secret qui est peut-être la cause du départ de mon Césariot. *(Avec force)* Ce secret, je ne peux pas vous le dire. *(Avec moins de force)* Enfin, je ne peux pas vous le dire à la terrasse...

ESCARTEFIGUE

Rentrons alors...

CÉSAR *(digne)*

Je ne peux pas vous le dire à tous à la fois, et si vite que ça. Parce qu'un secret, ce n'est pas quelque chose qui ne se raconte pas. Mais c'est une chose qu'on se raconte à voix basse, et séparément. *(A voix basse)* Enfin, sachez seulement que Césariot a appris quelque chose qui l'a beaucoup ému... Un grand secret qu'il ignorait...

LE DOCTEUR

Et que nous savons tous...

M. BRUN

Depuis vingt ans...

CÉSAR *(qui enchaîne)*

Depuis vingt ans. Et qu'alors il est naturel que cet enfant aille passer huit jours auprès de son ami-ye, pour se sortir un peu d'ici, et peut-être même pour lui raconter cette romanesque aventure.

ESCARTEFIGUE

Et pourquoi n'irait-il pas plutôt se confier à un ami-i ?

CÉSAR

Parce que c'est plus joli que ça soit une jeune fille, une amoureuse. C'est son droit le plus légitime, et de plus, ça me fait plaisir !

M. BRUN

Et parce que ça vous fait plaisir, vous exigez que ce soit vrai.

CÉSAR

Naturellement.

ESCARTEFIGUE

Au fond, tu as peur qu'il soit puceau.

CÉSAR

Félix, tu es un grossier, mais tu as raison. J'ai peur de ce que tu dis : ça me... désobligerait.

LE DOCTEUR

Et non seulement ça te désobligerait, mais encore il aurait des boutons.

SUR LE QUAI DEVANT LE MAGASIN

Le bateau au bord du quai. C'est un magnifique canot automobile, presque un yacht. Il est repeint à neuf et à l'arrière, en lettres d'or, on voit son nom : FANNY. Le chauffeur, qui constitue l'équipage, astique les cuivres avec un chiffon. Fanny traverse le quai, et lui tend une petite valise.

FANNY

Tiens, mauvaise graine.

LE CHAUFFEUR

Merci, belle plante.

FANNY

Dis donc, insolent...

LE CHAUFFEUR

Allez, Madame Fanny, « Belle Plante », ça ne veut pas dire du mal. Au contraire, c'est un sentiment d'admiration qui me l'a fait trouver tout d'un coup. Et le capitaine, il est prêt ?

FANNY

Oui, il est allé embrasser sa grand-mère, et il arrive tout de suite. Tout est paré ?

LE CHAUFFEUR

Oui, madame Fanny. J'ai tout astiqué, tout nettoyé, tout raclé... J'ai même fait les cuivres. Jamais notre « Fanny » n'a été plus belle. Sauf votre respect, elle est presque aussi propre que vous. Il ne lui manque qu'un bon coup de manivelle au point sensible, et hop ! A toute vapeur !

Elle s'assoit dans le bateau.

FANNY

Tu sais où vous allez ?

LE CHAUFFEUR

Vers l'Ouest. Nous mettons le cap sur l'Ouest, vers les Amériques.

FANNY

Oui, mais pour quel port ?

LE CHAUFFEUR *(catégorique)*

Ça, je l'ignore.

FANNY

Tu le sais, mais tu ne veux pas me le dire.

LE CHAUFFEUR *(avec un immense désespoir)*

Madame Fanny, si je sais où nous allons, que le Bon Dieu m'écrase à l'instant, et me fasse perdre la vue. Plutôt que de vous mentir, je préférerais recommencer toute la guerre !

FANNY

Surtout que tu ne l'as pas faite.

LE CHAUFFEUR

Non, je ne l'ai pas faite, j'avais treize ans. Mais c'est une façon de parler. *(Avec une véhémence farouche)* Madame Fanny, sur la tombe de mes parents, sur tout ce que j'ai de plus cher au monde, je vous JURE que je ne sais pas où nous allons. Vous me croyez ?

FANNY

Oui, je te crois.

LE CHAUFFEUR

Eh bien vous avez tort. Nous allons à Palavas-les-Flots, chez un ami de Césariot.

FANNY

Alors, pourquoi mens-tu ?

LE CHAUFFEUR *(béat)*

Pour rien, pour le plaisir.

FANNY

Et tu n'as pas honte de faire des faux serments sur la tombe de tes parents ?

LE CHAUFFEUR *(philosophe)*

Eh peuchère, ils sont morts, qu'est-ce qu'il peut leur arriver de pire ? Nous allons à Palavas.

FANNY

Tu en es sûr ?

LE CHAUFFEUR

Madame Fanny, que le tonnerre me disperse, que ma pipe m'empoisonne, que je perde mes illusions...

FANNY

Ne te fatigue pas. Voilà ce que tu vas faire. Tous les deux jours tu me téléphoneras.

LE CHAUFFEUR

Bon...

FANNY

Tu me donneras des nouvelles de mon fils... Je ne le lui ai pas demandé à lui, pour ne pas le déranger pendant ses vacances, tu me comprends ?

LE CHAUFFEUR

Oui, je vous comprends. Ce n'est même pas la peine de lui dire que je vous téléphone.

FANNY

Non, ce n'est pas la peine. Tu me diras ce qu'il fait. Je ne peux pas l'accompagner à cause du magasin. Grâce à toi, je serai un peu avec lui.

LE CHAUFFEUR

Parfaitement, madame Fanny, je vous dirai les gens qu'il voit... Les parties de pêche... Et si je le vois avec de jolies femmes, il faudra vous le dire aussi ?

FANNY

Bien entendu. Tu sais, il est encore très jeune. Est-ce que tu connais Mélina ?

LE CHAUFFEUR

Celle de l'année dernière ?

FANNY

Oui. Si tu la vois dans les environs, préviens-moi tout de suite.

LE CHAUFFEUR

Ça, vous pouvez y compter ! Je la connais ! C'est une pute, qui cherche un bastardon !

FANNY

Exactement ! Dis-le à Césariot ! Et si tu la vois à Palavas, préviens-moi tout de suite !

LE CHAUFFEUR

Comptez sur moi. Attention, le voilà !

En effet, Césariot, en costume de sport, traverse le quai.

Par un fondu enchaîné, le bateau se trouve en mer.

À BORD DU BATEAU

Césariot tient la barre ; il pique droit vers la côte, et entre dans une petite calanque, près des Martigues. Il n'y a personne.

LE CHAUFFEUR

C'est ici ?

CÉSARIOT

Non, ce n'est pas ici, mais j'ai quelque chose à faire.

Il échoue le bateau sur la petite plage, puis il quitte ses chaussures.

LE CHAUFFEUR

Tu veux prendre un bain ?

CÉSARIOT

Pas du tout.

Il ouvre la boîte à outils, y prend une plaque émaillée, sur laquelle on lit « LE PESCADOU ».

LE CHAUFFEUR

Qu'est-ce que tu veux faire ?

CÉSARIOT

On va dévisser la plaque du bateau, et à la place, on mettra celle-là.

LE CHAUFFEUR *(il prend la plaque)*

« LE PESCADOU ». C'est un joli nom. Tu le débaptises ?

CÉSARIOT

Provisoire. On remettra l'autre pour rentrer.

Il saute à l'eau, un tournevis à la main, et commence à dévisser la plaque qui porte le nom de Fanny.

LE CHAUFFEUR

Je ne suis pas curieux, et je ne pose jamais de question à personne, mais je voudrais bien savoir ce que nous allons faire.

CÉSARIOT

Parlons d'abord de ce que tu vas faire.

LE CHAUFFEUR

Moi ?

CÉSARIOT

Oui, toi.

LE CHAUFFEUR

Pas la même chose que toi ?

CÉSARIOT

Non. Toi, je vais te déposer à Palavas.

LE CHAUFFEUR

Tu me débarques ?

CÉSARIOT

Pour huit jours. Tu iras chez M. Dromard, Villa « Les Canaris », et tu lui remettras cette lettre.

LE CHAUFFEUR

Et où ils perchent, ces canaris ?

CÉSARIOT

J'en sais rien ; l'adresse est sur l'enveloppe. Tu n'auras qu'à la montrer au premier passant. Tu as compris ?

LE CHAUFFEUR

Oui. Et puis ?

CÉSARIOT

Et puis voilà deux lettres pour ma mère. Tu les mettras à la poste au bureau de Palavas. Pas tout de suite, bien entendu. La première, demain.

LE CHAUFFEUR

Laquelle c'est ?

CÉSARIOT

Celle où j'ai souligné Marseille.

LE CHAUFFEUR

Bon. Et la seconde ?

CÉSARIOT

Quand je te téléphonerai.

LE CHAUFFEUR

Et où tu me téléphoneras ?

CÉSARIOT

A l'hôtel des Palmiers, où tu vas descendre. C'est un petit hôtel, sur le quai du Port. Voilà huit cents francs.

LE CHAUFFEUR

Écoute : j'aime mieux te dire tout de suite que ta mère m'a chargé de te surveiller et de lui téléphoner mon espionnage.

CÉSARIOT

C'est prévu. J'ai préparé tes réponses. En voilà trois, numérotées. Tu n'auras qu'à les étudier à l'avance, parce que j'ai prévu ses questions.

LE CHAUFFEUR

Elle s'imagine que tu vas passer quelques jours avec une poule, avec Mélina. Moi aussi, je me l'imagine parce que tu me fais des mystères.

CÉSARIOT

Non, rassure-toi, ce n'est pas Mélina.

LE CHAUFFEUR

Elle est belle ?

CÉSARIOT

Sublime.

LE CHAUFFEUR

Tu me la feras voir ?

CÉSARIOT

Jamais !

LE CHAUFFEUR

Je veux dire en photographie.

CÉSARIOT

Peut-être un jour. Plus tard... Je reviens te prendre dans trois ou quatre jours. Peut-être un peu plus.

LE CHAUFFEUR

Reste aussi longtemps que tu pourras. Ne t'en fais pas pour moi. Dans cet hôtel, il doit y avoir du personnel féminin ?

CÉSARIOT

Cinq ou six femmes de chambre.

LE CHAUFFEUR

Il y a de quoi faire. Et puis, est-ce que c'est un hôtel où on vous cire les souliers pendant la nuit ?

CÉSARIOT

Naturellement.

LE CHAUFFEUR

Oh, nom de Dieu ! Si j'avais su, j'en aurais apporté.

CÉSARIOT

Tu n'as pas de souliers ?

LE CHAUFFEUR

Non. J'ai un chic costume de mécanicien, mais pas de

souliers. Les pieds nus, ça fait plus maritime. C'est vrai que je peux en acheter, puisque tu m'as donné une fortune !

Un fondu enchaîné, et voilà le bateau à quai dans le petit port de Palavas. Le chauffeur a bondi sur le quai. Il a mis un veston, mais il est pieds nus. Le bateau s'éloigne du quai en marche arrière.

LE CHAUFFEUR *(il crie)*

Quand tu t'arrêteras, n'oublie pas de fermer l'essence. Nous avons un carburateur qui ne se sent pas pisser !

Le bateau sort du port, et repart vers l'est.

SUR UNE ROUTE

Des villas blanches sous des pinèdes. Le chauffeur marche, un papier à la main, le long de haies de lauriers-roses. Il s'arrête devant une villa : « Les Canaris ». Il sonne. Il attend. Un vieux jardinier vient lui parler à travers la grille.

LE CHAUFFEUR

Bonjour Monsieur. Est-ce que M. Dromard est là ?

LE JARDINIER

Lequel vous voulez dire ? Le jeune ou le vieux ?

LE CHAUFFEUR

Le jeune.

LE JARDINIER

Ils sont partis tous les deux. Et la dame ? Vous voudriez la voir, la dame ?

LE CHAUFFEUR

Oui, si ça ne la dérange pas.

LE JARDINIER

Ça risque pas de la déranger : elle est partie aussi. Il ne reste que le chien, moi et les canaris.

LE CHAUFFEUR

Ils reviennent quand ?

LE JARDINIER

Ils sont à un mariage chez le beau-frère, à Valence. Quand ils reviendront ça je peux pas vous le dire. Dans huit jours, dans quinze jours.

LE CHAUFFEUR

Ça, c'est peut-être une catastrophe.

LE JARDINIER

Pour qui ?

LE CHAUFFEUR

Pour moi.

LE JARDINIER

Alors, je m'en fous complètement.

Il lui tourne le dos et s'éloigne.

LE CHAUFFEUR *(farouche)*

C'est en venant vieux que vous êtes venu couillon ou c'est de naissance ?

Le jardinier ne se retourne pas. Le chauffeur hausse les épaules et s'en va.

DANS UNE RUE DE TOULON

Césariot s'avance. Il regarde la plaque bleue de la rue, puis il cherche un numéro. Il arrive devant le garage, il entre. Il s'avance vers Ficelle.

CÉSARIOT

Bonjour. Le garage de M. Olivier, c'est ici ?

FICELLE

Oui monsieur.

CÉSARIOT

M. Olivier n'est pas là ?

FICELLE

Là, sous la voiture ; les deux pieds qui dépassent.

Césariot va vers ces deux pieds, chaussés d'honnêtes pantoufles de mécanicien. Il se baisse et il parle.

CÉSARIOT

Monsieur Marius Olivier, s'il vous plaît ?

MARIUS *(sous la voiture)*

C'est moi-même. Qu'est-ce qu'il y a pour votre service ?

CÉSARIOT

Monsieur, j'ai un canot automobile dans le port et mon moteur est en panne... Une espèce de pêcheur-matelot-joueur de boules, sur le quai, m'a dit de m'adresser à vous.

MARIUS

C'est bien gentil de sa part, mais je ne sais pas si je peux y faire grand-chose. Je m'occupe surtout de voitures, n'est-ce pas. Je n'ai pas fait d'études spéciales. Alors, si c'est un Diesel...

CÉSARIOT

Ce n'est pas un Diesel... C'est un Baudoin.

MARIUS

Ah ! les Baudoin, je les connais un peu. *(Marius sort péniblement et se relève.)* J'en ai soigné un pendant trois ans. Il était sur le bateau de M. Frère, le président du Tribunal. Vous le connaissez ?

CÉSARIOT

Non. Je ne suis pas d'ici.

MARIUS

J'aurais dû le comprendre rien qu'à votre accent. *(Il s'essuie les mains avec un chiffon graisseux.)*

Il faut dire qu'à Toulon, à cause de la flotte, il y a toutes sortes d'accents. Beaucoup de bretons, des provençaux, et des officiers d'un peu partout. C'est pressé, votre affaire ?

CÉSARIOT

Pas tout à fait urgent.

MARIUS

Ça peut attendre jusqu'à demain matin ?

CÉSARIOT

Oui.

MARIUS

Parce qu'il faudra faire de petits essais, n'est-ce pas. Il vaudrait mieux avoir un peu de temps pour sortir du port. Et puis, il faut que je finisse cette voiture : c'est celle du percepteur. Alors, vous pensez !

CÉSARIOT

Alors, demain matin. A quelle heure ?

MARIUS

A l'heure que vous voudrez... Sept heures, ça vous va ?

CÉSARIOT

Oui, parfaitement. Je suis à l'hôtel Royal.

MARIUS

C'est un des meilleurs. Dites-moi, qu'est-ce qu'il a votre moulin ? Je vous demande ça pour les outils à emporter.

CÉSARIOT

Il tousse, et il cogne.

MARIUS

Ce n'est pas la même chose.

CÉSARIOT

Je crois que c'est une question d'allumage.

MARIUS

S'il n'y a pas d'accident mécanique, c'est très probable. J'apporterai des bougies. Alors, rendez-vous demain à sept heures sur le bateau. Comment il s'appelle ?

CÉSARIOT

« Le Pescadou ». Il a sept mètres. Il est au môle 6.

MARIUS

D'accord. Demain matin, sept heures sur le Pescadou. Maintenant, excusez-moi, mais le percepteur est plus pressé que vous ! A demain.

CÉSARIOT

A demain.

Il s'éloigne, pensif.

MARIUS

Il est charmant ce garçon.

FICELLE

Moi, je le trouve un peu fier.

MARIUS

Naturellement. C'est un Parisien... Ils sont tous comme ça. Mais il est charmant.

LA CHAMBRE DE L'HÔTEL À PALAVAS

Ce n'est pas un palace, mais la chambre provençale est convenablement meublée. Le chauffeur est au téléphone. Il a mis des lunettes, et lit un papier.

Une maritorne de 25 ans qui tient le manche d'un aspirateur muet attend la fin de la communication pour reprendre son travail.

LE CHAUFFEUR

Oui Madame Fanny, c'est comme je vous le dis. Il n'y

a pas de femme dans la maison, sauf Mme Dromard, la mère, et une cuisinière de cinquante ans. Le jeune homme est charmant, et il a été content comme tout de voir Césariot. Tout de suite ils se sont mis à faire des problèmes pour s'amuser. Moi, on m'a mis dans un petit hôtel très convenable sur le port. Voilà. Oui, oui, tous très gentils, sauf un vieux jardinier complètement gâteux — mais ça n'a pas d'importance. Enfin, tout ça va très bien. Césariot vous a écrit une lettre que je viens d'aller mettre à la poste. Alors, voilà. D'accord. Bon, alors à demain.

Il raccroche le téléphone et se tourne vers la servante.

LA SERVANTE

Tu as des soucis ?

LE CHAUFFEUR

Eh oui. Forcément... Je me demande ce que je vais faire.

LA SERVANTE

Tu le verras bien quand tu le feras... C'est déjà bien assez que les autres vous posent des questions... Moi, je ne demande jamais rien.

LE CHAUFFEUR *(il se parle à lui-même)*

Dromard... Dromard n'est plus là...

LA SERVANTE

C'est lui qui doit payer l'hôtel ?

LE CHAUFFEUR

Jamais de la vie. Le problème, ce n'est pas ça. Le problème, c'est que mon patron va me téléphoner. Si je lui dis que Dromard est parti, il va peut-être venir me chercher, et mes vacances sont finies. Si je lui dis que Dromard est là, il saura fatalement, un jour, que je lui ai menti. Toi, qu'est-ce que tu en penses ?

LA SERVANTE

Rien. Je ne sais même pas de quoi tu parles. Si tu veux que je te réponde, dis-moi quelque chose que je comprenne.

LE CHAUFFEUR

Des choses que tu comprennes, j'en connais pas.

DANS LE PORT DE TOULON

Il est sept heures du matin. Césariot et Marius sont à bord du Pescadou. Marius achève de serrer un écrou, puis il appuie sur un bouton, et le moteur tourne aussitôt.

MARIUS

Et voilà ! C'est aussi bête que ça. Un écrou desserré, et qui n'en avait pas l'air... On va faire un tour ?

CÉSARIOT

D'accord, et si vous avez un peu de temps, on pourrait peut-être pêcher une bouillabaisse...

MARIUS

Une bouillabaisse, ce n'est guère possible, mais une bonne soupe, oui. Vous avez des esques ?

CÉSARIOT

Des esques, des piades et des mouredus.

Il ouvre un petit panier garni de varech. Marius fouille le varech du bout du doigt.

MARIUS

Avec des mouredus, on prend n'importe quoi ! Même des rascasses !

CÉSARIOT

Mais il faut connaître les bons endroits.

MARIUS

Pour vous dire la vérité — j'ai pensé qu'en faisant les essais, on pourrait peut-être poser quelques lignes, et j'ai apporté mon carnet d'ensignures...

CÉSARIOT

Qu'est-ce que c'est ?

Marius tire de sa poche un carnet à couverture de toile cirée, grandement gonflé par l'usage et les cornes.

MARIUS

Ce sont des repères. Pour trouver le poisson, selon la saison, et le temps. *(Il ouvre le carnet et il lit.)* « A la hauteur du phare, par le travers du sémaphore, et juste en face du clocher de Saint-Vincent. Par seize mètres de fond : girelles royales, lazagnes, sarans. Il faut des esques plutôt que des piades. Meilleur en été par calme plat. » C'est ça une ensignure. Et ça ne se dit à personne.

CÉSARIOT

Mais où prend-on ces renseignements ?

MARIUS

Par l'expérience. Et puis, on en hérite dans les familles, ou par des amis. Il faut du temps pour faire un carnet comme celui-là. C'est Camille Pipette qui me l'a donné, à son lit de mort ! Oui. Un vieil ami. Il était malade ; je vais le voir, il me dit « Petit, j'ai bien mauvaise impression, et je crois que je vais y passer. Alors, comme je n'ai que des femelles dans la famille, prends mon carnet d'ensignures. » Je lui dis « Allons, Camille, tu ne vas pas mourir comme ça ! » Il me dit « Si je ne meurs pas, tu me le rendras. Prends-le toujours. Comme ça, je sais qu'il est dans de bonnes mains... » Il est mort, le pauvre, et voilà son carnet... On y va ?

CÉSARIOT

Allons-y.

Il prend la barre. Il embraye. Le bateau recule, vire, se dirige vers la passe et sort du port.

EN MER

Pendant que le Pescadou fait des essais de moteur à des vitesses diverses, une grosse vedette sort du port, et se dirige paisiblement vers le large, puis se met en croisière.

A trois cents mètres de la côte, le Pescadou a jeté l'ancre. Césariot est assis sur un banc, avec un petit marteau il casse un piadon. Marius assis en face de lui tient le fil de sa palangrotte. A quelque distance, la vedette croise toujours.

MARIUS

Ça m'étonne que vous soyez de Marseille.

CÉSARIOT

Pourquoi ?

MARIUS

Parce que vous n'avez pas l'accent.

CÉSARIOT

J'ai été élevé dans les lycées, puis à Paris. Et à Paris, j'ai travaillé pour corriger mon accent. J'ai même pris des leçons pour le perdre.

MARIUS

Ça par exemple ! Et pourquoi vous vouliez le perdre ?

CÉSARIOT

Parce qu'au lycée on se moquait de moi. On m'appelait Marius et on me demandait des nouvelles d'Olive.

MARIUS *(charmé)*

Ce qu'ils peuvent être couillons, quand même ces Parisiens ! Et vous, dites, vous avez un accent, et vous payez des leçons pour en prendre un autre ! *(Il tire brusquement sa ligne.)* En voilà un !

CÉSARIOT *(pendant que Marius remonte sa ligne)*

Gros ?

MARIUS

Il n'est pas gros mais il est vaillant. Il tire de tout son cœur ! *(Il sort sa prise de l'eau. C'est un joli poisson rougeâtre.)* C'est un saran... Il tiendra bien sa place dans la soupe de ce soir ! *(Il change l'appât de sa ligne)*... Et à Marseille, de quel quartier vous êtes ?

CÉSARIOT

De la rue Paradis. Au bout, près de Saint-Giniez...

MARIUS *(plein d'admiration)*

Oh ! mais dites, un peu plus vous étiez du Prado ! Il faut qu'ils soient riches, vos parents !... D'ailleurs, quand on a un bateau comme celui-là, ça prouve qu'on peut acheter le vinaigre au litre... *(Il regarde la ligne de Césariot.)* Vé, vé, il y en a un qui vous sonne ! *(Césariot tire sa palangrotte, Marius le regarde, Césariot tire un beau « roucaou ».)* Une lucrère ! N'ayez pas peur, ça ne pique pas ; donnez, donnez ! *(Marius prend la ligne de Césariot et décroche la lucrère.)* Ça, c'est du beau poisson. *(Il le met dans la corbeille.)*

CÉSARIOT

Et vous, vous êtes de Toulon ?

MARIUS

Non ; moi, je suis Marseillais. Mon père a un bar au quai de Rive Neuve. C'est même ce qui a fait mon malheur.

CÉSARIOT

Votre malheur n'a pas l'air bien grave...

MARIUS

Quand je dis « mon malheur », c'est que je compare la vie que j'aurais pu avoir avec celle que je me suis faite. Quand j'avais dix-huit ans, à force de voir des bateaux, il m'a pris l'envie de naviguer. Il me semblait que mon bonheur était de l'autre côté de la Terre. J'y suis allé, il n'y était pas.

CÉSARIOT

Cette vedette a l'air de nous surveiller... C'est un petit garde-côtes ?

MARIUS

Non, c'est la vedette de la douane. Et c'est pas nous qu'ils surveillent. Il doit y avoir un yacht au large, chargé de cigarettes américaines de contrebande et des complices de Toulon vont venir en chercher un chargement, en faisant semblant d'aller à la pêche, puis ils iront les débarquer sur quelque point désert de la côte... *(Brusquement)* Tirez, tirez... Je crois que vous avez un gros morceau !

Césariot tire sur sa ligne. Marius prend une grande épuisette, et surveille l'opération.

DANS LA CHAMBRE DU CHAUFFEUR, À L'HÔTEL

Le chauffeur est au téléphone.

LE CHAUFFEUR

Oui. Oui. Il est parti de bonne heure, à la pêche avec Dromard... Ça je ne sais pas à quelle heure ils vont rentrer.

À BORD DU PESCADOU

Césariot et Marius déjeunent de grand appétit, tout en surveillant leurs lignes, qui sont attachées aux tolets de l'arrière.

MARIUS

Quand j'étais petit, à Marseille, je faisais ça tous les dimanches, avec mon père et un de ses amis, qui s'appelait Maître Panisse... Nous allions du côté du Cap Couronne, près de Carro... Ou alors, si le temps était mauvais, on s'arrêtait à Niolon, ou à Carry.. En ce temps-là, il y avait plus de poissons que maintenant...

CÉSARIOT

Maître Panisse, c'était le propriétaire de la voilerie ?

MARIUS

Oui, il avait un beau petit cotre tout blanc, et souvent nous faisions la bouillabaisse à bord. Si vous voulez, ce soir nous porterons le poisson chez Henri. C'est un petit bistrot sur le port qui a un secret pour la bouillabaisse. Il en fait de grands mystères, mais tout le monde le connaît : il parfume le bouillon avec une crème de darnes d'oursins... Vous verrez, c'est formidable.... *(Une ligne se tend violemment. Marius la saisit vivement.)* Vé, un suicide ! *(Il tire sur la ligne qui résiste.)* Vite, le harpon ! C'est un papagalle... Au moment de sortir de l'eau, il va nous casser la ligne !

(Césariot prend le trident, et regarde monter le poisson.)

LE MAGASIN DE VOILES

Derrière le long comptoir un vieux commis de bonne humeur plie et roule des toiles. Un jeune homme élégant entre en souriant.

L'EMPLOYÉ

Bonjour Monsieur !

LE JEUNE HOMME

Bonjour monsieur !

L'EMPLOYÉ

Tenez, Monsieur, ne me dites pas ce que vous voulez, je vais vous le dire moi-même.

LE JEUNE HOMME

Vous m'étonneriez beaucoup.

L'EMPLOYÉ

Ce n'est pas que ça soit facile, remarquez bien. Mais quand on a un peu l'habitude des physionomies et l'habitude de ce magasin, on y arrive tout de même. Tenez ! vous, par exemple, il est évident que vous ne venez pas acheter cent mètres de câble de cabestan, ni un baril de goudron de calfat. Non, vous *(il l'examine)*, c'est le canotage. Est-ce pour acheter un canoë, ou seulement une pagaie, ou un tolet ? Ça, je n'en sais rien encore. Mais un article de canotage, ça, je le sais. Venez, c'est par ici...

Il veut l'emmener vers le magasin voisin.

LE JEUNE HOMME

Ce n'est pas ça du tout. Je viens pour voir votre patron.

L'EMPLOYÉ

C'est pour une plainte ? On vous a mal servi ?

LE JEUNE HOMME

Pas du tout. Je viens lui dire bonjour en passant. Je suis un camarade de l'école.

L'EMPLOYÉ

Ah ! vous êtes de la Polytechnique ? J'aurais dû m'en douter, voyez ! Mais aussi pourquoi vous ne mettez pas le costume, qui est si beau, si élégant ? Moi, si j'avais le droit de porter un costume comme ça, je me déshabillerais jamais, même pas pour dormir... Venez par ici, monsieur...

LA SALLE À MANGER

Fanny écrit, elle pointe des factures. On frappe à la porte.

FANNY

Qu'est-ce que c'est ?

L'EMPLOYÉ *(il entre, mystérieux)*

Madame Fanny, c'est un ami de monsieur Césariot. D'après sa physionomie, et son accent, c'est un homme du Nord de la France.

FANNY

Fais-le entrer.

Fanny se lève. L'employé sort, le jeune homme entre. Il salue avec distinction.

LE JEUNE HOMME

Madame...

FANNY

Bonjour, Monsieur... Entrez donc... Les amis de mon fils sont ici chez eux... Asseyez-vous, je vous prie... Césariot n'est malheureusement pas ici depuis quelques jours.

Il est en visite chez un camarade... Mais vous me permettez bien de vous offrir quelques cerises à l'eau-de-vie ?

LE JEUNE HOMME

Mais bien volontiers, Madame... Avec le plus grand plaisir...

FANNY *(elle met des verres sur la table)*

Vous êtes de la même promotion que mon fils ?

LE JEUNE HOMME

Oui, Madame. Nous avons fait nos trois ans côte à côte.

FANNY

Et vous allez sans doute avec lui aux constructions navales ?

LE JEUNE HOMME

Non, Madame... J'ai l'intention de faire ma carrière dans l'armée, dans l'artillerie.

FANNY

Vous habitez Paris ?

LE JEUNE HOMME

Non, Madame, ma famille est de Valence. Mais je connais fort bien la côte... Nous avons une petite propriété où je viens passer mes vacances depuis toujours. Nous y étions installés ces temps-ci. Mais j'ai dû repartir pour Valence pour le mariage d'un petit-cousin... Maintenant, je pars pour une croisière de huit jours en Corse... Alors, en passant par Marseille, j'ai voulu dire bonjour à votre fils... Mais je le verrai à mon retour, dans une semaine...

FANNY

Vous ne partez au régiment qu'au mois d'octobre ?

LE JEUNE HOMME

Oui, Madame. D'ici là, je vais me reposer au bord de la mer. Si vous le permettez, j'inviterai Césariot à passer quelques jours chez nous. C'est si près...

FANNY

Où est-ce exactement ?

LE JEUNE HOMME

A Palavas-les-Flots.

FANNY *(brusquement soupçonneuse)*

Ah ! Et comment vous appelez-vous ?

LE JEUNE HOMME

Dromard, Madame, Pierre Dromard. J'ai d'ailleurs eu l'honneur de vous être présenté... un jour à Paris, l'année dernière.

FANNY *(furieuse, mais calme)*

Oui, oui... En effet... Mais il me semble que vous portiez une barbe noire.

DROMARD

Oui, Madame... Vous me faites beaucoup d'honneur de vous en souvenir, Madame... Je l'ai rasée la semaine dernière, pour cette noce, précisément.

On frappe à la porte. César paraît.

CÉSAR

Bonjour, Monsieur. *(A Fanny)* Il a téléphoné ?

FANNY *(sarcastique)*

Mieux que ça ! J'ai le plaisir de vous présenter M. Dromard, venant de Valence, qui est de passage à Marseille.

CÉSAR *(consterné)*

Ayayaïe !

FANNY *(à Dromard)*

Monsieur est le parrain de mon fils !

DROMARD *(se lève)*

Enchanté, Monsieur.

CÉSAR

Et moi, Monsieur Dromard, navré ! Navré réellement.

DROMARD *(stupéfait)*

Mais pourquoi ?

CÉSAR

Oh ! de rien ! de rien ! *(Il lui fait des signaux désespérés.)* Alors, comme ça, vous avez quitté Palavas et vous avez laissé mon filleul chez vous ? *(A Fanny)* Tu comprends, il n'a pas voulu rentrer tout de suite, il est chez lui...

DROMARD

Où ça, chez moi ?

CÉSAR

Mais à votre villa de Palavas, voyons ! Vous savez bien que vous l'avez invité à passer dix jours chez vous ? Eh bien, il y est en ce moment, et vous le savez très bien.

DROMARD *(bafouillant)*

Je le sais évidemment... Enfin, tout me porte à le croire. Oui, oui, bien entendu ! C'est donc ça que la cuisinière m'a téléphoné l'autre jour !... Je n'avais pas très bien compris. *(Il commence à mentir avec enthousiasme.)* Mais c'est ça ! Oui, il est chez moi, c'est certain !

FANNY *(brutalement)*

Allons, vous êtes aussi menteur que mon fils, et ce n'est pas peu dire. S'ils sont tous comme vous dans la promotion, il y aura quelques jolies batteries de menteurs cette année dans l'artillerie !

CÉSAR *(avec une mauvaise foi désespérée)*

Voyons Fanny, puisque je t'affirme qu'il y est !

FANNY

Oh ! vous, je suis sûr que vous êtes son complice, et que vous savez où il est... Aidez-le à faire ses fredaines, poussez-le vers les femmes et la débauche ; il ira loin. *(Méchamment)* D'ailleurs, il a de qui tenir !

Elle sort, elle fait claquer la porte, Dromard reste médusé ; César, un peu gêné, sourit.

CÉSAR

Elle est comme ça, c'est son caractère ! Un peu coléreuse, n'est-ce pas... Il y a des gens qui ont un tempérament coléreux... Mais il ne faut pas la juger là-dessus.

La porte s'ouvre, l'employé paraît.

L'EMPLOYÉ

Monsieur César, on vous demande de Palavas, décrochez l'appareil.

CÉSAR *(il décroche l'appareil)*

Ah ! voilà une bonne chose... *(A Dromard)* Nous allons avoir des nouvelles de Dromard. Allô ! Allô ! Oui, c'est César.

Il tend l'autre écouteur à Dromard.

LA CHAMBRE DU CHAUFFEUR

LE CHAUFFEUR *(à l'appareil avec un aplomb merveilleux)*

Oui, oui, ça continue très bien... Ce matin, ils sont allés à la pêche... Ils ont rapporté quatre pagres et un denti...

CÉSAR

Qui c'est qui l'a pêché, ce denti ? C'est Dromard, ou Césariot.

LE CHAUFFEUR

Un peu chacun. C'était au palangre, n'est-ce pas. Alors, on ne peut pas dire exactement. Nous avons pris aussi une raie. Énorme. Elle semble un cerf-volant.

CÉSAR

Bravo ! Bravo ! Dis-moi, ce Dromard... quel genre de type c'est ?

LE CHAUFFEUR

Charmant, instruit, et bien élevé. Moi, il me plaît beaucoup ! Et je dois vous dire que j'ai l'air de lui plaire aussi. Ce matin, il m'a donné dix francs. Un garçon vraiment bien.

CÉSAR

En ce moment, où sont-ils ?

LE CHAUFFEUR

Au jeu de boules. Je les vois d'ici.

CÉSAR

Comment fais-tu pour les voir ?

LE CHAUFFEUR

Ben, je regarde, et je les vois par la fenêtre... Ils ont l'air de bien s'amuser... Tenez, Dromard va tirer... Oui, c'est bien lui... Oh ! il a fait un palet sur place ! Si j'avais tourné le téléphone de ce côté, vous auriez entendu le carreau !

EN MER, PRÈS DE LA CÔTE, À BORD DU CANOT

CÉSARIOT

Elle ne vous aimait pas ?

MARIUS

Oh que si ! Seulement, il y avait l'honneur du nom, le respect humain, enfin différentes couillonnades... Ce qui fait que mon fils, je ne le connais pas, et c'est le mari qui l'a élevé.

CÉSARIOT

Et vous en avez eu de la peine !

MARIUS

Un peu, mais pas énormément. On m'a prouvé que le vrai père, ce n'était pas moi, que c'était celui qui aimait l'enfant.

CÉSARIOT

Est-ce que vous ne l'aimiez pas ?

MARIUS

On ne peut pas aimer quelque chose qu'on ne connaît pas. Je l'aurais aimé, certainement... Seulement, c'était l'autre qui payait... Alors, on m'a dit que c'était lui qui l'aimait le plus...

CÉSARIOT

Pourquoi ?

MARIUS

Vous savez, aujourd'hui, aimer et payer, c'est la même chose....

MARIUS *(tire sa ligne, et en décroche un petit poisson bleuâtre)*

Ayayaïe ! Voilà le va-t'en !

CÉSARIOT

Qu'est-ce que c'est ?

MARIUS

Regardez-le ! Quand on pêche ce poisson, ça veut dire que tous les autres sont partis, et que la pêche est finie. Alors, on l'appelle : « le va-t'en »... On ne prendra plus rien dans ce coin-là !

Il commence à remonter la pierre qui leur sert d'ancre.

À MARSEILLE
DEVANT LE BAR DE CÉSAR

Le jeune Dromard est assis à la terrasse, César l'écoute.

DROMARD

Non, non, s'il est avec une femme, ça ne peut pas être avec la jeune fille dont je vous parle.

CÉSAR

Vous savez... Avec les jeunes filles modernes. Si elle est vraiment amoureuse de lui...

DROMARD

Oh ! pour ça, oui, elle en est folle. Mais d'une famille très chic, et très riche. C'est Irène Bermond. La fille des liqueurs Bermond.

CÉSAR

Ho ho !... C'est quelque chose, Bermond ! On en trouve dans tous les bars de France. C'est cher, mais c'est bon ! Elle est sûrement très jolie.

DROMARD

Ravissante. Elle a dix-huit ans, et un château près de Rambouillet...

CÉSAR

Et où l'a-t-il connue ?

DROMARD

Au tennis.

CÉSAR *(émerveillé)*

Il joue au tennis ?

DROMARD

Oui... Et même il joue très bien.

CÉSAR *(finement)*

Et qui vous dit que la jeune fille n'est pas en vacances sur la côte, du côté d'Agay, ou de Saint-Tropez ?

DROMARD

Parce que je viens de la voir à Paris, et que je me suis arrêté ici pour lui donner des nouvelles de la demoiselle. Elle va passer un mois à Blonville, avec sa famille.

CÉSAR *(avec une admiration respectueuse)*

Blonville ! Rambouillet !...

DROMARD

Vous connaissez ?

CÉSAR

Non, mais ça fait de l'effet. Surtout Rambouillet.

DROMARD

Pourquoi ?

CÉSAR

Le Président de la République ! Pan ! pan ! *(Il tue au vol un faisan imaginaire.)* C'est magnifique. Et puis Irène, c'est un prénom honnête et sérieux !

DROMARD

Celui qui l'épousera ne sera pas à plaindre.

CÉSAR

Oui, évidemment. *(Tout à coup mélancolique)* Seulement, ce ne sont pas des gens qu'on puisse inviter au cabanon... Quoique... Peut-être... Comme je suis un peu de la partie...

DANS LE BATEAU QUI EST À QUAI

Marius est sur le quai, il attache le filin à la bitte. Un petit garçon arrive en courant.

LE GARÇON

Monsieur Marius ! On vous demande au garage !

MARIUS

Qui ?

LE GAMIN

Deux messieurs. Ils cherchent des voitures volées, ils regardent les numéros des moteurs... Alors M. Fernand leur a dit que lui n'était pas le directeur, et ces messieurs, je crois bien que c'est la police.

MARIUS

La police ?

LE GARÇON

Oui, et alors, ils veulent vous voir.

MARIUS *(inquiet)*

Qu'est-ce que c'est encore que cette histoire ?

LE GARÇON

Ils disent qu'il faut absolument que vous veniez.

MARIUS *(à Césariot)*

Je sais d'où ça vient... J'y vais. Alors, à ce soir.

Il s'éloigne avec le garçon. Césariot, perplexe, le regarde partir.

La vedette de la douane vient se mettre à quai à côté du Pescadou, et bord à bord.

L'OFFICIER

Salut Monsieur.

CÉSARIOT

Salut !

L'OFFICIER

C'est pour la visite.

CÉSARIOT

Faites donc, je vous prie.

Un douanier saute à bord du Pescadou, il ouvre les petites soutes, tapote les coussins, plonge son bras sous le gaillard d'avant, puis remonte dans la vedette.

L'OFFICIER

Vous avez les papiers du bord ?

CÉSARIOT

Évidemment.

Il prend dans un minuscule tiroir un carnet qu'il tend à l'officier.

L'OFFICIER *(il examine les papiers)*

Ce ne sont pas les papiers de ce bateau. Ce sont ceux du « Fanny ». Celui-ci, c'est le « Pescadou ».

CÉSARIOT

Au fait oui. Vous avez raison. C'est moi qui ai changé la plaque pour venir de Marseille.

L'OFFICIER *(soupçonneux)*

Pourquoi ?

CÉSARIOT

Je ne voulais pas être reconnu.

L'OFFICIER

Pourquoi ?

CÉSARIOT

Pour une raison très personnelle.

L'OFFICIER

Vous savez que c'est assez grave ?

CÉSARIOT

Je ne vois pas pourquoi.

L'OFFICIER

Lorsque vous êtes sorti du port et que vous avez vu notre vedette en surveillance, vous avez fait une série de manœuvres bizarres, qui n'avaient aucun sens. Vous avez brusquement viré de bord, vous avez pris la fuite — et quand vous avez compris que nous pourrions vous rejoindre, vous avez pêché, ou peut-être fait semblant de pêcher. Enfin, quand vous avez vu que nous restions en surveillance, vous êtes rentrés, comme d'honnêtes pêcheurs. Ceci est déjà un peu suspect, et de plus, votre bateau porte un faux nom. Montrez-moi vos papiers personnels s'il vous plaît.

Césariot sort son portefeuille, et lui tend une carte d'identité. L'officier la regarde et paraît surpris.

Vous êtes parent de Maître Panisse, le maître voilier de Marseille ?

CÉSARIOT

C'était mon père.

L'OFFICIER

Il est mort ?

CÉSARIOT

Il y a deux ans.

L'OFFICIER

Je l'ai connu. J'ai débuté à Marseille, il y a bien longtemps. Il était juge au Tribunal de Commerce. Il n'avait pas quarante ans... C'était un homme remarquable.

CÉSARIOT

Je sais.

L'officier regarde encore une fois les papiers de Césariot.

L'OFFICIER

Et vous sortez de l'École Polytechnique ? J'espère qu'il l'a su...

CÉSARIOT

Oui, il l'a su.

L'OFFICIER

Comment se fait-il que vous soyez l'ami de ce garagiste ?

CÉSARIOT

L'ami c'est beaucoup dire. Je l'ai vu pour la première fois hier au soir !

L'OFFICIER

Bien, bien.

CÉSARIOT

Pourquoi ?

L'OFFICIER

Son associé est un individu plus que suspect, qui fréquente tous les voyous de Toulon, et que la police surveille de près.

CÉSARIOT

Et vous croyez que le garagiste...

L'OFFICIER

Qui s'assemble se ressemble. Ils sont passés tous les

deux en correctionnelle, et ils s'en sont tirés tous les deux à bon compte. C'était pour une affaire de contrebande de cigarettes américaines... Or hier au soir, les services nous ont signalé un yacht suspect qui est en croisière au large, où il doit livrer une partie de sa cargaison à des complices déguisés comme d'habitude en paisibles pêcheurs. C'est pourquoi nous vous avons suivis, quand on nous a signalé la présence d'Olivier sur votre bateau. Non, ce n'est pas un criminel, mais entre nous ce n'est pas une fréquentation pour un polytechnicien.

CHEZ HENRI

C'est un petit restaurant à tables de marbre, avec un comptoir de bar derrière lequel se tient un géant qui a une barbe de trois jours : c'est Henri lui-même, qui rince des verres. Il n'y a pour le moment qu'un seul client, qui boit l'apéritif, assis sur la banquette de moleskine, derrière une table du fond. C'est Fernand.

HENRI

Mais qui c'est, ce garçon qui m'a apporté les poissons ?

FERNAND

C'est un client de passage qui avait des ennuis avec le moteur de son bateau... Il est allé pêcher ce matin avec Marius.

HENRI

Il est distingué, et il est sympathique.

FERNAND

Oui, mais il est bizarre. Cet après-midi, il a pour ainsi

dire inspecté le garage, et il m'a posé des tas de questions : sur les cigarettes, sur le maquillage des voitures, sur Marius...

HENRI

Avec la gueule que tu as, il te prend pour un gangster et ça te flatte... Tu n'as pas peur qu'il soit de la police ?

FERNAND

Non, à mon idée, ça doit être un journaliste, qui écrit dans les hebdomaires et peut-être qu'il essaye d'écrire des romans... Alors, j'ai pris des airs mystérieux, et il m'a donné rendez-vous ici à 6 heures pour m'offrir l'apéritif... et alors... Attention, le voilà !

En effet, Césariot pousse le tambour vitré, et entre. Il salue Henri et va s'asseoir en face de Fernand.

CÉSARIOT

M. Olivier n'est pas encore venu ?

FERNAND

Non, mais il ne tardera guère. Henri ! Tu peux mettre la bouillabaisse au feu.

HENRI

O criminel ! Jamais de la vie ! Je la ferai pendant que vous mangerez les hors-d'œuvre.

FERNAND

D'accord.

HENRI

Qu'est-ce que vous buvez ?

CÉSARIOT

Un peu de porto.

FERNAND

Ici, on peut parler, même devant Henri : c'est un caïd. Alors, cartes sur table.

CÉSARIOT

C'est-à-dire ?

FERNAND

Albert, c'est moi, et Bruno, c'est Marius. Ça ne te dit rien ?

CÉSARIOT

Ce sont de jolis prénoms.

FERNAND *(à Henri)*

Il se méfie, il a raison. On parle toujours trop. *(A Césariot)* J'ai compris que tu viens de la part du Libanais.

CÉSARIOT

Peut-être. Cause toujours : je t'écoute.

FERNAND

Bon. L'affaire tient toujours ?

CÉSARIOT

Probable.

FERNAND

Nous, on est d'accord pour les prix.

CÉSARIOT

Bruno est d'accord ?

FERNAND

Naturellement. Alors, on fait comme d'habitude. Les trois colis arriveront à Alger comme convenu ; mais il y a deux mineures. Elles ont des papiers en règle, bien entendu. Mais il y en a une qui croit qu'on l'a engagée pour danser ; on lui a fait un contrat superbe pour l'Alhambra de Tunis. Il faudra la mettre entre les mains d'un spécialiste pour lui changer un peu les idées...

CÉSARIOT

Naturellement.

FERNAND

Et vous avez été content du dernier envoi ?

CÉSARIOT

Ça je ne suis pas au courant. On ne me dit pas tout.

FERNAND

Eh bien on lui a envoyé un lot à se mettre à genoux devant. J'en ai essayé une : formidable ! Marius voulait la garder pour lui ! Pas vrai, Henri ?

HENRI

Ici, à Toulon, avec les officiers, elle pouvait faire une brique par mois !

Deux messieurs, et deux dames, des clients, entrent dans le bistrot. Pendant que le patron s'avance vers eux, et leur montre une table, Fernand regarde fixement Césariot, en dressant son index devant sa bouche. Césariot se lève.

CÉSARIOT

Excusez-moi une minute...

Il sort. Nous le suivons dans la rue. Il prend sa course vers le port.

SUR LE QUAI DE PALAVAS

Le chauffeur, son sac à la main, est assis sur une borne d'amarrage. La servante de l'hôtel est debout devant lui.

LA SERVANTE

Est-ce que tu reviendras ?

LE CHAUFFEUR

Ça, j'en sais rien. Il m'a dit qu'il fallait rentrer, et qu'il viendrait me chercher ce matin. On devait rester huit jours. Et puis tout d'un coup... Té, le voilà !

En effet, le bateau fonce vers le petit port, et il accoste. Le chauffeur serre la bonne dans ses bras et saute à bord.

LE CHAUFFEUR

On part tout de suite ?

CÉSARIOT

Non, je vais aller déjeuner chez Dromard.

LE CHAUFFEUR

Ça, c'est guère possible.

CÉSARIOT

Tu ne l'as pas averti que j'arrivais ?

LE CHAUFFEUR

Non, je ne l'ai pas averti. J'ai pas pu.

CÉSARIOT *(inquiet)*

Je ne comprends pas.

LE CHAUFFEUR

Tu vas comprendre. Écoute-moi sans te fâcher.

CÉSARIOT

Je soupçonne quelque couillonnade.

LE CHAUFFEUR

Tu n'as peut-être pas tort. Mais moi, au contraire, je soupçonne que j'ai fait quelque chose de très bien et dans l'intérêt de tout le monde. J'ai pris une initiative hardie, mais elle a parfaitement réussi et pour te dire la vérité, j'en suis fier.

Il feint de s'occuper du moteur.

CÉSARIOT *(calme)*

Maintenant, j'ai la certitude d'une couillonnade. *(Il le prend à l'épaule et le relève.)* Allons, explique-toi.

LE CHAUFFEUR

Dromard ? Tu sais, Dromard ?

CÉSARIOT

Oui. Dromard. Quoi, Dromard ?

LE CHAUFFEUR

Pas vu.

CÉSARIOT

Comment, pas vu ?

LE CHAUFFEUR

Tu me le ferais voir, que je ne le reconnaîtrais pas. Je n'en ai pas vu un centimètre.

CÉSARIOT

Celle-là est un peu forte.

LE CHAUFFEUR

Oh ! elle n'est pas forte du tout. Elle est très simple au contraire. Quand tu m'as laissé ici, je suis allé chez lui. Volets tirés, portes fermées. Il venait de partir pour un mariage à Valence.

CÉSARIOT

Pourquoi ne me l'as-tu pas dit ?

LE CHAUFFEUR

Pour ne pas t'inquiéter. Tu étais quelque part, avec une belle petite. Enfin, je le crois. J'étais ici avec une femme ravissante — folle de moi — Je me suis dit : « Si tu dis que Dromard est parti, Césariot va s'affoler, il va rentrer, et adieu les vacances ! » Alors je t'ai rien dit. Et j'ai téléphoné tous les jours à ta mère.

CÉSARIOT *(inquiet)*

Qu'est-ce que tu as bien pu lui raconter ?

LE CHAUFFEUR

Votre vie chez les Dromard. J'ai inventé...

CÉSARIOT *(de plus en plus inquiet)*

Tu as inventé ?

LE CHAUFFEUR *(simplement)*

Oh ! tu sais, ce n'était pas difficile : ces parties de cabanon, c'est toujours la même chose.

LA SALLE À MANGER DE PANISSE

Il y a là Claudine, Honorine et Fanny. Ces trois dames cousent ou tricotent. César entre.

CÉSAR

Ils arrivent, ils passent sous le Pharo !

CLAUDINE *(inquiète)*

Mon Dieu ! Moi, je me fais du mauvais sang, parce que Fanny va crier...

FANNY

Oh ! rassure-toi, je ne crierai pas. Ça n'en vaut pas la peine.

CLAUDINE

Tu dis ça, mais tu as l'air mauvais... Et vous, César, vous allez crier, vous aussi ?

CÉSAR

Oh ! pas du tout !... Après tout, il va avoir vingt ans. Moi, au contraire je propose qu'on ne lui dise rien du tout. On va le laisser raconter ses vacances, et on lui posera des questions !

On voit le chauffeur, sur le quai, qui arrive avec des valises et nous allons l'attendre dans la salle à manger. Il entre joyeux, l'air dégagé.

LE CHAUFFEUR *(aimable et charmant)*

Bonjour, messieurs et dames ! Nous voilà de retour ! Mme Fanny, vous avez bien le bonjour de Mme Dromard.

CLAUDINE *(à voix basse)*

Mon Dieu, quel toupet !

FANNY *(elle le gifle à la volée)*

Tiens, voyou ! Tu as bien le bonjour que tu mérites !

LE CHAUFFEUR

Oyayaïe ! Il y a quelque chose qui ne va pas !

CÉSAR *(il le prend à l'épaule et le secoue)*

Espèce de petit menteur ! Tu nous as raconté des mensonges à faire péter le téléphone ! Allez, fous le camp ! Par ici, que tu ne le préviennes pas...

Il fait sortir le chauffeur par une porte de côté. Un temps. La grande porte s'ouvre, Césariot paraît.

CÉSARIOT

Bonjour !

CLAUDINE

Bonjour, petit ! *(Elle l'embrasse.)* Oh ! tu as la peau salée !

CÉSARIOT

Bonjour, maman.

Il veut l'embrasser, elle le repousse.

FANNY

Non, ne m'embrasse pas !

CÉSARIOT

Pourquoi ?

FANNY

Parce que je n'ai pas envie.

CLAUDINE

Elle bisque depuis que tu es parti !

FANNY

Je me demande pourquoi tu es revenu si tôt.

CÉSARIOT

Parce que Dromard a dû partir pour Valence, à cause d'un mariage.

FANNY

C'est bien dommage parce que d'après tes lettres, on s'amusait bien là-bas.

HONORINE

Et Mme Dromard ? Elle est gentille ?

CÉSARIOT

Charmante.

CLAUDINE

C'est agréable quand même, d'avoir des amis comme ça.

CÉSAR

Et la pêche ?

CÉSARIOT

Très bonne. Surtout la pêche au palangre... Nous avons eu la chance d'avoir du beau temps.

CÉSAR

Oh... En cette saison, c'est pas étonnant. *(Guilleret)* Moi, ce que j'aurais voulu voir, c'est ce petit bal masqué.

CÉSARIOT *(surpris et inquiet)*

Où ça ?

CÉSAR

Chez Dromard ! Le chauffeur nous l'a décrit au téléphone.

CLAUDINE

Tiens, tu as l'air tout surpris. Tu ne voulais pas nous le dire que tu avais fait danser de belles dames !

CÉSARIOT

Pourquoi veux-tu que je vous cache une chose si naturelle ?

CÉSAR

Tu avais bien choisi ton costume... Qui est-ce qui t'en avait donné l'idée ?

CÉSARIOT

(qui commence à ne plus savoir très bien ce qu'il dit)

Une gravure... Enfin, un dessin...

CLAUDINE

Tu devais être beau comme tout. Pas vrai, Norine ?

HONORINE

Oh ! il devait être superbe !

FANNY *(nettement)*

En quoi étais-tu déguisé ?

CÉSARIOT *(évasif)*

Oh, tu sais, ce n'était pas un vrai déguisement. Enfin je veux dire, ce n'était pas un costume, tu comprends...

CÉSAR *(qui insiste perfidement)*

Oui, mais quand même, EN QUOI étais-tu déguisé ?

CÉSARIOT

Eh ! bien en... en...

FANNY *(brusquement)*

En menteur.

CÉSARIOT *(déconcerté)*

Qu'est-ce que tu veux dire ?

FANNY

Que tu mens, que tu mens lamentablement ! Ça m'humilie de voir mon fils patauger dans des inventions aussi stupides.

CÉSARIOT *(qui essaie de faire front)*

Qu'est-ce qui te fait croire ?...

FANNY

Dromard est venu avant-hier. Il arrivait de Valence, il partait en croisière. Il s'est arrêté ici pour te dire bonjour.

CÉSARIOT *(amer)*

Une bonne idée qu'il a eue.

CLAUDINE

Tu sais, il l'a pas fait exprès... Tu aurais bien pu le prévenir...

CÉSAR *(qui pouffe de rire)*

On lui a dit que tu étais chez lui.

CÉSARIOT

Il a dû faire une drôle de tête.

FANNY

Oh ! il n'était pas plus ridicule que toi en ce moment ! Il a d'ailleurs essayé de mentir pour soutenir ton imposture... Encore un bel hypocrite celui-là. D'ailleurs, je l'ai mis à la porte en cinq sec.

CÉSARIOT

Je vois ça d'ici.

FANNY *(avec une colère croissante)*

Tu vas me faire le plaisir d'aller voir le docteur cet après-midi. Et qu'il t'examine sur toutes les coutures. Et tu vas me donner tout le linge que tu as sur le dos, pour que je le fasse désinfecter.

CÉSARIOT

Voyons, maman...

FANNY *(avec violence)*

Allons, va te déshabiller.

Césariot hausse les épaules discrètement et il sort. Tous se regardent.

CÉSAR

Fanny, tu as tort de lui faire des scènes pour rien.

FANNY *(avec violence)*

Vous, laissez-moi élever mon fils comme je l'entends. Vous avez d'autant moins à critiquer que vous n'avez pas su garder le vôtre.

LA CHAMBRE DE CÉSARIOT

Césariot, pensif, allume une cigarette ! Fanny entre, referme la porte, et regarde son fils.

FANNY

Pourquoi ces mensonges ridicules ?

CÉSARIOT

Tu as raison. Ridicules et inutiles comme mon petit voyage.

FANNY

Où étais-tu ?

CÉSARIOT

A Toulon.

(Un temps.)

FANNY

Tu l'as vu ?

CÉSARIOT

Oui.

FANNY

Tu lui as parlé ?

CÉSARIOT

Oui. Nous sommes allés à la pêche ensemble.

FANNY

Tu lui as dit qui tu étais ?

CÉSARIOT

Non. J'aurais aimé le lui dire, mais ce n'était pas possible.

FANNY

Pourquoi ?

CÉSARIOT

J'ai eu une grande déception.

FANNY

De quelle sorte ?

CÉSARIOT

Ce n'est pas un père dont on puisse être fier.

FANNY *(vivement)*

Et pourquoi ? Parce qu'il est garagiste ?

CÉSARIOT

Non. C'est une profession aussi honorable qu'une autre. Mais il est associé à une véritable fripouille.

FANNY

Son associé ce n'est pas lui.

CÉSARIOT

Un officier des douanes m'a dit : « Qui s'assemble se ressemble. » D'ailleurs ce matin même, la police perquisitionnait dans son garage à la recherche de voitures volées.

FANNY

Cela peut arriver à tous les garagistes.

CÉSARIOT

Ce qui n'arrive pas à tous les garagistes, c'est de passer en correctionnelle.

FANNY

Marius ? En correctionnelle ? Il a été condamné ?

CÉSARIOT

Probablement. Pas aux travaux forcés, bien entendu ; mais enfin, en correctionnelle, on est rarement acquitté. D'ailleurs, il est suspect aux gens de la douane... Comme nous partions pour la pêche, la vedette des douanes nous a suivis, et nous a surveillés toute la matinée, parce qu'il y avait au large un yacht de contrebandiers, et les gabelous pensaient que nous allions en mer nous ravitailler... Lorsque nous sommes revenus au quai, ton ami Marius a été appelé à son garage par la police, et l'officier des douanes est venu avec l'un de ses hommes pour faire la visite en règle du bateau. Eh oui. Mais quand il a vu notre nom, il a été très étonné, parce qu'il a connu papa à Marseille il y a longtemps, et il m'a dit : « Ce ne sont pas des gens à fréquenter. » Voilà.

FANNY

Dans beaucoup de bars, on peut trouver des cigarettes de contrebande. Ton parrain en a vendu souvent sous le nez de M. Brun.

CÉSARIOT

Je l'ignorais.

FANNY

Je te l'apprends.

CÉSARIOT

Malheureusement, ce n'est pas tout. Ils vendent des femmes pour l'exportation.

FANNY

Ce n'est pas vrai.

CÉSARIOT

Je le sais de source sûre. Ils en ont même vendu une qu'il voulait garder pour lui, en disant qu'elle pouvait lui rapporter cinquante mille francs par jour.

FANNY

Qui t'a dit ça ?

CÉSARIOT

Son associé dans ce trafic, qui m'a fait l'honneur de me prendre pour l'associé du Libanais.

FANNY

J'aime mieux croire qu'il s'est moqué de toi. Parce que si c'était vrai, ce serait horrible pour moi.

CÉSARIOT

Tu n'es en rien responsable de ton erreur de jeunesse...

FANNY

Au contraire. C'est moi qui l'ai fait partir, en étant sûre

qu'il reviendrait bientôt... Je ne savais pas que tu allais naître... J'acceptais de sacrifier un peu de temps à sa folie. Dès qu'il a été parti, j'ai commencé à regretter mon sacrifice. Et puis, le docteur Venelle m'a annoncé ton arrivée... Alors, je me suis affolée... Ma mère sanglotait... Claudine était désespérée... J'ai eu peur, bêtement, des commérages, des plaisanteries des voisins... J'avais dix-huit ans. On disait : « Si ton père vivait encore, il te tuerait... » Pourtant, ce n'était rien, deux ans d'attente, à côté du bonheur de toute une vie... En gâchant la mienne, j'ai aussi gâché la sienne...

CÉSARIOT (*frappé*)

Alors, tu n'as jamais aimé papa ?

FANNY

Si ! Je l'ai aimé de tendresse, de reconnaissance, d'affection, et il me manque autant qu'à toi. Il a remplacé mon père que j'ai perdu quand j'avais douze ans. Et si je regrette quelque chose, ce n'est pas pour moi, c'est pour l'autre qui s'est peut-être laissé entraîner dans des aventures pitoyables... Si tu l'avais connu quand il avait ton âge, tu comprendrais ce que je te dis... quand nous allions encore au catéchisme, il n'était pas comme les autres. Les autres étaient grossiers, et devant les petites filles, ils disaient de vilains mots, ils faisaient de vilains gestes... Lui, jamais... Il me protégeait contre les taquineries des grands et moi je savais qu'un jour je me marierais avec lui... Et puis, quand j'ai été plus grande, pendant que je vendais mes coquillages à l'éventaire, je l'entendais qui faisait son travail dans le bar. De temps en temps, il sortait, et nous bavardions tous les deux... Et puis souvent, l'après-midi, à la terrasse je m'asseyais, et j'allongeais mes jambes sur une autre chaise. Je mettais mon chapeau de paille sur mes yeux, je faisais semblant de dormir... Lui, il venait tout près de moi, il croisait les bras et me regardait... Et moi, à travers les tout petits trous du chapeau, je le voyais, avec son tablier bleu, ses bras dorés, et sa mèche qui tombait toujours... Chaque fois que je passe devant le bar, j'entends encore claquer mes petits sabots. Enfin ce temps est loin, et ne reviendra pas...

CÉSARIOT

Ma chère maman, tu me fais peur.

FANNY

Pourquoi, hélas ?

CÉSARIOT

Précisément, parce que tu dis hélas ! J'ai l'impression que tu l'aimes toujours...

FANNY

Je n'aime qu'un souvenir, et ce n'est peut-être que celui de ma jeunesse.

CÉSARIOT

Et de la sienne. Car il me semble que si tu le voyais, tu ne le reconnaîtrais pas... Il ne ressemble guère à la description que tu m'en fais... Il est sympathique, oui ; mais assez maigre, et barbouillé de cambouis.

FANNY

Ce qui te prouve qu'il travaille. Si ce n'est qu'une question d'argent, est-ce que nous ne pourrions pas l'aider, sans qu'il le sache ?

CÉSARIOT

Non. Parce qu'il le saurait. Et puis, cela servirait à

quoi ? Tout rapprochement est impossible. D'ailleurs, il n'a pas l'air malheureux... Allons, maman, souviens-toi des dernières paroles de ton mari. Il a souhaité que tu recommences ta vie, mais avec un homme honorable, digne de toi, digne de sa mémoire. Je t'avoue que lorsque j'ai su la vérité sur ma naissance, je me suis demandé s'il n'avait pas pensé à lui, et c'est pour cette raison que j'ai voulu le voir. Je l'ai vu. Ce n'est plus celui que tu as connu. Rien n'est possible. N'en parlons plus.

LA TERRASSE DU BAR

Le chauffeur et Escartefigue sont assis au bord du trottoir. César, songeur, est assis contre le mur. Au milieu du trottoir il y a un chapeau melon. M. Brun arrive. Il regarde le chapeau melon, puis il s'avance.

M. BRUN

Bonjour, messieurs !

CÉSAR

Bonjour, monsieur Brun !

M. BRUN *(montre le chapeau)*

Qu'est-ce que c'est que ça ?

LE CHAUFFEUR

Ça, monsieur Brun, c'est un chapeau melon. Quand vous êtes passé à côté, pourquoi vous n'y avez pas donné un grand coup de pied ?

M. BRUN

Parce que je n'en ai pas vu la nécessité.

ESCARTEFIGUE

Vous ne l'avez pas vue parce que vous êtes Lyonnais. Un Marseillais, monsieur Brun, s'il voit un chapeau melon sur un trottoir, il ne peut pas se retenir, il shoute.

M. BRUN

Et ensuite, qu'est-ce qu'il se passe ?

LE CHAUFFEUR *(confidentiel)*

Écoutez, monsieur Brun. Sous ce chapeau il y a un pavé. Le premier qui va shouter, de tout sûr il se casse la cheville. Et alors, c'est rigolo. Ça s'appelle le jeu de trompe-couillon.

M. BRUN

Ça pourrait s'appeler aussi le jeu de casse-guibolle. Et franchement, tu as bon espoir de casser la cheville à quelqu'un ?

LE CHAUFFEUR *(optimiste)*

Oh ! A plusieurs !

M. BRUN

C'est saugrenu !

CÉSAR

C'est imbécile.

ESCARTEFIGUE

C'est même criminel.

LE CHAUFFEUR

Oui, mais c'est amusant.

M. BRUN

Je ne vois pas ce qu'il peut y avoir de rigolo à estropier les passants ! *(Un temps)* Vous me faites marcher : il n'y a pas de pavé sous le chapeau.

LE CHAUFFEUR *(simplement)*

Regardez, monsieur Brun. Voyez vous-même.

M. Brun soulève le chapeau. On découvre, en effet, un pavé.

M. BRUN *(stupéfait)*

Mais c'est vrai, ma parole ! J'avoue que je ne comprends pas qu'on puisse s'amuser aussi bêtement.

Il remet le chapeau sur le pavé.

CÉSAR

Et aussi dangereusement. Vé, vé, en voilà un qui vient....

Il montre un monsieur qui s'approche.

ESCARTEFIGUE *(à voix basse)*

Celui-là est bon comme la romaine.

M. BRUN *(intéressé)*

Vous croyez que ça y est ? *(A voix basse, il ajoute :)* « Mon Dieu mon Dieu !... »

Le monsieur passe et ne donne pas le moindre coup de pied au chapeau. Déception générale.

CÉSAR *(dégoûté)*

Encore un Lyonnais.

M. BRUN *(plein de remords)*

Le seul fait d'assister à ce jeu grotesque nous rend complices de ce vaurien.

ESCARTEFIGUE

Nous assistons, mais nous désapprouvons.

CÉSAR

Et même nous blâmons. Vé, vé, en voilà un bon ! Je crois que ça va y être...

On voit s'avancer Fernand. Il découvre de loin le chapeau melon. Il s'arrête, prend son élan et donne un formidable coup de pied. Tout aussitôt, il se met à hurler et danse sur un pied, en se tenant l'autre à deux mains. César, Escartefigue, M. Brun, éclatent de rire. Le chauffeur se tient les côtes. Fernand vient s'appuyer à une table de la terrasse.

CÉSAR *(compatissant)*

Vous vous êtes fait mal ?

FERNAND

Si je savais l'enfant de garce qui m'a fait ce traquenard... Parfaitement, monsieur, c'est un traquenard !... C'est fait exprès, ça, parfaitement !... Et avec des souliers de chevreau....

M. BRUN *(inquiet)*

J'espère que vous n'avez rien de cassé !

FERNAND

De tout sûr, je me suis cassé le baromètre.

M. BRUN

Vous aviez un baromètre ?

FERNAND

Oui, dans le soulier : mon cor... J'avais un cor superbe... Sensible et tout... Je savais le temps trois jours à l'avance... *(Il tâte la pointe de son soulier.)* Té, je le trouve plus. Aïe ! *(Il prend le verre d'Escartefigue et le boit d'un trait.)* Je vous demande pardon, monsieur, mais c'est un besoin physique ! Ça me lance jusqu'à l'épaule. J'en ai le pied fada, pour trois jours !... C'est imbécile de faire des choses comme ça !... C'est criminel !...

M. BRUN

Sans aucun doute...

FERNAND *(brusquement)*

Et si je m'étais cassé la jambe ?

CÉSAR

Oh ! cassé la jambe !... C'est beaucoup dire !

FERNAND

Mais, monsieur, si le coup de pied est donné vigoureusement, vous ne savez pas qu'on peut se tuer ?

M. BRUN *(incrédule)*

Oh ! Se tuer, ça non !...

FERNAND

Eh bien monsieur, vous allez voir ! *(Au chauffeur)* Petit, remets le chapeau. *(Le chauffeur court remettre le chapeau sur le pavé.)* Vous allez voir ce qui risque d'arriver : une estropiadure pour la vie ! Et si nous avons la chance que ça soit un vieillard, vous allez entendre claquer les os ! Attendons.

Il s'assoit.
Ils attendent. Arrive, de l'autre côté, Césariot. Il va parler à César.
Soudain, il voit Fernand. Il s'arrête devant lui.

CÉSARIOT

Qu'est-ce que vous faites là, vous ?

FERNAND

Voyage d'affaires.

CÉSARIOT

Et vous êtes venu seul ?

FERNAND

Je suis assez grand pour voyager seul.

CÉSARIOT

Je ne vous conseille pas de rester ici. Même si c'est votre associé qui vous envoie.

FERNAND

Oh ! mais dites, qu'est-ce que je vous ai fait ? Pourquoi vous me parlez sur ce ton ?

CÉSARIOT

C'est le ton qui convient pour parler à une crapule de votre espèce. *(À César)* Parrain, j'ai deux mots à te dire. Viens, c'est urgent.

Il entraîne César dans le bar. Escartefigue, M. Brun, le chauffeur regardent Fernand avec étonnement.

ESCARTEFIGUE *(scandalisé)*

Oh ! mais dites ! Comme il vous parle !

FERNAND *(optimiste)*

Oh ! il a dit ça en plaisantant !

M. BRUN

Je n'ai pas eu l'impression qu'il s'agissait d'une plaisanterie !

FERNAND

Parce que vous ne le connaissez pas ! Moi, je le connais, bien. Il est de Martigues. C'est un journaliste.

ESCARTEFIGUE *(médusé)*

Aquelo empego ! Maintenant Césariot est journaliste !

FERNAND

Vous le savez mieux que moi ?

ESCARTEFIGUE

Ben, je comprends que je le sais mieux que vous ! Je l'ai vu naître ! C'est le petit Césariot, le fils de Maître Panisse...

FERNAND

Voyons, voyons... C'est le fils de Maître Panisse, celui des moteurs marins ? Celui qui est mort il y a deux ans ?

ESCARTEFIGUE

Exactement.

FERNAND

Oh ! Sainte Bonne Mère ! Mais alors, c'est le fils de Marius ?

M. BRUN

Chut ! !

ESCARTEFIGUE

De mauvaises langues l'ont dit.

M. BRUN

Et de bons esprits l'ont cru.

FERNAND *(au comble de la tragédie)*

Oh ! Malheureux ! Désastre ! Catastrophe ! Messieurs, il s'agit de choses très graves, j'ai peut-être commis un crime ! Je fais appel à votre bon cœur, à votre honneur, à votre discrétion ! Racontez-moi tout ce que vous savez !

Ils sont tous attablés, les coudes sur un guéridon et la conversation va commencer. Mais nous les quittons sans les entendre, pour passer dans la salle à manger de Panisse.

LA SALLE À MANGER

Fanny dépouille un courrier assez volumineux de lettres et de factures. Césariot entre brusquement.

CÉSARIOT

Maman, il se passe des choses assez graves... Je viens de voir, au bar de la Marine, l'individu tatoué, dont je t'avais parlé...

FANNY

Lequel ?

CÉSARIOT

Celui de Marius. Son associé.

FANNY

C'est toi qui m'en parles encore.

CÉSARIOT

Parce que cet individu s'accuse aujourd'hui d'avoir menti. Je voudrais que tu le voies, et que tu l'entendes.

FANNY

Je n'ai jamais eu besoin de l'entendre pour savoir qu'il t'avait menti.

CÉSARIOT

D'autre part, Marius est ici. Il est venu pour ses affaires... pour commander des pièces de rechange. Je sais où il est. Je vais le voir.

FANNY

Pourquoi ?

CÉSARIOT *(plein d'autorité)*

Va chez Parrain, et attends-moi.

Il sort.

SUR LE PRADO

Il y a une très grande vitrine, pleine d'automobiles neuves et de pièces détachées qui brillent au soleil. Devant cette vitrine, Césariot attend. Enfin la porte s'ouvre et Marius paraît. Il referme la porte. Il inscrit quelque chose sur un carnet. Il lève la tête. Il découvre Césariot.

MARIUS *(joyeux)*

Tiens, par exemple ! Qu'est-ce que vous faites là ?

CÉSARIOT *(gêné)*

Je vous attendais.

MARIUS

Et qui vous a dit... ?

CÉSARIOT

Votre associé.

Ils marchent tous les deux, côte à côte, sur le trottoir.

MARIUS

Où est-il ?

CÉSARIOT

Chez votre père.

MARIUS

Mais qu'est-ce qu'il va faire chez mon père ?

CÉSARIOT

Je n'en sais rien, mais il y est, et sa visite nous a fait grand plaisir.

MARIUS *(étonné)*

Vous connaissez mon père, vous ?

CÉSARIOT

Oui ; Césariot, c'est moi.

MARIUS

Comment ?

CÉSARIOT

Je suis le fils de Fanny.

MARIUS

Mais qu'est-ce que vous dites ?

CÉSARIOT *(simplement)*

Je suis votre fils.

Marius le regarde avec stupeur, puis avec un sourire tendre et gêné. Ils marchent côte à côte, et Marius lui prend le bras.

MARIUS

Je voudrais te dire une parole paternelle... Je voudrais trouver des mots nouveaux... Ça ne vient pas...

CÉSARIOT

Moi aussi... Je voudrais vous dire des mots de fils. C'est très difficile...

Marius le regarde longuement.

MARIUS

Nous devons avoir l'air bête, tous les deux, sur ce trottoir, à nous dire des choses pareilles. *(Un temps.)* Quand tu es venu à Toulon, tu voulais me voir ?

CÉSARIOT

Oui.

MARIUS

Tu le savais, que j'étais ton père ?

CÉSARIOT

Oui. Maman venait de me le dire. Alors, j'avais eu envie de vous connaître... Et puis, on m'a raconté des choses si graves que je me suis enfui...

MARIUS

Et tu as répété ces folies à ta mère ?

CÉSARIOT

Oui.

MARIUS

Qu'est-ce qu'elle t'a dit ?

CÉSARIOT

Elle a eu beaucoup de chagrin. Mais elle ne m'a pas cru tout à fait...

MARIUS

Pas tout à fait, mais un peu... Où est-ce que nous allons comme ça ?

CÉSARIOT

Chez votre père. Il vous attend. Vous ne voulez pas venir ?

MARIUS *(il se décide)*

Si tu crois qu'il faut y aller, allons-y.

Ils attendent un taxi, au bord du trottoir. Marius regarde son fils, et sourit.

DANS LA CUISINE DU BAR

FERNAND *(désespéré)*

Madame, pas un mot de vrai ! C'était une blague stupide ! Et d'ailleurs, c'est la faute de votre fils... Il faisait le mystérieux... Il posait des tas de questions... Alors moi, j'ai voulu rigoler un peu, et j'ai inventé tout ça bêtement... Mais pas une syllabe, pas un soupir de vrai !

FANNY

J'en étais sûre !

CÉSAR

Je ne sais pas ce qui me retient de lui coller une paire de gifles !

FERNAND

Mais est-ce que je pouvais savoir à qui je parlais ?

La porte s'ouvre. Entre Marius, suivi de Césariot.

MARIUS

Salut la compagnie. *(Il montre du doigt Fernand.)* Voilà le plus grand imbécile du monde...

FERNAND

Écoute, tu me diras tout ça plus tard. Mais je vois que je suis au milieu d'une scène de famille, et j'aime mieux me retirer.

Il sort. Il y a encore le silence. Marius n'ose pas regarder Fanny, qui ne le quitte pas des yeux.

MARIUS

Je suis venu parce que le garçon m'a demandé de venir, et qu'il faut que je m'explique une bonne fois. Ce que Fernand peut raconter n'a aucune espèce d'importance. Il voudrait se faire passer pour un maquereau redoutable parce qu'il est le plus célèbre cocu du Mourillon, ce qui explique tout... De mon côté, la personne qui vivait avec moi est partie depuis un an avec mes économies. C'est la seule bonne affaire que j'aie faite avec une femme.

CÉSAR

C'est bien fait pour toi. Et dire que c'est à cause d'elle qu'on s'est fâchés !

MARIUS

C'est toi qui t'es fâché. Et puis, qu'est-ce que j'ai fait de malhonnête ?

CÉSAR

Un jour, il y a dix ans, un homme est venu au bar... Il était saoul. Il riait tout seul. Il m'a dit « J'ai très bien connu votre fils. Nous avons fait de la prison ensemble ». Il y avait là M. Brun, et Escartefigue. Moi, je n'ai pas eu la force de répondre. Je suis venu pleurer ici, dans ma cuisine.

MARIUS

Comment était-il, cet homme ?

CÉSAR

J'ai su son nom : il s'appelait Padovani...

MARIUS *(il rit)*

Il ne t'a pas menti...

FANNY

Marius !

MARIUS

Nous avons fait ensemble quinze jours de prison, mais à la prison MARITIME ! C'était quand j'étais aux équipages de la flotte. En rentrant d'une bordée, un dimanche soir, nous avions bousculé un premier maître... Il a fait son chemin, Padovani, depuis dix ans. Il est sous-lieutenant de fusiliers marins. On lui a donné la Légion d'honneur. Et puis, quel autre crime j'ai fait ?

CÉSAR *(à mi-voix)*

Ce n'est quand même pas pour rien que tu es passé devant un tribunal.

MARIUS

Tu veux parler des cigarettes américaines ?

CÉSAR

Oui, tu en faisais le trafic en gros et tu t'es bêtement laissé prendre.

MARIUS

Non. Pas moi. C'est Fernand, naturellement... il a eu trois mois avec sursis. Et parce qu'ils en avaient trouvé trois paquets sur mon bureau du garage, j'ai eu cent francs d'amende. C'est tout.

Il regarde César en souriant.

Naturellement, c'est très grave de fumer quelques fois des cigarettes de contrebande. Qu'est-ce que tu en dis, papa ?

CÉSAR *(très gêné)*

C'est-à-dire que mon Dieu... Deux paquets, trois paquets... Ça ne méritait pas qu'on dérange un tribunal... Il faut qu'à Toulon, ce soient des sauvages...

MARIUS

Ils sont comme ça... Et un patron de bar qui en aurait cinq ou six paquets sous le comptoir pour faire plaisir à ses clients, on ne l'enverrait peut-être pas aux galères, mais on fermerait sa boutique.

CÉSAR

Un bar n'est pas une boutique. C'est un établissement.

MARIUS

Si tu veux. Et puis, il faut dire que je n'ai pas eu de chance. Comme nous revenions de la pêche, la police me fait appeler. Ils cherchaient une voiture volée, et ils avaient déjà fouillé plusieurs garages quand ils sont venus chez moi : elle y était depuis une semaine, et j'avais remplacé le carburateur. C'était un Italien qui l'avait amenée. J'ai donné son signalement. Alors, ils m'ont demandé de venir à l'hôtel de police, et ils m'ont fait voir une centaine de photographies. Je l'ai reconnu. Ils savaient où il était. Ils sont allés l'arrêter. Il a fallu que j'attende, pour la confrontation. Et pendant ce temps-là, l'imbécile racontait des boniments au garçon, histoire de rire. Il ne lui faut pas grand chose pour rire. Et le petit a pris peur, et il est parti. Le voleur a tout avoué, et le propriétaire de la voiture est venu la chercher. Il me devait 2000 francs. Il m'en a donné 10000. Voilà la vérité. Mais ce qui me fait peine, c'est la méchanceté de votre imagination, qui arrange tout contre moi... *(Avec force)* Et d'abord pourquoi ce garçon est venu sans me dire son nom, comme un espion ? C'est parce qu'il croyait trouver un individu pas très recommandable.

CÉSARIOT

Je ne savais pas comment je serais reçu, ni qui vous étiez.

MARIUS

Tu croyais que tu allais voir un individu plutôt suspect. *(A César)* Pourquoi ce garçon intelligent a-t-il cru les galéjades imbéciles de Fernand ? C'est parce qu'il s'attendait plus ou moins à des révélations de ce genre, et ça me prouve comment vous parliez de moi devant lui...

FANNY

Jamais ! Devant lui, comme devant Honoré, jamais personne n'a parlé de toi...

CÉSARIOT

C'est la vérité. Mais un jour, il y a longtemps, M. Brun a dit à mon parrain : « Alors, et ce Marius ? Il paraît qu'il fait des bêtises ? » *(A César)* Toi, tu as mis un doigt sur ta bouche, et tu as entraîné M. Brun dans la cuisine, pour ne pas lui répondre devant moi... Et une autre fois, j'ai dit à maman : « Qu'est-ce qu'il fait, le fils de parrain ? » Elle a rougi. Elle m'a dit : « Il est marin... Il est très loin, sur la mer... » Et elle a rougi. Et moi, je me demandais qui était ce marin, dont on ne parlait qu'à voix basse et qui ne revenait jamais...

MARIUS

Et pourquoi je ne suis pas revenu dans ma maison ? C'est à cause d'Honoré, à cause de ta mère, à cause de toi. Oui. Ma condamnation, la seule, c'est que j'ai été interdit de séjour à Marseille chez moi. Je l'ai acceptée. J'en suis responsable. Pas tout à fait, tout de même. Car si j'avais su que tu allais naître, je ne serais jamais parti. Mais personne ne le savait. Et c'est moi qui ai porté tout le poids de ces bêtises. *(Il se tourne vers César.)* Mais toi, toi, quand tu l'as su, pourquoi as-tu laissé faire ce mariage ? Tu le savais bien que je reviendrais... Et que si elle faisait un petit, il aurait notre nom !

César se tait. Puis il fait des gestes évasifs qui ne signifient rien.

CÉSAR *(presque humblement)*

Honorine sanglotait... Fanny voulait se jeter à la mer. Panisse assurait l'avenir.

MARIUS

Eh oui ! C'est ça surtout. Comme des pauvres que vous êtes, vous avez cru qu'il lui fallait des sous, et encore des sous... Et les sous, c'était Panisse qui les avait. *(Il se tourne vers Césariot.)* Quand je suis revenu, tu avais un an. J'ai réclamé la femme et l'enfant. *(Il se tourne vers César et Fanny.)* Au nom de l'enfant, vous m'avez chassé. *(Il se tourne vers Césariot.)* Ils ne m'aimaient plus : tu avais pris ma place, et leur amour pour toi les rendait féroces. J'étais celui qui menaçait la tranquillité du petit. J'étais l'ennemi... Et quand on a peur de quelqu'un, on croit facilement le mal qu'on dit de lui. Vous avez cru que j'étais un bandit, parce que vous aviez besoin de le croire : ça vous enlevait un peu de remords !...

CÉSARIOT

Quels remords pouvaient-ils avoir ?

MARIUS

Pendant des années, aux yeux de tous, j'ai passé pour un

saligaud. Et eux, ils étaient tous des saints : surtout Panisse, le saint Honoré ! Tout le monde s'extasiait, il a donné un nom à l'enfant !... On pourrait dire aussi que j'ai donné un enfant au nom de Panisse... Je ne veux pas dire du mal d'Honoré, c'était un homme simple et bon. Mais, dans cette histoire, quel grand sacrifice a-t-il fait ? A cinquante ans, il s'est offert une petite jeune et fraîche. Si vous appelez ça un sacrifice, moi j'en connais beaucoup qui le feraient souvent, et même deux fois par semaine. *(A César)* Toi, tu as été content de me voir partir. Parce que, si j'avais épousé Fanny j'aurais été le chef de famille, et j'aurais eu l'autorité sur le petit. Tandis qu'avec Honoré, tu l'avais belle pour satisfaire ta manie de commander. Et toi, Fanny, toi...

FANNY

Tu vas dire que j'ai été heureuse...

MARIUS

Non, toi, je sais bien que tu n'as pas dû rire tous les soirs, et que tu t'es sacrifiée. Mais enfin, tu es devenue une dame. Les clovisses, tu les ouvres plus, tu les manges... Tu t'es sacrifiée sous les yeux de la bonne et de la nourrice, assise dans un bon fauteuil, auprès d'un bon feu ; et chaque jour, devant une table bien servie, tu t'es sacrifiée de bon appétit...

FANNY

Je le sais, Marius... Je me le suis dit bien souvent. Et pourtant, que fallait-il faire ? Renoncer aux pauvres avantages de mon malheur ?

MARIUS

Non. Tu as bien fait de les accepter. Quand le vin est

tiré il faut le boire, surtout s'il est bon. Et ta mère, elle n'a vu que trois choses : l'honneur de la famille, ne plus se lever à cinq heures du matin, et un beau poste de radio. Chacun a eu ses avantages, mais avec un petit remords : alors, vous m'avez fait bien noir, pour vous trouver des excuses. Et s'il y a une victime, c'est moi.

CÉSAR

Tu es une drôle de victime... On ne t'a pas vu depuis dix ans, et tu reviens pour engueuler tout le monde.

MARIUS

Et j'en ai le droit, oui, j'en ai le droit.

CÉSARIOT

Le droit, c'est un bien grand mot.

MARIUS *(vivement)*

Quoi ?

CÉSARIOT

Vous parlez de droit, mais il y a aussi des devoirs.

MARIUS

Toi, tais-toi. C'est ton père qui parle, et qui parle pour se défendre.

CÉSAR

Il a un fils depuis cinq minutes, et il l'engueule en pleine figure.

MARIUS

Toi, ça doit te choquer qu'un père parle sur ce ton à son fils ?

CÉSARIOT

En ce qui me concerne, vous avez peut-être raison. Mais vous faites des reproches à tout le monde.

MARIUS

Et j'en ai le droit, parce que la solution qu'ils ont choisie était stupide. Vous n'avez pas sauvé l'honneur. On n'a pas dit « la petite Fanny a un enfant sans père ». Mais on a pensé : « La petite Fanny n'a pas perdu le Nord. Elle a fait signer son enfant par un vieux qui avait des sous ! » Et le résultat final, nous pouvons le voir aujourd'hui. Mon fils ne s'appelle pas comme moi. Ma femme est veuve quand je suis vivant, et mon père est un pauvre grand-père en cachette. Et de nous quatre, aucun de nous n'a de maison qui soit vraiment sa maison...

CÉSAR

Oui, nous sommes dans un joli pastis... Tu as eu une bonne idée de naviguer. Je m'en rappellerai, de l'océanographique !

Fanny pleure.

MARIUS

Fanny, ne pleure pas... Ça n'y change rien. Je ne suis pas venu pour te faire de la peine... Tu en as eu assez jusqu'à maintenant. Si je t'ai parlé de toutes ces choses, c'est à cause de lui. *(Il montre Césariot.)* Nos petites histoires à nous, ça n'a qu'une valeur relative, puisque nous sommes des parents. Mais il m'a semblé important de lui dire qu'il n'est pas le fils d'un malhonnête homme. *(Il prend Césariot aux épaules.)* Oublie tout ce qu'on a pu te raconter. Tu es assez grand pour juger par toi-même. Tu m'as vu travailler. Tu sais ce que je fais, et que je le fais de mon mieux... Évidemment, je ne suis pas un savant, un

INGÉNIEUR. Et lorsque tu m'as fait parler, sur le bateau — car à présent je me rends compte que tu m'as fait parler exprès, comme pour un examen —, je t'ai peut-être dit quelques bêtises sur la théorie des moteurs. Mais pense que quand on a des professeurs, ça va tout seul. Eux, ils ont la science, ils te la communiquent, ils te la donnent toute digérée... Moi, j'ai travaillé tout seul, le soir... Je n'ai peut-être pas beaucoup de science : mais celle que j'ai, on ne me l'a pas donnée : je me la suis prise. Voilà. Maintenant, quand tu auras envie de voir ton père... et peut-être de faire avec lui d'autres parties de pêche, tu sais où je suis : *GARAGE MARIUS OLIVIER*, 22, Cours de l'Amirauté à Toulon. Mon numéro est dans l'annuaire. Bonjour à tous.

Il va sortir.

FANNY

Où vas-tu ?

MARIUS

Chez moi. Enfin, à l'endroit qui me sert de chez moi.

Il sort.

LA TERRASSE DU BAR

Escartefigue, M. Brun, et le chauffeur écoutent Fernand, qui est debout.

FERNAND

Il doit se passer là-dedans une scène à vous bouleverser l'estomac. Je ne sais pas s'ils s'embrasssent ou s'ils se battent, mais c'est sûrement l'un ou l'autre !

ESCARTEFIGUE

Moi, ça me fait plaisir ce que vous avez dit de lui. Parce que, le reste, je pouvais pas le croire.

M. BRUN

Voilà Marius.

En effet, Marius sort du bar.

ESCARTEFIGUE

Marius !

MARIUS

Bonjour, monsieur Escartefigue.

ESCARTEFIGUE

Bonjour, mon petit Marius... Dis, tu es un homme à présent... Dites, monsieur Brun, regardez-le !

M. BRUN

Ma foi, je l'aurais fort bien reconnu. Tu n'as pas changé du tout, Marius.

MARIUS

Vous non plus, monsieur Brun.

M. BRUN

Ce début de conversation est d'ailleurs obligatoire, quand on se revoit après quelques années. Il faut dire aussi à Escartefigue qu'il n'a pas changé.

MARIUS

Et c'est la vérité. Il n'a pas changé du tout !

ESCARTEFIGUE

Oh ! je le sais ! Et ton père non plus n'a pas changé, n'est-ce pas ?

MARIUS

Pas beaucoup...

M. BRUN

En somme, rien n'a changé. Et les petits enfants qui nous considèrent comme des vieux, c'est parce qu'ils n'y connaissent rien du tout. Eh bien, en l'honneur de notre inchangeabilité, j'offre une tournée générale. Ce sera des Picons-citrons, si vous n'y voyez pas d'inconvénients...

MARIUS

Excusez-moi, monsieur Brun... Mais ça m'est très difficile de rester... Franchement, monsieur Brun, pas maintenant. Plus tard, peut-être : pas maintenant. Et même, ça vaut mieux que je parte au plus vite. Viens, Fernand. Au revoir à tous.

Fernand se lève et le suit. M. Brun se frotte les mains.

M. BRUN

Dites donc, Escartefigue, vous l'avez entendu comme moi.

ESCARTEFIGUE

Oui, je l'ai entendu. Mais quoi ?

M. BRUN

Il a dit : « Plus tard, peut-être ». Moi, je dis « Sûrement ».

Un peu plus tard, dans la soirée. M. Brun, Escartefigue, le Docteur, le chauffeur sont toujours à la terrasse. César, pensif, sort du bar et vient s'asseoir près d'eux.

CÉSAR *(grave)*

Écoutez-moi bien. Il y a une question que je veux vous poser. Et une question très grave. *(Lentement)* Est-ce que vraiment je suis coléreux ?

LE DOCTEUR

Hum...

CÉSAR

Quoi hum ?

LE DOCTEUR

Hum... je fais : hum...

CÉSAR *(à Escartefigue)*

Et toi, pourquoi tu ne réponds pas ?

ESCARTEFIGUE

Mon cher, je ne suis pas bon juge. Depuis soixante-cinq ans que tu es au monde, tu dois bien savoir ce que tu es...

M. BRUN

Ça, ce n'est pas prouvé.

CÉSAR

On ne sait pas toujours ce qu'on est. Il y en a qui sont cocus, et qui ne le savent pas ?

ESCARTEFIGUE *(vexé)*

A moins que leurs amis ne le leur disent dix fois par jour.

CÉSAR *(indigné)*

Dix fois par jour ! C'est la première fois que je t'en parle depuis une semaine ! Mais réponds à ma question : depuis tout à l'heure je me demande avec angoisse si je n'ai pas commis de graves erreurs, si je n'ai pas été injuste, si je suis pas en somme une vieille bête. Et si tout ça ne viendrait pas d'une tendance maladive à me mettre en colère. Réponds franchement.

ESCARTEFIGUE *(prudent)*

Tu as dit « maladive ». Par conséquent, ça regarde le docteur. Allons, docteur, réponds-lui.

CÉSAR

Et toi, tu ne peux pas me répondre ?

ESCARTEFIGUE *(avec finesse)*

Je craindrais de me tromper. *(Il rit.)*

CÉSAR

Et tu ris comme un imbécile ! *(Il commence une colère qui va grandir.)* Comment ? Un ami de trente ans vient te poser une question grave, une question venue du cœur, et tu réponds par des ricanements !

ESCARTEFIGUE

César !

CÉSAR *(avec une grande violence)*

Qu'est-ce que ça veut dire, ce rire ? Ça veut dire que je suis une vieille bourrique, comme, par ton refus de me répondre, tu fais semblant de dire, sans le dire, que je suis coléreux, et que tu as peur de ma colère ! Et vous aussi, monsieur Brun. Vous ne répondez rien, mais vous faites semblant d'en penser le double ! Quant à « Hum » *(Il montre le docteur.)* avec son air supérieur, je me fous de ce qu'il ne dit pas et de sa coqueluche des vieillards ! Qu'est-ce que ça veut dire, à la fin ? Depuis trente ans vous venez chez moi tous les jours et vous dites que je suis coléreux ? Je supporte la stupidité d'Escartefigue, je supporte les lyonnaiseries de M. Brun, je supporte le silence de ce médecin de chèvres, je supporte la présence de ce petit macaque *(Il montre le chauffeur.)* qui ne paie jamais ses consommations, et qui, de plus, ne boit jamais rien, et vous dites que je suis coléreux ?

M. BRUN *(très calme)*

Non. Il n'est certainement pas coléreux. Et il nous le prouve.

Tous éclatent d'un rire joyeux. César désarçonné les regarde et il change de ton brusquement.

CÉSAR

C'est vrai, au fond, que je suis coléreux. Ou plutôt, je le *parais,* car je ne suis pas du tout en colère.

ESCARTEFIGUE

Dis donc, alors, qu'est-ce qu'il te faut ?

CÉSAR

Mais non, Félix, mais non... Vois-tu, je crie, je me lance... comme ça... Parce que ça me fait du bien....

LE DOCTEUR

Ça te fait peut-être du bien. Mais ça fait du mal aux autres. Et puisque tu m'as demandé mon opinion, je vais te la dire : le médecin des chèvres est tout qualifié pour donner une consultation à une vieille bourrique. Tu es un emmerdeur, César, pas autre chose. Très bon dans le fond, et très sensible, mais d'une fréquentation intolérable. Tu vis tout seul, parce que personne ne veut rester avec toi. Tu as fait fuir les garçons, tu as fait fuir les bonnes, tu as fait fuir les clients, tu as même chassé ton fils.

CÉSAR *(touché)*

Est-ce que tu sais pourquoi ?

LE DOCTEUR

Je ne veux même pas le savoir : je suis sûr que tu avais tort. A cause de ton caractère, César, tu as fait de la peine à beaucoup de gens... et je connais même un pauvre brave homme que tu as martyrisé.

CÉSAR *(indigné)*

Qui ?

LE DOCTEUR

Toi.

César le regarde. Il se lève, troublé. Il leur tourne le dos, il va rentrer dans le bar, et au moment de traverser le rideau bruissant, il se tourne, et il dit sans conviction :

CÉSAR

Oh !... Alors ! Si tu fais de la philosophie ! Alors...

Il disparaît.

Maintenant il fait nuit. Il est 9 heures et il y a un grand silence sur le port. Seul, dans sa petite cuisine, César dîne sur la toile cirée. Il mange des olives. Il réfléchit. Soudain, il tend l'oreille. Quelqu'un traverse le bar. La porte de la cuisine s'ouvre. Césariot entre, en grand uniforme.

CÉSARIOT

Je pars dans une heure pour Paris. Je suis convoqué pour un stage, et j'ignore si je pourrai revenir avant la rentrée de l'école. Et il est indispensable que j'aie un entretien avec toi, et sans témoin.

CÉSAR

Tu me fais peur.

CÉSARIOT

Pourquoi ?

CÉSAR

Tu as peut-être encore appris un secret de famille.

CÉSARIOT *(souriant)*

Peut-être.

CÉSAR

Cette fois-ci, on t'a révélé que je suis ton neveu ?

CÉSARIOT

Ça serait charmant, si tu étais mon neveu. Je te donnerais des cerceaux, ou des timbres pour ta collection... Mais ce n'est pas ça du tout.

CÉSAR

Alors, qu'est-ce que c'est ?

CÉSARIOT

Je suis un peu gêné pour te le dire.

CÉSAR

Au point où nous en sommes... Ne te gêne pas.

CÉSARIOT

Est-ce que ton fils a l'intention de revenir derrière ton comptoir ?

CÉSAR

Malheureusement non. Il m'a même conseillé de vendre ce bar — mon bar — sous prétexte que je suis trop vieux pour continuer tout seul — que jamais un garçon de bar ne voudra rester avec moi — ce qui n'est pas vrai, parce que c'est moi qui ne voudrai jamais, et il me propose d'aller habiter avec lui.

CÉSARIOT

Ça me paraît une très bonne idée, en tout cas, une idée très gentille.

CÉSAR

Oui, mais c'est une idée de fou, une idée de navigateur. Jamais je ne quitterai mon bar. Je veux mourir en composant un Picon-citron, et si c'était permis, je me ferais enterrer sous le comptoir. Toi, tu voudrais que je quitte Marseille ?

CÉSARIOT

Tu serais peut-être heureux à Toulon.

CÉSAR

Il ne s'agit plus de Toulon. Il m'a téléphoné cet après-midi qu'il avait réussi son affaire : il a vendu les parts qu'il avait dans ce garage, et il a acheté un petit chantier naval à Cassis, pour l'entretien et la réparation des moteurs marins.

CÉSARIOT

A Cassis, cela ne me plaît pas beaucoup. Car je prévois qu'il viendra souvent te rendre visite, et pendant les vacances, à Cassis, on le rencontrera tous les jours.

CÉSAR

Et alors ?

CÉSARIOT

Eh bien j'ai constaté que sa présence trouble ma mère d'une façon... inquiétante.

CÉSAR

Inquiétante pour qui ?

CÉSARIOT

Pour moi.

CÉSAR

Mais ça ne te regarde pas. Ce sont des affaires de grandes personnes.

CÉSARIOT

Je suis malheureusement une grande personne, et j'ai le devoir de veiller sur la mémoire de papa, qui ne doit pas être ridiculisée.

CÉSAR

Un mort n'est jamais ridicule. Si je comprends bien, tu trouverais scandaleux un rapprochement entre ta mère et ton père.

CÉSARIOT

Exactement. Il est trop tard.

CÉSAR

C'est-à-dire que tu estimes que la vie de ta mère est finie. Elle n'a plus qu'à attendre, entre une pile de voiles, un rempart de moteurs et des ancres flottantes, qu'elle soit devenue une petite vieille.

CÉSARIOT

Non. Je pense au contraire qu'un jour, plus tard, elle pourra recommencer sa vie honorablement — par un bon mariage bourgeois comme il convient pour le mariage d'une veuve —. C'était d'ailleurs le souhait de papa, qui me l'a dit sur son lit de mort.

CÉSAR

Bourgeois, voilà ton idéal ! Au fond, tu es terrorisé à l'idée que ta mère, élégante et bourgeoise, s'intéresse encore au fils du bistrot. Oui, bistrot, c'est un mot que tu m'as dit, une nuit, dans mon établissement... Alors, parlons un peu de toi. J'espère que tu as de bonnes nouvelles de Mlle Bermond, jeune, ravissante, et riche, qui joue si bien au tennis.

CÉSARIOT

Qui t'en a parlé ?

CÉSAR

Le cher Dromard. Il paraît que tu es très bien placé pour l'épouser un jour ou l'autre.

CÉSARIOT

Plutôt l'autre, parce que j'ai encore deux ans d'école... Mais ce n'est pas impossible.

CÉSAR

Selon ton ami, c'est même tout à fait probable.

CÉSARIOT

Il est vrai que ses parents me reçoivent chez eux à Paris...

CÉSAR

Et même peut-être à Rambouillet.

CÉSARIOT

Dromard a la langue bien longue.

CÉSAR

Enfin, toi, tu es décidé ?

CÉSARIOT

Elle aussi.

CÉSAR

Eh bien j'ai le plaisir de te dire que son père, qui fournit dix mille bistrots, est dix mille fois plus bistrot que moi.

CÉSARIOT

Ce n'est pas du tout la même chose.

CÉSAR

Tu as raison. Il y a une très grande différence. Le père de la demoiselle, c'est quelqu'un de beaucoup mieux que moi. Ce qui donne le véritable chic à son travail, c'est qu'il le fait faire par les autres, pendant qu'il va chasser avec le Président de la République... Rambouillet, pan ! pan ! Tandis que moi, mon travail, je l'ai toujours fait moi-même, comme mon père l'a fait, comme ton père l'a fait, et comme tu l'aurais fait toi-même, si Marius n'avait pas été un fou, un fou rêvant, un fou délirant, un fou navigant. Voilà. Remarque bien, si tu épouses la fille du Roi des Bistrots, j'en serai très fier, et il me semble que ça arrangerait tout. Tout à l'heure, tu m'as dit qu'Honoré avait souhaité qu'elle se remarie : moi je sais bien à qui il pensait... Et je le sais, parce qu'il me l'a dit lui-même.. Il avait des remords de lui avoir pris sa femme et son fils... Et le jour de sa crise cardiaque, dans l'ambulance, il pouvait à peine parler, il m'a demandé : « Il est marié ton fils ? » Je lui ai dit « Non. » Alors il a dit « tant mieux ».

CÉSARIOT

Il t'a dit ça ?

CÉSAR

Je te le jure sur la tombe de mon ami.

Un temps. Césariot réfléchit. Puis brusquement il parle.

CÉSARIOT

Quel âge a-t-il, ton Marius ?

CÉSAR

Notre Marius, ton père, a exactement deux ans de plus que Fanny, car ils sont nés le même jour : le douze mars.

Un grand temps. Césariot réfléchit.

CÉSARIOT

Tu as raison. C'est à lui qu'il pensait.

CÉSAR

Et puis moi, dans mon bar je vais faire peindre de

grands tableaux sur les murs — je changerai toutes les glaces, et tout le mobilier, avec un percolateur et un comptoir comme au café Riche, et ça sera le Café de la Marine !

CÉSARIOT

Tu es trop gentil, parrain.

CÉSAR

Parce que je suis un parrain aussi gentil qu'un grand-père...

CÉSARIOT

(il regarde la montre à son poignet)

Il faut partir.

CÉSAR

A quelle heure ton train ?

CÉSARIOT

Minuit juste.

CÉSAR

Malheureux ! Tu n'auras jamais le temps de monter jusqu'à la gare !

CÉSARIOT

La voiture et le chauffeur sont là.

CÉSAR

Eh bien je t'accompagne. Nous aurons le temps de parler encore un peu.

Il dénoue son tablier, et prend au portemanteau son veston et son chapeau.

CÉSARIOT

Surtout, ne dis rien à maman de ce que je t'ai dit.

CÉSAR

Pas si bête ! Elle serait capable de se sacrifier encore une fois ! Allez, zou, viens !

Il le prend aux épaules, l'embrasse sur les deux joues. Ils sortent, et César ferme à clef la petite porte.

LA SALLE À MANGER

Fanny est à son bureau. La servante s'avance.

LA SERVANTE

Madame, c'est M. César.

En effet, César entre comme chez lui.

CÉSAR

Salut Fanny.

FANNY

Bonjour César.

CÉSAR

Je te dérange ?

FANNY

Pas du tout.

César fait un pas vers la porte, et appelle « Entre ! » *Entre Marius, fort bien vêtu, et souriant. Fanny est surprise, mais elle s'efforce de le cacher.*

MARIUS

Bonjour Fanny...

CÉSAR

Il vient te parler d'affaires. Ton directeur n'est pas là ?

FANNY

Vous savez bien qu'il a eu un petit accident de voiture.

CÉSAR

Je croyais qu'il avait repris le travail.

FANNY

Il ne rentrera que lundi.

MARIUS

Alors je peux revenir lundi.

CÉSAR

Ça dépend de ce que tu veux lui demander... Elle sait beaucoup de choses, et c'est elle la patronne... *(A Fanny)* Il n'osait pas venir te déranger et il m'avait téléphoné pour que je te fasse la commission. C'est moi qui lui ai dit de venir s'expliquer lui-même. *(A Marius)* Dis-lui un mot de cette affaire de moteurs...

Le chauffeur paraît à la fenêtre.

LE CHAUFFEUR

O César ! Le livreur de Picon est au bar. Il faut lui signer un papier. J'ai compté les bouteilles : il y en a quarante, mais je ne peux pas signer pour vous !

CÉSAR

J'y vais tout de suite... Tâchez de vous arranger, *(à Fanny)* parce que c'est très important pour lui. Je reviens dans dix minutes...

Il sort.

FANNY

Assieds-toi, et dis-moi ce qui t'intéresse.

MARIUS *(ému et presque timide)*

Eh bien voilà. Mon père t'a peut-être dit que j'ai liquidé mon garage de Toulon, et que j'ai acheté un petit chantier naval à Cassis.

FANNY

Je sais.

MARIUS

Naturellement, je ne vais pas construire des bateaux — mais les moteurs marins, c'est ma partie — surtout les Stanton... je les connais bien... Alors, on m'a dit que c'était ta maison qui a la représentation de ces moteurs pour Marseille. Ils n'ont personne à Cassis. Alors, si tu pouvais me recommander à la maison mère peut-être qu'ils me donneraient Cassis, et même La Ciotat. Et moi, ça me poserait devant la clientèle. Est-ce que c'est possible ?

FANNY *(elle sourit)*

Ce serait très possible, mais c'est inutile : c'est nous qui avons l'exclusivité sur la côte, pour tout le département. Si ça t'intéresse, c'est d'accord.

MARIUS

Au moins, ça ne te fait rien perdre ?

FANNY

Au contraire. Nous avions besoin de quelqu'un qui ait une petite installation. Je vais t'envoyer d'abord deux moteurs, et un stock de pièces de rechange... Et tu t'occuperas aussi de La Ciotat.

MARIUS *(ému)*

Je ne sais pas comment te dire merci.

FANNY

Ce n'est pas la peine, puisque ça nous arrange.

MARIUS

Merci quand même, et de tout mon cœur. Merci pour ça, et pour le reste. Ce que tu as fait pour le garçon. Mon père m'a dit qu'il était reparti pour Paris. C'est vrai qu'il est à l'École Polytechnique ?

FANNY

Il n'y est plus. Il en est sorti second.

MARIUS

La plus haute école de France !

FANNY

Et il va encore passer deux ans dans une autre école, parce qu'il veut être ingénieur naval. Ceux qui construisent les bateaux de guerre, les croiseurs, les sous-marins...

MARIUS

Ça, vraiment, c'est merveilleux... Quand je pense au petit comptoir du bar, et à ton éventaire de coquillages... *(Un temps)* Quand il est venu me voir, à Toulon, je me disais « Je connais cette figure... Et surtout, ce sourire... Où est-ce que je l'ai vu ? » Mais naturellement, je ne pensais pas à toi... Ça me faisait quelque chose... Une émotion que je ne pouvais pas m'expliquer... Maintenant je sais pourquoi je le trouvais beau : c'est parce qu'il te ressemble.

FANNY *(très émue, change de ton)*

Je pense à une chose : en plus des Stanton, je puis te donner les moteurs hors-bord. Nous avons les Jansen et les Martin-Bernard.

Elle a pris des catalogues, qu'elle ouvre sur le bureau. Elle est toujours assise. Marius va près d'elle, se penche sur les images et parle d'une voix un peu altérée, et il n'entend peut-être pas très bien ce qu'il dit.

MARIUS

Tu sais, les hors-bord, ce n'est pas de vrais moteurs marins. Pour moi, un moteur marin ça commence à cinquante chevaux... Ces hors-bord, c'est des moteurs de vacanciers... Ça tourne trop vite. Et puis, ce sont des deux temps... La compression est trop faible parce qu'elle se fait là, dans le carter. *(Il lui montre un dessin de moteur.)* Et puis alors, il y a la question du pignon d'angle, qui commande l'hélice... C'est pas rationnel — parce que le pignon horizontal, il veut toujours remonter — et le vertical, il veut reculer, ça fait que les dents s'usent très vite...

FANNY

On peut très bien les remplacer, et c'est un bon travail pour toi.

MARIUS

C'est vrai, mais ce n'est pas du travail très intéressant... Ces moteurs c'est trop délicat... Il n'y a pas de soupapes... L'admission et l'échappement, ça se fait par des lumières, qui se bouchent bien facilement... Et puis, surtout, c'est conduit par des amateurs, qui ne sentent pas quand le moteur souffre... Ils les font tourner trop vite... Ils reviennent tous les huit jours pour des réparations et naturellement ils ne sont pas contents. A la deuxième saison, c'est irréparable... Irréparable...

Elle relève la tête, le regarde un instant, et des larmes brillent dans ses yeux.

FANNY

Il n'y a rien d'irréparable, Marius, rien d'irréparable...

Elle se lève, et pose son visage sur son épaule. Il la serre dans ses bras. La face de César paraît, derrière les vitres de la fenêtre. Il recule brusquement, et ferme les volets.

FIN

En collaboration avec Paul Nivoix

LES MARCHANDS DE GLOIRE

pièce en cinq actes

PRÉFACE

C'est à la crise du logement, si cruelle pour tant de Français, que je dois toute ma carrière.

Le lycée Condorcet, comme chacun sait (comme chacun sait au lycée Condorcet) est le premier lycée de France. Avant la guerre de 14, le rêve des professeurs de province, c'était de finir leur carrière dans une chaire de Condorcet.

Après l'armistice, ceux qui méritaient cet honneur le refusèrent à regret, par crainte de coucher sous les ponts de Paris.

C'est ainsi qu'en 1922, malgré mon jeune âge et l'insuffisance de mes titres, je fus nommé professeur adjoint d'anglais dans cette cathédrale de l'Enseignement.

J'y vins d'ailleurs par ordre, car j'avais d'abord refusé de quitter le lycée Saint-Charles, à Marseille.

J'y menais une vie agréable sous le soleil virgilien, mon emploi du temps n'était que peu chargé, et je dirigeais glorieusement une revue littéraire qui est devenue, grâce à Jean Ballard, les Cahiers du Sud. *Je composais des poèmes, et je travaillais à des tragédies (en vers, bien entendu) qui mettaient en scène les amours du poète Catulle, ou le séjour d'Ulysse chez le père de Nausicaa.*

Paris, que j'imaginais comme une fourmilière sous la pluie, me faisait peur. Les conseils de mes amis, et la paternelle insistance du recteur me décidèrent, et j'arrivai à Condorcet le jour même du grand incendie du Printemps, tandis que l'on pleurait dans les chaumières la défaite de notre Georges Carpentier battu la veille par Battling Siki.

J'eus la chance de retrouver à Paris Paul Nivoix. Il avait dirigé à Marseille un hebdomadaire de théâtre intitulé Spectator. La ville de Marseille a peu de soucis littéraires, et ses intellectuels ne lisent guère que les journaux de la capitale. C'est pourquoi Spectator fut un jour foudroyé par une thrombose dans sa trésorerie, et Nivoix, « monté » à Paris, était entré à Comœdia en qualité de rédacteur.

Comœdia, qui n'a jamais été remplacé, était le seul quotidien des Lettres et des Arts. Ses bureaux occupaient un très bel hôtel particulier, celui-là même dans lequel un habile architecte installa plus tard le théâtre Saint-Georges.

Grâce à l'amitié de Nivoix, je fus admis à pénétrer dans la salle de rédaction. Chaque soir, en sortant de Condorcet j'allais y passer une heure. C'est là que je fis connaissance d'une équipe de jeunes journalistes qui devinrent bientôt mes amis : André Lang, J.-P. Liausu, Asté d'Esparbès, Robert de Thiac, Yves Krier.

J'y rencontrai aussi des écrivains déjà connus, comme André Levinson, Fréjaville, et le rédacteur en chef du journal, le tendre et savant Gabriel Boissy, qui fut un vrai poète, un grand critique dramatique et un homme de bien.

Parce qu'il aimait l'ordre, il tint à justifier ma présence dans cette salle, en me confiant quelques missions de peu d'importance, comme le compte rendu de l'inauguration d'une plaque sur la maison natale d'une gloire littéraire, ou la critique d'une représentation d'amateurs.

C'est ainsi que je pénétrai dans un milieu de gens modernes et joyeux, au cœur même de la vie théâtrale. Boissy me donnait souvent des places pour les répétitions générales : j'eus ainsi l'occasion de rencontrer deux jeunes auteurs déjà célèbres : Jean Sarment et Jacques Natanson, qui étaient les rois de Paris, et qui sont restés mes amis.

Le ton et la couleur de ce milieu n'avaient rien d'universitaire : je commençai bientôt à douter de l'intérêt de mes *tragédies grecques ou romaines, et je proposai à Nivoix d'unir nos efforts pour composer un vaudeville.*

Cet ouvrage, promptement terminé, s'intitula Tonton.

Nous l'avions écrit en poussant de grands éclats de rire. Mais lorsque je relus le manuscrit, je fus consterné par la banalité et la vulgarité de ces dialogues, car en véritable universitaire, je les estimais par rapport à Marivaux, Beaumarchais ou Alfred de Musset. Pris de remords, je déclarai à Nivoix que la confection d'ouvrages de cette sorte ne valait pas mieux que la prostitution, et je refusai de le signer.

Il en fut surpris et navré.

— Je vais justement déposer le manuscrit à la Société des Auteurs. Si tu ne signes pas le bulletin, tu perds une occasion d'être inscrit à la Société, et tu ne toucheras pas tes droits. Je comprends que tu as peur des réactions de ton père, ou de tes élèves : tu n'as qu'à choisir un pseudonyme !

— Non, NON, lui dis-je. Je ne veux pas garder le moindre lien avec ce tissu d'âneries et de gaudrioles. Tu n'as qu'à le signer tout seul.

— Mais si la pièce rapporte des millions, qu'est-ce que tu diras ?

— J'en serais non seulement stupéfait, mais indigné !

Il haussa les épaules, et me quitta.

Le soir même, il me dit simplement :

— Tu t'appelles Castro.

— Moi ? Pourquoi ?

— Parce que finalement j'ai trouvé que ce serait malhonnête de signer seul une pièce dont tu as écrit plus de la moitié. Alors, je t'ai déclaré sous le pseudonyme de Castro. C'est court, et puis c'est flatteur. Corneille, le Cid, Guilhem de Castro... Et puis, ça m'est venu à l'esprit comme ça... Si tu veux, tu peux en changer.

Je n'en changeai pas. C'est pourquoi, sur les registres de la société, mon nom est encore suivi de la mention « dit Castro ».

Les démarches de Nivoix auprès des directeurs parisiens

n'ayant eu aucun succès, il alla voir Frank, qui dirigeait alors les deux théâtres de Marseille, et obtint un « tour » aux Variétés : c'est-à-dire que Franck, par amitié pure, décida de prolonger sa saison du 15 au 30 juillet pour la « création » de Tonton.

En attendant cette date, des conversations avec Liausu, et surtout avec Robert de Thiac (auteur bien connu du Train des Cocus), adoucirent quelque peu mon sentiment sur Tonton. Certes je refusais toujours de voir mon nom sur cette affiche, mais j'attendais avec impatience le commencement des répétitions, pour faire mon apprentissage d'auteur dramatique.

Ce premier contact avec le métier devait avoir sur ma carrière une influence décisive.

Tout écrivain se souvient du jour où pour la première fois, il vit sa prose ou ses vers imprimés. La fierté qu'il ressentit ce jour-là n'est que peu de chose auprès de celle de l'auteur qui entend dire ses répliques et qui voit vivre ses personnages : il en tire aussitôt de très précieuses leçons, dont la première est la condamnation définitive du style littéraire : car il entend ses plus jolies phrases tomber à plat sur la scène, du mauvais côté de la rampe.

Tonton fut fort bien joué par Hyppolyte de Gerny, qui eût certainement fait une grande carrière de comédien s'il n'était pas mort à trente ans.

La pièce fut représentée une vingtaine de fois, ce qui était un petit succès, et Castro stupéfait, mais joyeux, reçut pour sa part sept cents francs de droits d'auteur : en 1924, c'était une somme importante, puisqu'elle représentait cent cinquante repas dans un restaurant convenable.

Je déclarai aussitôt à Nivoix qu'il fallait écrire une autre pièce, mais qui marquât plus d'ambition.

Nivoix, charmé de notre succès, mais découragé par l'accueil qu'il avait reçu des directeurs parisiens, me dit alors :

— A Paris, aucun théâtre n'en voudra. Ils sont submergés de manuscrits, et ils ne les lisent même pas.

J.-P. Liausu, qui assistait à notre conversation, dit alors :
— Il a raison. Mais il y a un moyen de se faire jouer.
— Et lequel ?
— Les Escholiers. C'est une association fort riche, qui a pour but de découvrir et de lancer de jeunes auteurs. Quand ils trouvent une pièce possible, ils louent un théâtre ; la pièce est représentée une seule fois devant le Tout-Paris, mais la critique en donne toujours le compte rendu. Je connais bien le président. Apportez-moi un manuscrit, je vous garantis qu'il le lira.
J'avais grande confiance en Liausu, et je le remerciai de tout cœur. Il ajouta quelques conseils.
— Comme la pièce n'aura qu'une représentation, il faut quelque chose qui fasse du bruit : moderne, d'actualité, et si possible, EXPLOSIF. Si c'est un gros succès, un théâtre la reprendra. Si vous n'avez pas cette chance, en tout cas, vous aurez une tournée en province, votre nom sera connu dans le métier, et vous pourrez peut-être placer la pièce suivante.
Nous décidâmes de nous mettre au travail dès le lendemain, mais il fallait choisir un sujet. Après de longues réflexions je pensai tout à coup à l'histoire de mon ami Robert, ou plutôt à l'histoire de son père.

***

En classe de philosophie, Robert était mon voisin. C'était un garçon plutôt frêle, et qui ne brillait guère dans nos jeux, mais un esprit vif et poétique, et l'un des bons élèves de la classe.
Son père était instituteur, comme le mien, et ils avaient tous deux terminé leurs études dans la même promotion de l'école normale d'Aix-en-Provence.
Ils étaient si sincèrement laïques que leur laïcité était une autre religion. Naturellement bons et généreux, ils croyaient que tous les hommes l'étaient comme eux, et ils militaient dans les rangs socialistes avec une foi inébranlable et un désintéressement total.

A cette époque, l'armée n'était pas ce qu'elle est aujourd'hui : la noblesse lui donnait les trois quarts de ses officiers. Les socialistes voyaient dans ce fait une survivance de l'Ancien Régime, et fredonnaient volontiers l'Internationale, dont un couplet disait clairement :

Nos balles
Sont pour nos propres généraux.

Le père de Robert (plus sévère encore que le mien) considérait que les deux grands obstacles au bonheur des hommes étaient l'Église et l'Armée, et il dénonçait dans des réunions électorales, la criminelle alliance du Sabre et du Goupillon ; enfin, il croyait si profondément à la vertu de la Libre Pensée, que s'il en avait eu le pouvoir, il eût employé la trique pour forcer tous les hommes à penser librement, c'est-à-dire comme lui.

Méprisant les décorations, les uniformes (civils ou militaires) et hurlant d'indignation quand un camarade recevait un avancement grâce à des influences politiques, c'était un modèle d'honnêteté, de sincérité et de courage.

Cet homme intègre et sévère adorait son garçon, son fils unique, qui était son espoir et sa fierté.

Robert fut mobilisé en 1914, à la grande indignation de son père, qui voyait dans cette guerre une machination des marchands de canons, alliés aux banquiers et aux pétroliers.

C'est en février 1916 à Verdun, que Robert, aspirant d'infanterie, fut tué sur sa mitrailleuse. Seul survivant d'un fortin, il avait tenu en échec un bataillon ennemi toute une journée et fut glorieusement cité à l'ordre de l'armée.

Le malheureux militant fut foudroyé par l'irréparable catastrophe. Une congestion cérébrale le terrassa. Il flotta pendant six mois entre la vie et la mort, et ce n'est qu'après des semaines qu'il retrouva l'usage de la parole. Mon père, qui allait le voir souvent, me disait : « Il est méconnaissable, ce n'est ni son visage, ni son regard, ni sa voix. Je n'ai jamais vu un si profond désespoir. Certainement, il va mourir. »

Pourtant, quelques mois plus tard, grâce au dévouement de sa femme, et à l'affection des amis qui l'entouraient, le malheureux reprit un peu de vigueur, et parut entrer en convalescence. Soutenant sa marche d'une canne, il fit quelques promenades au soleil, et ne repoussa plus la nourriture.

⁂

Enfin un beau jour, il y eut une prise d'armes dans la cour d'Honneur de la Préfecture, et il fut invité à venir recevoir la croix de guerre et la médaille militaire de son fils.

Malgré son antimilitarisme, il ne manqua pas d'assister à la cérémonie, au premier rang, et au garde-à-vous, entre d'autres pères en deuil. L'accolade du général fit couler ses larmes. Sur le chemin du retour il dit à ses amis qu'il n'eût jamais accepté la moindre décoration pour lui-même, mais qu'il avait jugé n'avoir pas le droit de refuser des honneurs offerts à son fils, dont cette émouvante cérémonie prolongeait en quelque sorte la mémoire.

Quelques semaines plus tard, il se laissa inscrire à l'Association des Parents de Héros, participa à des défilés, et ne douta plus de l'existence de la Patrie : la nier, c'eût été reconnaître que son fils était mort pour rien.

Enfin, il fut très vite nommé directeur d'une école importante : avancement qui n'était pas normal, mais que le ministre lui offrit pour alléger son malheur : il me semble que c'était justice, mais ses amis furent surpris qu'il ne l'eût pas refusé.

⁂

Quelques années plus tard, comme je passais à Marseille, mon père m'annonça qu'il y aurait le lendemain une cérémonie au cimetière Saint-Pierre pour le retour des corps de plusieurs officiers et soldats tombés au champ d'honneur, et que mon ami Robert faisait partie de ce triste convoi.

Nous allâmes, pieusement, y assister.

Une foule émue et silencieuse accompagnait les restes de ces jeunes martyrs. Le père de Robert, dans un complet noir de bonne coupe, portait sur un coussin les décorations de son fils. La tête haute, il écouta les discours du préfet et du général, et ne parut point choqué lorsque l'évêque bénit solennellement les cercueils : il nous fit de loin des signes d'amitié, mais ne vint pas jusqu'à nous, parce que le préfet l'emporta dans sa voiture.

Mon père, mélancolique, me dit :

— Il vient d'être nommé officier d'Académie et il veut faire de la politique. Aux prochaines élections, il sera peut-être conseiller municipal.

Je pensais à mon ami mort pour la Patrie, et je dis tout à coup :

— Si Robert ressuscitait brusquement je me demande ce qui se passerait...

— Il est évident que son père serait dans une situation assez fausse — mais je suis sûr que sa joie serait profonde et sincère et qu'il n'hésiterait pas à renoncer à tout. Il ne faut pas mal le juger. Je sais que s'il a accepté de vivre et de prospérer, ce n'était que pour faire honneur au père de son fils, et pour glorifier sa mémoire. Du moins, je crois qu'il le croit.

Nous fîmes encore quelques pas entre les tombes, où je pouvais lire « Regrets éternels » à travers des grilles rouillées. Mon père s'arrêta, et dit :

— C'est La Rochefoucauld qui a raison. Nos idées et nos convictions prennent très vite la couleur de nos intérêts.

***

Comme je cherchais, selon le conseil de Liausu, un sujet « explosif », et si possible « d'actualité », je racontai cette histoire à Nivoix, qui la trouva admirable, et nous établîmes aussitôt le scénario.

Nous étions, à cette époque, férus de Becque et de Mirbeau. La jeunesse, qui a tant de raisons de rire et d'aimer la vie, se montre volontiers (lorsqu'elle écrit) amère et sarcastique. Fort des conseils de Liausu, je m'efforçai d'inventer des répliques « à la dynamite ». J'en trouvai un bon nombre, car il n'est rien de plus facile.

Nivoix s'était réservé les rôles de femmes, car il prétendait connaître « à fond » le sexe faible.

Cette prétention se fondait sur le fait qu'il avait été cocu, fait dûment établi par un commissaire de police, dont il considérait le « constat » comme une sorte de diplôme. Je n'avais rien d'autre à lui opposer que des titres universitaires : je m'inclinai donc devant son expérience de la psychologie féminine, et il me prévint qu'il allait écrire ces scènes avec du « vitriol ».

Nous travaillâmes ainsi pendant près d'un mois : le soir, chacun lisait à l'autre ce qu'il avait écrit dans la journée. Nous en révélions parfois quelques pages à Liausu dont l'admiration fraternelle nous encourageait à renforcer la dynamite et à concentrer le vitriol. Il avait déjà parlé de la pièce au président des Escholiers, qui attendait notre manuscrit avec une impatience gourmande.

⁂

Nous en étions là, lorsqu'un soir, à six heures trois quarts, je trouvai Nivoix en haut des marches de Condorcet. Il n'avait pas sa figure ordinaire, et paraissait illuminé.

— Un grand coup de veine ! me dit-il. Tu connais le théâtre de la Madeleine ?

— J'en ai entendu parler, dis-je. C'est un théâtre tout neuf ?

— Oui. *Une salle magnifique, qui est dirigée par Robert Trébor et André Brûlé. Leur pièce ne marche pas comme ils voudraient : ils en cherchent une autre pour le début d'avril. Ils ont entendu parler de la nôtre par un commissaire des*

Escholiers : Trébor, que je suis allé interviewer pour Comœdia *ce matin, nous invite à faire chez lui une lecture du manuscrit.*

— Quand ?

— Demain soir.

— Tu sais bien, dis-je, que nous n'avons pas de manuscrit dactylographié...

En effet, nous étions fort pauvres et nous attendions tous deux la fin du mois pour porter nos brouillons chez Compère qui a fait « taper » presque toutes les œuvres dramatiques de ce temps.

— Nous aurons les copies demain matin, dit Nivoix. Regarde ça.

Il me montra ce qu'il portait sous le bras : c'était une machine à écrire.

— Où l'as-tu volée ?

— Elle appartient, dit-il, au journal Comœdia. *Si je l'avais demandée, on me l'aurait prêtée. Je la rapporterai demain matin.*

— Mais qui va se servir de cette machine ?

— Moi. Lorsque j'ai été gazé pendant la guerre, on m'a versé dans l'auxiliaire : j'ai rempli les fonctions de secrétaire dactylographe pendant deux ans. Viens, dépêchons-nous.

Nous allâmes chez moi pour y prendre plusieurs liasses de feuilles volantes et de cahiers d'écoliers qui constituaient le manuscrit original des Marchands de Gloire.

Nous allâmes ensuite chez lui, dans un minuscule rez-de-chaussée de la rue Taitbout. Sa porte touchait celle du concierge et seule une assez mince cloison séparait cet « appartement » de la loge.

Il avait déjà préparé des sandwiches, et une bouteille de vin blanc.

Nous travaillâmes toute la nuit.

Je fouillais les liasses de feuilles volantes, et je cherchais au dos d'un bulletin de retenue la suite d'une scène commencée sur une enveloppe de Comœdia. *Je dictais. Nivoix tapait.*

La machine à écrire était d'un modèle très ancien. Les tiges d'acier qui portent les lettres avaient un bon pan de long. Au repos, elles étaient horizontales, mais dès qu'un doigt frôlait une touche, la tige surgissait avec une vitesse incroyable, et traversant le ruban et le papier, une lettre se plantait dans le rouleau de bois sec et sonore. Surpris tout d'abord par cette nervosité de piège à rats, Nivoix, après quelques gammes, avait acquis le maniement de la crépitante mécanique ; il tapait gravement, très digne, le buste droit, la lippe proéminente. Ses grandes mains volaient sur le clavier, il avait l'air de Paderewski, mais la musique qu'on entendait faisait penser à trois mille noisettes dégringolant un escalier de bois.

De temps à autre, nous prenions quelques minutes de repos. Il trempait ses mains dans de l'eau chaude, je lui massais les doigts, nous buvions un coup de vin blanc, et tandis que je reprenais ma dictée d'une voix enrouée de sommeil, le crépitement recommençait. Cette épreuve dura toute la nuit. Au petit jour, la dernière réplique était tapée, et nous classâmes les feuilles qui jonchaient le tapis. Nous fûmes ravis par l'épaisseur du manuscrit complet, dont nous possédions — enfin — trois exemplaires. Rafraîchis par notre orgueil, et par quelques ablutions, nous sortîmes pour prendre un peu d'air, et un café crème dans un petit bistrot du matin.

Devant la porte, le concierge balayait le trottoir préalablement arrosé. La rue Taitbout était vide, le jour n'avait pas toute sa couleur.

Le vaillant balayeur avait de gros yeux bleus, de fortes moustaches blanches et il portait un de ces tabliers qui ont une poche sur le ventre, comme les sarigues.

A notre passage, il nous souhaita le bonjour et nous répondîmes à ses vœux. Alors il fit un pas vers nous et, les deux mains croisées en haut de son balai, il dit, d'une voix qui fumait dans le petit matin :

— Excusez-moi, Monsieur Nivoix, je voudrais bien savoir ce qui vous a pris, de jouer des castagnettes toute la nuit ?

— J'ai tapé à la machine, dit Nivoix. C'était pour un travail urgent.

— Un article pour votre journal ? demanda respectueusement le concierge.

— Non, dis-je. Nous avons écrit une pièce de théâtre, et il nous en fallait une copie pour ce matin. Les directeurs d'un grand théâtre nous l'ont demandée.

Le balayeur ouvrit de grands yeux.

— Vous écrivez des pièces de théâtre ?

Il avait l'air émerveillé.

— Oui, dit Nivoix.

Avec une fausse modestie répugnante, il ajouta :

— Tout au moins nous essayons.

— Des pièces de théâtre ! répéta le concierge.

Il nous regarda tous les deux avec une admiration pensive.

Nous le regardions aussi, immobiles et souriants, comme chez le photographe... Enfin, il secoua la tête, et dit :

— Moi, je n'aurais pas la patience.

⁂

Nous étions prêts pour la lecture. Mais qui lirait ? Je comptais sur Nivoix, il comptait sur moi. Il m'avoua que sa voix s'enrouait très vite, je lui confiai que je lisais très mal : nous courûmes chez notre ami René Simon.

René, qui venait de sortir du Conservatoire avec deux premiers prix, habitait la rue du Temple, sous les toits, dans un appartement composé de pièces très petites, qui n'étaient pas toutes au même niveau. Les fenêtres s'ouvraient sur la cour, mais René prétendait qu'on avait une « belle vue », parce qu'une jeune dame, qui habitait tout juste en face, faisait sa toilette la fenêtre ouverte avec une indifférence de statue. C'était une fausse blonde.

J'allais souvent chez lui, un pain sous le bras et un saucisson dans la poche, avec l'espoir qu'il aurait au moins du fromage et du vin. Je lui lisais mes œuvres poétiques, qu'il trouvait géniales; il me jouait des scènes de Molière, et je lui disais sincèrement qu'il était sublime, tout en surveillant la fenêtre de la blonde, soudain illuminée pour la toilette du soir.

René venait d'avoir un grand succès au théâtre de l'Œuvre, dans une pièce remarquable de Paul Blanchard intitulée Monsieur Potassium, *et nous avions compté sur lui pour le rôle principal de nos* Marchands de Gloire... Il accepta avec joie de venir lire nos cinq actes chez Trébor.

Nivoix possédait un smoking. André Brûlé m'en prêta un, qui était celui d'Arsène Lupin, et un généreux ami confia le sien à René. Ce fut un soir de gloire.

Parisys, dans tout l'éclat de sa jeunesse parée de diamants, présida le dîner. C'était au troisième étage, dans la rue La Boétie, et pourtant un ruisseau, entre deux berges de rocaille traversait la salle à manger en murmurant.

Il y avait une douzaine d'invités : des messieurs dont les smokings s'ornaient du ruban rouge, ou d'une rosette; l'un d'eux, fort sympathique, était le président d'une dizaine de compagnies d'assurances; il n'en manquait pas lui-même car son nom était imprimé sur la tranche *de l'annuaire du téléphone, ce qui n'a encore jamais été accordé à aucun écrivain...*

Ces messieurs étaient accompagnés de dames encore jeunes et d'une parfaite élégance, qui avaient des colliers de lumière et des mains étincelantes. Je m'aperçus qu'il en manquait une, car une chaise était vide à côté de la mienne.

De l'autre côté de la table, siégeait un seigneur corpulent,

Le plus ossu de quant qu'ils furent
Le plus corsu et le greignor.

Il me montra du doigt la chaise vide, et m'expliqua cette absente en disant :

— C'est la belle Paméla. Elle n'arrivera que vers onze heures. Elle joue aux « Folies Bergère ».

Avec une fierté qui me donna à penser, il ajouta :

— Elle est Première Femme Nue.

Je manifestai mon admiration en ouvrant mes yeux tout grands.

— Vous remarquerez, me dit-il, que toutes les femmes nues — je dis TOUTES — entrent en scène en arrondissant gracieusement leurs bras au-dessus *de leur tête. Pourquoi ? Voulez-vous me dire pourquoi ?*

Je ne sus que répondre à ce technicien.

— Tout simplement, me dit-il avec un sourire désabusé, pour maintenir leurs seins à l'horizontale. Tandis que Paméla entre en scène dans la position du soldat au garde-à-vous, les mains sur la couture de son pantalon, quoiqu'elle n'ait pas de pantalon. Et ça tient, *Monsieur, ça reste pointé vers l'horizon... Voilà pourquoi elle est considérée dans toute la profession comme une sorte de Sarah Bernhardt des Femmes Nues.*

Je lui répondis par un sourire de connaisseur, et deux hochements de tête de félicitations, car il paraissait prendre ces seins à son compte, mais je me demandais ce qui arriverait si la belle Paméla se risquait un jour à lever les bras.

Elle arriva d'ailleurs au dessert, beaucoup moins décolletée que les autres dames, sans doute pour marquer qu'elle avait fini de travailler. J'admirai son corsage, dont l'étoffe était aussi fortement tendue que celle d'un parapluie ouvert. Elle était belle, muette, et vaillante, car pendant que nous en étions aux fruits, elle expédia les hors-d'œuvre, le poisson, le rôti, et le reste.

Ce dîner fut aussi plaisant que riche. René Simon, fort à son aise, exposait avec passion ses théories sur l'Art Dramatique. Nivoix ne parlait guère, et paraissait inquiet. Quant à moi, je doutais fort de notre réussite ; il me semblait que ces gens aimables, et sans aucun doute fort riches, resteraient insensibles aux malheurs d'un petit employé de préfecture de province...

Je me trompais.

Pendant la lecture, la belle Paméla, qui portait dans sa

dure poitrine un cœur tendre, ne put s'empêcher de pleurer aux dépens de son rimmel, et André Brûlé lui-même, le célèbre « Danseur Inconnu », l'illustre « Arsène Lupin », avait ri de grand cœur aux bons endroits.

Enfin Parisys affirma que cette pièce était un chef-d'œuvre, et le très sympathique assureur déclara que nous allions voir une seconde bataille d'Hernani, ce qui nous vaudrait plusieurs centaines de représentations.

Nous partîmes ivres de champagne et de joie.

***

Le lendemain, nous eûmes une déception : Trébor nous expliqua fort gentiment que le théâtre de la Madeleine n'était pas les Escholiers, et qu'il ne pouvait pas mettre en tête d'affiche René Simon, frais émoulu du Conservatoire, mais qu'il était tout disposé à lui confier le meilleur rôle de la pièce, celui de Grandel.

René le refusa avec une grande dignité, et parut cruellement offensé par une proposition aussi inconvenante. En réalité il ne tenait guère à monter sur la scène, car il était déjà dévoré par cette passion de l'enseignement qui a fait de lui le plus célèbre professeur de Paris, et c'est par pure délicatesse qu'il nous joua pendant quelques jours le personnage muet de l'ami trahi, mais qui pardonne.

Gabriel Signoret, qui était une grande vedette, et le meilleur des hommes, eût bien voulu prendre le rôle de Bachelet : mais il ne pouvait quitter le théâtre Michel, où il avait un très beau succès. Pour nous consoler, il accepta de diriger la mise en scène des Marchands de Gloire. *Les répétitions nous émerveillèrent.*

***

Constant Rémy, aussi habile que sincère, interprétait le rôle principal avec beaucoup de charme et d'émotion. Suzy

Prim était belle et gracieuse, Pierre Renoir sobre et puissant. Quant au gros Berley, son cynisme inconscient éclairait toute la pièce. André Brûlé me disait à voix basse : « C'est lui qui va tout ramasser. »

A la veille de la « générale », on nous annonça triomphalement que le président du Conseil, Edouard Herriot, avait fait savoir qu'il assisterait à cet événement. Deux ministres avaient demandé une loge. Des journalistes importants nous offraient des « interviews ». Les anciens combattants et les associations de mutilés, nous apportaient leur soutien, et annonçaient dans leurs bulletins la naissance de cette œuvre « vengeresse ».

Tout ce bruit préalable nous remplit de vanité, puis à la réflexion, d'inquiétude. Mes amis de Condorcet me réconfortaient, mes élèves (et parmi eux le célèbre chansonnier Jean Rigaux) me regardaient avec une admiration qui semblait me promettre de cruelles moqueries en cas d'échec.

⁂

La répétition générale commença par une autre déception. Le président Herriot et les deux ministres avaient fait savoir qu'ils ne viendraient pas : le ministère avait été renversé dans l'après-midi. Je pensai qu'ils devaient « cavaler » dans tous les sens pour faire partie de la prochaine combinaison, et comme je jouissais encore de l'absurde prétention de la jeunesse, je dis à Trébor : « C'est tant pis pour eux. » Oui, la jeunesse c'est aussi bête que ça. Et aussi beau.

La représentation obtint un triomphe.

J'en ai rarement vu de pareil. Le dernier rideau fut salué par de longues acclamations... Nous étions tout tremblants dans la coulisse. Nos interprètes nous serraient sur leur cœur, des dames inconnues nous embrassaient ; un monsieur en frac, très ému, me serrait les deux mains, et me disait : « Te souviens-tu de Sainte-Barbe, en seconde ? » Je n'osai pas lui répondre que je n'avais jamais pénétré de ma vie à Sainte-

Barbe, tandis que sa femme répétait : « Voilà des années qu'il me parle de vous ! »

André Brûlé reprenait vertement un journaliste, qui avait osé dire : « En voilà pour cent représentations. »

— Jeune homme, je vous rappellerai, à la trois centième, ce que vous venez de dire aujourd'hui !

Signoret — au sortir du Michel — était arrivé tout maquillé, dans son costume de scène, et chuchotait son amer regret de n'avoir pas créé le rôle. Bref, c'était la réussite éclatante bien au-delà de nos espoirs.

Je ne sais plus — et d'ailleurs je n'ai jamais su — en quels lieux on nous mena boire pour célébrer cette victoire. Je vois encore une douzaine de personnes en habit ou robes du soir, dans des établissements d'un luxe que j'avais ignoré jusqu'à ce jour. Nous buvions, en parlant tous à la fois. La salle se vidait peu à peu, mais nous parlions et nous buvions toujours. Il y avait des maîtres d'hôtel qui dormaient debout, et des garçons qui tournaient vers nous de pâles sourires suppliants. Alors, le propriétaire de la belle Paméla tirait sa montre de son gousset et disait : « Suivez-moi. Au Pélican, ils ne ferment qu'à trois heures. » On le suivait.

Cet exode savamment dirigé se renouvela plusieurs fois, mais il me semble qu'à mesure que la nuit s'avançait, les établissements changeaient de style, et même de catégorie : pourtant, notre troupe s'était augmentée de deux pochards fort distingués, et de trois ou quatre dames élégantes. Vers quatre heures et demie, comme on nous chassait (aimablement) du dernier bistrot, notre guide dit en souriant :

— Maintenant tout est fermé. Mais j'en sais un qui ouvre à cinq heures. Suivez-moi.

En route, une grande et belle blonde qui chantait dans les music-halls, et qui ressemblait — de dos — à Georges Carpentier habillé en femme, me proposa de « laisser tomber ces corniauds », et d'aller chez elle pour « le coup de l'amitié ». Je ne me sentais pas en état de soutenir une conversation de ce genre : mais comme elle allait m'emporter sous son bras,

Nivoix intervint. Ivre, mais grave, il déclara « qu'on nous attendait au journal ».

Ce prétexte absurde nous permit de prendre congé de la compagnie (qui d'ailleurs n'était plus en état de raisonner) et d'épargner à la belle Putiphar une très humiliante déception.

Nous partîmes bras dessus bras dessous, c'est-à-dire l'un soutenant l'autre, le long des rues désertes, et Nivoix s'écria : « Enfin seuls ! »

Je pensais comme lui, car nous avions à nous dire plus de choses, et de plus importantes, que n'en exprime d'ordinaire la première conversation nocturne des nouveaux époux.

Comme il nous eût été impossible de dormir, nous décidâmes d'aller finir la nuit dans son rez-de-chaussée de la rue Taitbout, pour y attendre l'heure où paraissent les journaux du matin.

Tout en buvant de grands verres d'eau fraîche, Nivoix, qui était un esprit pratique, attira mon attention sur un aspect de notre affaire auquel je n'avais pas encore pensé.

— Écoute-moi bien, dit-il. Tout le monde est d'avis que notre pièce a dans le ventre au moins trois cents représentations. Ce n'est peut-être qu'un minimum, mais acceptons-le.

— Je l'accepte sans discussion.

— Bien. Or, Gobin, l'administrateur, la tête froide, l'homme des chiffres — tu conviendras que ce n'est pas un plaisantin — affirme que nous pouvons espérer une recette moyenne — je dis MOYENNE — de vingt mille francs par jour. Tu me suis ?

— Je te suis.

— Nos droits d'auteur seront de dix pour cent sur le brut. Soit deux mille francs par jour : mille francs chacun. Multiplie ce chiffre par trois cents, soit trois cent mille francs pour toi, trois cent mille francs pour moi...

— Écoute Paul, ne nous berçons pas d'illusions. Je crois que tu as bu trop de champagne, et que...

— Alors tu refuses d'admettre que trois cents multipliés par mille font trois cent mille ?

— Mais tu ne te rends donc pas compte que trois cent mille francs représentent cinquante ans de mes appointements à Condorcet ?

— Je le sais, et je m'en réjouis ! Et de plus, ce ne sera qu'un commencement, car à partir de ce soir, tous les théâtres nous sont ouverts — et dès la semaine prochaine nous allons mettre en chantier une autre pièce, et pour un théâtre que nous choisirons. Lequel préfères-tu ? Le Vaudeville, les Variétés, le Gymnase, la Comédie-Française ?

— Tu crois que...

— Je ne crois pas, j'en suis sûr.

— La Comédie-Française ?

— Mais oui, mon pauvre vieux ! A part les classiques, ils n'ont pas eu depuis longtemps une bonne pièce moderne ! Écrivons-en une, et tu verras Monsieur Émile Fabre nous la demander à genoux, là, sur ce tapis. Et nous la lui refuserons !

— Pourquoi ?

— Parce qu'avec leur système d'alternance, il faut deux ans pour atteindre une centième ! Non, non, non, pas de Comédie-Française. Ça nous coûterait trop cher !

C'est ainsi que le 16 avril 1925, sur les cinq heures du matin, dans un petit rez-de-chaussée de la rue Taitbout nous repoussions, pour de basses raisons pécuniaires, les supplications de Monsieur Émile Fabre agenouillé.

***

Dès six heures et demie, nous avions en mains les grands quotidiens : plusieurs critiques importants avaient déjà donné leurs articles. Le lecteur lira plus loin quelques-uns de ces dithyrambes, qui nous sacraient auteurs dramatiques, et nous mettaient d'emblée au rang de nos aînés.

Installés dans le somptueux bureau de nos directeurs, nous passâmes des heures enivrantes à lire — et à relire — les premiers articles parus le matin même, puis ceux de l'après-

midi, enfin ceux du soir, tandis que notre cher Liausu courait les imprimeries de presse, et nous apportait les « morasses » des comptes rendus du lendemain. Il annonçait son arrivée par des cris d'enthousiasme qui retentissaient dans les escaliers, et nous lisait lui-même les éloges surprenants des grands critiques de ce temps.

Le soir de ce beau jour — le soir de la première — nous étions au théâtre bien avant le lever du rideau, et nous faisions la tournée des loges de « nos » comédiens, qui se préparaient fiévreusement pour la bataille décisive.

Chacun d'eux avait apporté des journaux, qu'ils échangeaient avec des exclamations de joie.

Trébor arriva à son tour, et nous félicita, une fois de plus, chaleureusement : nous le remerciâmes de même.

— Nous avons ce soir, dit-il, une salle comme on n'en voit qu'aux grandes occasions... Le Tout-Paris est là. Naturellement la recette n'est pas très forte car nous avons dû lancer des invitations aux personnalités les plus importantes. D'ordinaire, elles nous les renvoient. Mais à cause de cette presse triomphale, ils sont tous venus aujourd'hui. C'est un grand signe de victoire !

Je descendis sur la scène, pour admirer la « très belle salle » à travers le guignol, qui est un trou dans le rideau. L'orchestre était vraiment bien garni : des centaines de smokings et de colliers de perles, des hommes fort distingués, des femmes éblouissantes, dont les entrées faisaient naître des rumeurs d'admiration. Je vis cependant que la loge centrale du balcon restait vide, et j'en fus épouvanté : mais sa porte s'ouvrit soudain : sous une tremblante aigrette de diamants, une princesse des Mille et une Nuits y entra, dans l'instant même où le régisseur frappait les trois coups.

⁂

Le public nous parut un peu lent à s'échauffer, et le prologue ne fut pas longuement applaudi.

Nous en fûmes presque indignés, et Nivoix déclara :

— Ce sont des snobs, mais attends un peu : on va les avoir !

On les eut en effet, car à partir du milieu du premier acte, les rires fusèrent, avec des « Oh ! » qui exprimaient une indignation amusée ; la pièce se termina sous des acclamations.

***

Le lendemain, nous eûmes une horrible surprise : la buraliste nous dit — un peu gênée — que « la location n'avait pas démarré ». Mais elle nous fit remarquer qu'il avait plu toute la journée, et que la crise ministérielle n'était pas encore résolue... Ces explications étaient belles et bonnes, mais n'atténuèrent pas mon inquiétude.

André Brûlé, qui nous attendait en coulisse, ne parut pas le moins du monde découragé.

— Ce qui se passe est absolument normal ! dit-il. Nous n'avons pas de grande vedette, dont la présence eût déclenché un succès immédiat... Je dis que cette pièce, dont la carrière est assurée, ne peut pas démarrer avant quatre ou cinq jours.

Trébor, qui l'écoutait, immobile et les mains dans les poches, tandis que le régisseur frappait les trois coups, dit alors ces paroles affreuses :

— Si elle démarre.

Sans le moindre point d'exclamation.

***

Le prologue commença aussitôt. Nous écoutions, mais nous n'entendions que la voix des acteurs.

Dans la salle, un silence total. Nivoix était sombre. Je lui dis :

— Ce soir, je les trouve un peu froids...

— Pas du tout, s'écria Brûlé. La pièce commence à peine ; ils écoutent, ils emmagasinent *l'exposition. Je trouve que ce silence est un très bon signe ; et une preuve d'intérêt.*

A ce moment, le régisseur qui suivait la pièce par une sorte de guichet s'avança rapidement sur la pointe des pieds, sa brochure à la main. C'était un pur Parigot.

— M'sieu Brûlé, dit-il, j'sais pas c'qui s'passe, mais il y a la moitié de l'orchestre qui s'débine. V'nez voir !

C'était une caravane Cook, qu'une agence nous avait envoyée : des Anglais, des Hollandais, des Belges. Ils étaient cent douze, nous dit la buraliste. Ces braves gens, venus à Paris pour voir les Folies Bergère et le French Cancan, avaient été fort douloureusement surpris et presque indignés lorsqu'ils eurent compris qu'ils ne verraient pas de femmes nues : ils s'étaient anxieusement tournés les uns vers les autres, et sur un signe de leur chef, ils s'étaient levés tous ensemble, et ils sortirent en rangs pressés, laissant à l'orchestre une immense tache de pelade, au centre de laquelle un spectateur égaré restait, solitaire, aussi inquiet que Robinson.

Nous eûmes cependant une consolation : d'autres articles venaient de paraître, signés par Robert de Flers, André Antoine, Lucien Dubech, Robert Kemp, les grands maîtres de la critique. Leurs louanges étaient unanimes. André Rivoire, auteur dramatique de talent et délicieux poète, avait l'honneur de rédiger la chronique dramatique du Temps, *après Francisque Sarcey et Adolphe Brisson, et voici ce qu'il disait de nous :*

> Pièce satirique sur les mœurs politiques d'après-guerre, d'une vigueur saisissante, d'une ironie atroce, dont bien peu d'écrivains de théâtre sont aujourd'hui capables. Ils débutent en maîtres, et je serais bien étonné si tous deux, ensemble ou séparément ou à tout le moins si l'un des deux ne se faisait pas un grand nom de théâtre... Becque eût admiré une pièce comme celle-là ».

Cette phrase, cette dernière phrase nous mit les larmes aux yeux. Becque, notre maître, notre idole, quelle gloire de voir son nom dans une chronique qui parlait de nous...

Nous fûmes aussitôt persuadés que cette floraison d'éloges allait déclencher une véritable ruée vers le théâtre de la Madeleine. Mais le lendemain, puis le surlendemain nous attendîmes en vain les envahisseurs.

Le septième jour, l'espoir revint.

Quelques jeunes gens nationalistes sifflèrent violemment la pièce, qu'ils déclarèrent antipatriotique. Un groupe de mutilés applaudissait chaque réplique. Une petite bagarre éclata dans la salle, on en parla dans les journaux. Nivoix me dit : « Nous sommes sauvés.... »

⁂

Le lendemain, nous arrivâmes au théâtre au milieu du premier acte. Trébor, dans son cabinet directorial, était lugubre. Pourtant c'était un samedi.

— Où en sommes-nous ? demanda Nivoix.

— Venez avec moi, dit Trébor.

Nous le suivîmes, inquiets.

Comme nous arrivions dans le couloir du balcon, nous entendîmes des applaudissements, et des bravos, qui nous réchauffèrent le cœur.

Trébor ouvrit la porte d'une loge : la salle était vide, sauf deux rangs au milieu de l'orchestre.

— Voilà, dit-il. Ils sont quarante-sept.

Nous fûmes consternés. J'essayai de réagir.

— Ils sont quarante-sept, dis-je, mais ils applaudissent comme cinq cents.

— Je dirais même, répliqua Trébor, qu'ils applaudissent comme mille, mais ils ont payé comme douze, parce qu'il y a trente-cinq invités.

⁂

La pièce fut arrêtée à la treizième représentation : le public n'en voulait pas.

Tout naturellement, nous refusâmes d'admettre une expli-

cation aussi ridicule : avec l'aide de nos amis, nous en trouvâmes de meilleures, et surtout de plus flatteuses.

La première qui nous vint à l'esprit fut sans doute inventée par l'auteur du premier « four », lors de la naissance du théâtre chinois : on en a fait grand usage depuis. Elle consiste à dire (et à croire) que l'ouvrage est de vingt ans en avance sur son époque, et que la postérité stupéfaite le remettra à sa vraie place, parmi les classiques.

Le cher Liausu eut la gentillesse de renforcer cette thèse par des raisons techniques.

— Ce théâtre de la Madeleine, dit-il, est une salle de luxe. Regardez ces girandoles de cristal, ces fauteuils tapissés d'un velours délicat, ces élégantes arabesques. C'est un cadre parfait pour la stupide comédie des boulevards, un théâtre sans âme. Votre pièce est beaucoup trop virile, beaucoup trop noble pour cette bonbonnière parisienne ; elle aura sa revanche ailleurs !

Nous en convînmes facilement.

— Et puis, nous dit Gabriel Boissy, ce théâtre est tout nouveau, personne ne le connaît, non plus que la rue où Trébor a eu l'imprudence de le construire. Rue de Surène ! Tout le monde croit que c'est à Suresnes, en banlieue !

Nous imaginâmes aussitôt de longues colonnes de spectateurs égarés, errant dans les rues de Suresnes à la recherche d'un introuvable théâtre...

D'autres amis nous révélèrent qu'il y avait une cabale des vieux auteurs, qui étaient furieux de voir des jeunes pénétrer dans les théâtres du Boulevard.

Enfin, un vieil acteur famélique nous affirma que notre insuccès était dû à la seule présence de Constant Rémy, qui, selon lui, avait de puissants ennemis dans le monde surnaturel des esprits.

— Je ne discute pas son talent, nous dit-il, quoique... Enfin, je ne le discute pas... mais il est tout le contraire de la chance. Et même s'il avait créé le rôle de Cyrano, ce chef-d'œuvre n'aurait pas fait dix représentations.

L'intervention des forces occultes était une explication rassurante, du moins pour la valeur de notre ouvrage, et nous en fûmes tout ragaillardis.

Nous allâmes en parler à notre cher Signoret. Il parut gêné, et répondit à mi-voix.

— Ce ne sont pas des choses à dire, mais il est bien vrai qu'on chuchote depuis longtemps que Constant, malgré tout son talent, fait fuir le succès... C'est évidemment très exagéré. Pourtant, il faut bien reconnaître que sa carrière ne correspond pas à son mérite : il est faux qu'il repousse le public, il est vrai qu'il ne l'attire pas... La vérité, c'est que la pièce, dans l'ensemble, était mal distribuée : mais ne pleurez pas sur le passé, car je vous prépare une revanche éclatante.

C'était une grande nouvelle.

— Je fais chaque année une saison de huit semaines en Belgique. Six à Bruxelles, puis Liège et Verviers. Je vais jouer le rôle moi-même, et j'ai une si grande confiance que je garde la pièce pour la dernière semaine, la semaine de gala, qui est honorée le premier soir, de la présence du Roi : ce sera un triomphe, et je la reprendrai à Paris à la rentrée.

Il n'eut pas besoin de parler longtemps pour nous persuader, et nous partîmes un beau matin pour Bruxelles, où il triomphait depuis cinq semaines dans diverses comédies, pour assister à nos représentations de gala.

La première fut encore une fois un grand succès, et nous eûmes l'honneur d'être présentés au Roi, qui nous félicita avec une émouvante simplicité.

Nous étions aux anges, et je me réveillai dans la nuit pour rire de plaisir. Mais le lendemain, nous n'avions qu'une demi-salle ; le surlendemain, vingt personnes à peine : le quatrième jour, Signoret consterné dut reprendre La Fleur d'Oranger *pour finir la semaine de gala.*

C'était incompréhensible — du moins pour nous. Nous trouvâmes cependant encore une explication satisfaisante : les Bruxellois aiment rire, et la pièce était trop triste pour eux. Et puis, la Belgique avait trop cruellement souffert de la guerre pour en entendre parler sur une scène.

Signoret, peiné par notre échec (et vexé par le sien), nous dit :

— Mes enfants, ne vous découragez pas. Nous allons maintenant à Verviers, je connais mon public de Verviers : ça ne sera pas du tout la même chose !

En effet, ce ne fut pas la même chose : après une représentation glaciale, qui se termina sous des huées, un régisseur nous fit sortir du théâtre par une porte dérobée, et nous attendîmes le premier train dans le bureau du chef de gare.

Une heure plus tard la troupe arriva, protégée par la police.

— Mes enfants, dit Signoret, c'est une cabale politique. Il y avait dans la salle des gens qui se croyaient visés, et qui ont organisé ce désastre. La preuve, c'est que j'ai vu plusieurs personnes qui essayaient de réagir, et qui applaudissaient. En particulier, au troisième rang, un petit brun s'est levé plusieurs fois pour crier « Bravo ! »

— Oui, dit le régisseur, jusqu'à l'entracte. Après, il n'est pas revenu : c'est moi qui l'ai conduit chez le pharmacien.

***

Signoret ne reprit pas la pièce à Paris. C'est alors que Fernand Rivers intervint.

Rivers était un grand et bel homme, qui n'a vécu que pour le théâtre. Non pas le théâtre d'avant-garde, mais le vrai, celui qui s'adresse au peuple, le théâtre théâtral. Il nous a laissé un livre de « Souvenirs » délicieux qui s'intitule Cinquante ans chez les fous.

Il avait débuté assez modestement sur les planches, puis il était devenu célèbre au cinéma, sous le nom de « Plouf, l'homme au melon gris ». Au moment des Marchands de Gloire, *c'était un acteur de premier rang, un directeur de théâtre et un organisateur de tournées. On le disait « radin », parce qu'il savait le prix de l'argent, mais on disait aussi qu'il n'avait jamais manqué à sa parole, et que sa promesse valait un contrat.*

— Mes amis, nous dit-il, cette pièce est un chef-d'œuvre : mais d'abord, elle a été mal mise en scène, mal distribuée, et mal jouée. De plus, parce que c'est un chef-d'œuvre, elle a tout naturellement tordu en forme de huit la vésicule biliaire des ratés. Enfin, vous avez attaqué les Marchands de Gloire *: ils sont nombreux, riches et puissants. Eh bien, nous allons nous adresser au peuple : vous serez stupéfaits par l'ampleur de sa réponse !*

Il avait loué les « Folies Dramatiques », près de la République : théâtre populaire, mais qui avait dû connaître des jours plus heureux : la salle en était admirablement conçue, et sa coupole tout entière pouvait descendre au-dessous des deux galeries supérieures, de façon à les cacher en cas d'insuccès. Ainsi, ce théâtre était toujours plein grâce à cette immense presse à viande.

⁂

La première obtint encore un triomphe. A moins d'un an de distance, les critiques étaient revenus y assister, et nous consacrèrent de nouveaux articles qui eussent assuré la réussite de n'importe quel ouvrage.

Rivers était au comble de la joie, car il adorait le succès, même celui des autres. Il nous invita à dîner pour le lendemain soir, à sept heures, afin de ne pas manquer le lever du rideau. Il souriait continuellement, même en mangeant, et une noble fierté gonflait sa poitrine.

⁂

Nous pénétrâmes sur la scène par l'entrée des artistes. La troupe attendait en coulisses, prête au triomphe. Rivers traversa le plateau vide et à travers le « guignol », il regarda la salle, longuement.

Au bout de cinq minutes, il revint vers nous, et dans la cabine du pompier de service, il prit le téléphone « intérieur » qui permet d'appeler le « contrôle ». Il cria :

— Qu'est-ce que vous attendez pour les laisser entrer ?

Le contrôleur, du fond de la boîte à sel, ne répondit qu'un seul mot :

— Qui ?

« Ils » n'étaient que trente dans la salle, et dans le hall il n'y avait personne.

Alors, les joues de Rivers tombèrent, son front se plissa, ses épaules se rétrécirent, et parce qu'il avait joué le mélodrame, il dit dans un murmure tragique :

— Nous sommes Maudits !

La pièce fut jouée quatre fois.

Telle est l'histoire de cet ouvrage, du moins en France, car nous eûmes un vrai succès au Théâtre Guild de New York, ainsi que sur plusieurs scènes allemandes : en Union soviétique, il en existe deux traductions, et on en a fait un film grandiose qui obtint, me dit-on, un très grand succès.

Son échec répété chez nous n'est évidemment pas dû à la cabale, ni à des forces occultes mobilisées contre notre cher Constant Rémy.

Je pense même que s'il y eut une cabale, elle était en notre faveur, car jamais pièce ne fut accueillie avec tant d'amitié ; quant aux forces occultes je crois que les esprits méchants de l'au-delà ne se dérangent pas pour si peu de chose. En vérité, je sais maintenant quelle fut notre erreur : nous avions voulu imiter Becque.

⁂

La valeur littéraire des œuvres de Becque n'a jamais été contestée. La simplicité de l'intrigue, la clarté et la précision de son style dramatique, le placent au premier rang de nos écrivains : mais comme l'a dit un jour un éminent critique, Pierre Brisson, c'est du théâtre « de bibliothèque ». Voilà un très grand éloge, en même temps qu'une sévère condamnation.

J'ai relu dix fois les Corbeaux, *chef-d'œuvre de l'école naturaliste et du glorieux théâtre libre. Dix fois j'y ai retrouvé sinon le même plaisir, du moins le même intérêt ; mais chaque fois que ces lugubres oiseaux ont tenté de prendre l'essor sur une scène, ils sont retombés derrière la rampe, aux applaudissements de l'élite et de la critique, mais en l'absence du grand public.*

D'ailleurs, la carrière de Becque est jalonnée d'une série de fours. Seule, La Parisienne *obtient aujourd'hui un certain succès, mais à Paris même, et il faut remarquer que le grand Antoine, pour garder la pièce à l'affiche pendant deux mois, dut l'accoupler aux joyeuses* Gaîtés de l'Escadron, *qui lui servirent de locomotive.*

J'ai longtemps cherché la cause de cet insuccès persistant, qui me paraissait profondément injuste. Je crois l'avoir trouvée grâce à un mot d'Aristote, éclairé par les découvertes de Freud.

***

La Poétique d'Aristote — l'un des plus célèbres ouvrages du philosophe — est une étude assez complète de l'art de la Tragédie et de celui de l'Épopée ; la seconde partie du livre, consacrée à la Comédie, a été perdue, et c'est grand dommage : par bonheur, c'est presque au début de l'ouvrage qu'il a posé, en quelques mots, le problème de la « catharsis », qui est selon lui le but et la justification de l'art dramatique.

Ce seul mot, depuis la Renaissance, a fait écrire des milliers de pages par les érudits du monde entier : presque tous l'ont traduit par « purification des passions ». Ce mot de « Purification » fait partie du vocabulaire de toutes les religions, il a une très claire signification morale.

Ainsi la tragédie nous montrerait de basses intrigues et des crimes pour nous en faire sentir l'horreur, et nous détourner du mal, tandis que la comédie, en ridiculisant un avare ou un vaniteux, voudrait nous préserver de l'avarice ou de la vanité.

Il est en effet possible que le théâtre ait cette action moralisatrice ; mais à notre avis, elle est secondaire et n'est que la conséquence de son action principale, que nous allons essayer de définir.

⁂

« Catharsis », c'est la « Purge », au sens médical et physiologique du mot, et les hellénistes nous disent qu'Aristote ne l'a jamais employé au sens noble de « purification », qui est ici un faux-sens.

⁂

Je suis un homme ordinaire, c'est-à-dire que je n'ai jamais eu le désir de tuer mon père, je n'ai jamais nourri la moindre pensée incestueuse, je n'ai jamais eu l'ambition futile de régner sur un peuple, et que Dieu me préserve de voir un jour quelqu'un s'arracher les yeux. C'est du moins ce que je crois, avec une entière sincérité.

Pourtant, je suis allé voir Œdipe-Roi, *trois fois dans ma vie, je l'ai lu au moins une dizaine de fois, et je viens de le relire encore cette semaine dans l'admirable traduction de Fernand Aviérinos.*

Je me demande donc pourquoi je suis toujours intéressé par ce parricide incestueux qui finit par s'exorbiter, en répandant des flots de sang jusque sur sa bouche hurlante.

C'est ici que Freud intervient, diabolique, et il affirme :

— Cette tragédie te touche parce que tu portes dans ton inconscient le complexe d'Œdipe. Oui, depuis ton enfance tu as obscurément désiré la mort de ton père, parce que tu voulais prendre sa place dans le lit de ta mère. D'ailleurs tous les sentiments, bons ou mauvais, dont un homme est capable, tu les nourris dans ton sein. Oui, tes instincts te portent vers le vol, le meurtre, le viol, l'assassinat, l'inceste. Une longue éducation, qui a formé ta morale personnelle, t'interdit de

réaliser ces désirs, et tu les gardes dans un cachot de ta conscience, enchaînés et garrottés par de solides principes. Mais ils s'agitent par moments, ils font tinter chaînes et menottes, ils créent en toi un obscur désordre permanent, une sorte de douleur lointaine et brumeuse qui ne parvient pas jusqu'à ta conscience ; tu luttes péniblement — sans le savoir — pour empêcher l'évasion des captifs. C'est cette lutte continuelle que j'appelle le « refoulement ».

L'action bienfaisante du théâtre, qui accorde aux révoltés quelques heures d'une fausse liberté, calme provisoirement leur furie, et t'accorde une détente par le phénomène qu'Aristote appela « Catharsis », et qui applique aux humeurs de l'esprit le traitement des humeurs peccantes.

Telle est la vérité.

Non seulement je te l'affirme dans cette courte conversation, mais je te prie de lire les douze ou quinze volumes que nous avons écrits pour la démontrer, et dont les conclusions ne souffrent aucune discussion.

⁂

Il me semble que de ce qui précède nous pouvons tirer une théorie du théâtre.

La tragédie calme et détend mes instincts criminels par la thérapeutique du célèbre docteur Rondibilis.

Il enseigne à Panurge, qui est venu le consulter, que « la concupiscence charnelle est refrénée par cinq moyens ».

— « Le premier, c'est "le vin pris intempérament". »

— « Secondement, par certaines drogues et plantes, lesquelles rendent l'homme refroidy, maléficié, et impotent à génération.

Panurge refuse aussitôt ces deux remèdes.

« Tiercement, dit Rondibilis, par labeur assidu. » Ce qui n'est pas non plus du goût du consultant.

« Quartement, reprend Rondibilis, par fervente estude. » Ce que Panurge refuse encore avec horreur.

« Quintement, dit enfin le docteur, par l'acte vénérien. »
— Je vous attendois-là, dit Panurge, et le prends pour moi : use des précédents qui vouldra !
Pour l'éminent médecin, et pour son patient, le meilleur remède à la paillardise, c'est de l'assouvir.

***

C'est ainsi que la tragédie me purge en me faisant participer à un assassinat, un inceste, une vengeance, un viol; mais parce que mes instincts criminels sont affaiblis par leur longue captivité et par la discipline que je leur impose, il est aisé de les duper en les faisant complices d'un crime imaginaire, joué sur la scène par des comédiens, dont je prends à mon compte les gestes et les sentiments.

Détendus par cette courte sortie, mes monstres apaisés rentrent docilement dans leur cachot.

De même la comédie me purge, pendant deux heures de mon triste complexe d'infériorité, et le remplace agréablement par un complexe de supériorité.

L'auteur a fait vivre devant moi des personnages moins intelligents que moi, et il les tourne en ridicule à mon profit, même et surtout si leur situation sociale est supérieure à la mienne.

Je les vois dupes de leurs propres défauts, défauts — qui — à mon avis, ne sont pas les miens —, et cette supériorité passagère agit sur moi comme un tonique.

— « Castigat ridendo mores » pourrait être traduit par « la Purification des Mœurs » : ce n'est pas vrai non plus.

Je ne crois pas que la vue de Monsieur Jourdain ou d'Harpagon ait jamais provoqué la conversion d'un seul Bourgeois ou d'un seul Avare. D'ailleurs, ils ne se reconnaissent jamais dans un héros qui fait rire, et ils ont bien raison, car les personnages du théâtre comique sont toujours des caricatures.

Un véritable avare, par exemple, se moquera volontiers

d'Harpagon : non pas parce que le personnage est un avare (ce qui lui vaudrait la sympathie confraternelle du spectateur) mais parce que ce malheureux Harpagon ne sait pas déguiser son avarice, et se laisse fort bêtement voler sa cassette.

Quant au Monsieur Jourdain d'aujourd'hui qui a fini par mettre une particule devant le nom d'une modeste ferme, et a obtenu, par la tricherie d'un généalogiste qu'il a payé très cher, un titre de baron, il rira très fort de l'imbécile de Molière, pour prouver à ses voisins qu'il est lui-même un « noble » véritable ; et d'autre part, il se moquera sincèrement de Monsieur Jourdain, non pas parce que ce petit bourgeois a la passion de la noblesse — cette passion qu'il a lui-même — mais parce qu'il s'y prend mal, et qu'il achète, au prix de la main de sa fille, un titre qui ne vaut rien, sans comprendre qu'on se moque de lui.

En réalité, cet avare et ce bourgeois auront passé une excellente soirée, parce qu'ils se seront sentis très supérieurs aux personnages qui sont censés les représenter, et le seul profit « moral » qu'ils auront tiré de la comédie, ce sera qu'il faut surveiller de très près les cassettes, cacher soigneusement son avarice, ou se garder d'acheter des titres orientaux.

⁂

Nous n'avons pas, fort heureusement, que des complexes criminels ou grotesques. Nous avons aussi besoin d'émotions pures et profondes que la vie ne nous offre que bien rarement. Il nous faut souffrir avec l'innocent condamné, avec la courtisane repentie, avec l'enfance malheureuse, et verser sur leur sort des larmes véritables, pour nous réjouir ensuite de la punition du traître ou du bourreau.

Enfin, les femmes les plus honnêtes ont obscurément le désir d'être pendant deux heures la grande courtisane ou l'épouse infidèle ; la femme de chambre monte volontiers sur le trône et l'échafaud de Marie Stuart, la maritorne s'écoute parler avec la voix de Camille, tandis qu'un garçon de bureau brandit l'épée du Cid ou de Cyrano et qu'un banquier obèse grimpe au balcon de Juliette ; enfin, lorsque l'âge commence à tracer sur nos visages ces rides tristement symétriques, le regret de notre jeunesse nous pousse à nous incarner pendant quelques heures dans des personnages jeunes, et à serrer passionnément la chère Marguerite dans nos bras, ne fût-ce que par procuration.

D'une façon plus générale, cette théorie expliquerait pourquoi le peuple, qui a toujours été tyrannisé, préfère la comédie et la farce. Elles lui montrent des personnages qui lui sont inférieurs, parce que l'auteur s'est efforcé de les rendre ridicules, tandis que la cour de Louis XIV, composée de seigneurs dont le plus pauvre était milliardaire, allait applaudir la tragédie ; elle leur apportait des inquiétudes et des malheurs qui leur manquaient dans la vie quotidienne.

Sous la Révolution, aux jours les plus sombres de la Terreur, on jouait surtout des farces et des opérettes, et à la fin de la guerre de 14-18, c'est Phi-Phi, la joyeuse comédie musicale de Willemetz, qui tint l'affiche pendant cinq ans.

***

A l'époque où le film muet n'était pas encore un art, il faisait cependant le régal des foules ; j'entendis un jour un directeur de salle qui demandait à un distributeur de films :

— Dans quelle bobine est la soirée mondaine ?

— Dans la quatrième dit le distributeur.

— J'aimerais mieux dans la dernière, dit le directeur.

— Oh ! dit le distributeur, vous pouvez la mettre à la fin, ça n'y changera pas grand-chose...

Il m'apprit ensuite que dans « les quartiers » la bobine de la soirée mondaine était obligatoire, parce que les pauvres veulent partager un instant l'existence de messieurs en habit, et de dames décolletées couvertes de bijoux.

Il semble que de ces remarques nous puissions tirer une

conclusion générale. La vertu de la « catharsis », c'est de répondre à ceux de nos désirs qui ne peuvent être satisfaits dans notre vie ordinaire. Nous sommes comme une harpe à mille cordes, et la monotone musique quotidienne n'en utilise que quelques-unes, toujours les mêmes ; mais il en est d'autres, et peut-être des plus fortement tendues, qui se taisent dans l'ombre de la morale, des lois, de l'éducation. C'est celles-là que l'Art Dramatique fait vibrer sans péril, pour compléter notre symphonie.

Cet art est donc le complément de la vie : c'est la condamnation du théâtre dit « réaliste », et de l'insupportable « tranche de vie ». Les personnes qui aiment les « tranches de vie » n'ont qu'à se mettre à la fenêtre, ou à coller l'oreille à la cloison qui les sépare du voisin.

⁂

Pour que la catharsis agisse pleinement, c'est-à-dire pour que l'œuvre dramatique soit réussie, il faut donc nécessairement que je m'associe — pendant deux heures — à un ou à plusieurs personnages de l'action, que je partage la joie de leur victoire, ou le chagrin de leur défaite : ceci, pour la tragédie.

Pour la comédie, il est indispensable que les personnages soient assez vraisemblables et assez humains pour que j'aie plaisir à me sentir supérieur à eux.

A la lumière de ces idées, il est peut-être possible de comprendre les causes des échecs commerciaux du théâtre de Becque.

⁂

Voici d'abord une revue sommaire des personnages qui nous sont présentés dans les Corbeaux.

Le père, Monsieur Vigneron, est un directeur d'usine qui gagne beaucoup d'argent, et qui mène la vie à grandes guides : il assure à sa femme et à ses quatre enfants, une existence large et brillante. Mais il n'a jamais pensé qu'il pourrait mourir. Il meurt en effet, de mort subite, et laisse une famille ruinée : il n'a pas assuré l'avenir des siens.

De plus, il ne devait pas être bien intelligent, car il a choisi comme notaire un Maître Bourdon, qui est une sombre fripouille, et comme associé un certain Tessier, un bandit féroce et morose. Ces deux messieurs vont se partager les ruines de l'héritage, et mettre littéralement sur la paille la veuve et les orphelins. Décidément, je ne voudrais pas avoir été Monsieur Vigneron, qui fut un égoïste et un imbécile.

Le personnage du notaire ne me tente pas non plus. Ce sinistre tabellion, pilleur d'épaves et menteur ignoble, m'inspire un profond dégoût, mais rien de plus.

Tessier, lui, a plus de mordant et de relief. C'est un vieux requin, un hypocrite, un avare, et un assez lubrique vieillard. Il a certainement les pieds sales et l'haleine fétide. Je n'ai aucun plaisir à regarder agir Tessier, et je refuse absolument de participer à l'entreprise de ce misérable.

Voici maintenant le fils Vigneron. C'est un petit sauteur, un « bon à rien ». Quand il apprend que tout va mal, il s'engage dans l'armée : élégant moyen de se tirer d'affaire et de « laisser tomber » sa mère et ses sœurs.

Les femmes ne sont pas mieux partagées. La mère est une bourgeoise banale. Elle ne sait absolument rien des affaires de son mari : à tel point qu'elle croit avoir cinquante mille francs de rente, alors qu'il s'agit du capital, c'est-à-dire de vingt fois moins. Victime si parfaitement amorphe, que sa nullité semble finalement justifier l'audace des Corbeaux.

La fille Blanche « s'est donnée » à un jeune homme qui devait l'épouser. Elle est enceinte, mais elle est ruinée. Ce charmant fiancé se récuse donc et sa mère vient injurier à domicile la malheureuse imprudente, qui ne peut que pleurer.

C'est une oie grise, vaguement sympathique parce qu'elle a cru à l'amour, le fiancé et sa mère sont des brutes qui ne pensent qu'à l'argent.

La fille aînée, Judith, se croit pianiste parce qu'elle a pris des leçons de piano. Elle déclare à son professeur que pour nourrir la famille, elle va à son tour donner des leçons.

Ce professeur, qu'elle paie depuis plusieurs années, et qui lui a fait souvent des compliments sur ses progrès, ricane cyniquement et lui répond :

— Il y a de quoi faire rire les cinq continents !

Encore un affreux mufle, et une bécassine.

Enfin, la dernière fille, la petite Marie, un ange de pureté, acceptera d'épouser l'ignoble Tessier. Ce n'est pas pour sauver la vie des siens, car il leur reste de quoi vivoter, et il leur serait possible de travailler : c'est pour sauver les rentes et le confort bourgeois. Je ne puis m'empêcher de penser qu'elle en aura sa part, et qu'un sacrifice de ce genre n'en fait pas une Antigone.

A cette galerie de personnages, il faut ajouter ceux que l'on ne voit pas, et qui ne sont même pas nommés dans la pièce. Ils existent pourtant, car enfin cette intrigue ne se déroule pas dans un désert ! Ce notaire a évidemment des clercs, il y a dans les bureaux de l'usine des comptables, des ingénieurs, un conseil juridique ; Vigneron avait certainement des amis, ou tout au moins des relations ; Madame Vigneron donnait sans doute quelques réceptions. Enfin, du côté du père comme du côté de la mère, il me paraît probable qu'il existe des frères, ou des sœurs, ou des cousins, ou des oncles... N'importe lequel de ces gens-là eût pu dire à la veuve : « Madame, ne vous laissez pas intimider par ces aigrefins. Ne leur signez aucun papier, et prenez mon bras : nous irons de ce pas consulter Maître Un Tel, qui vous dira la vérité sur votre affaire. Je ne la crois pas si mauvaise qu'on vous le dit ». Mais non, personne n'a parlé, ni n'a fait un geste : ils ont laissé sombrer la veuve et les trois orphelines, parce qu'ils sont tous, sans exception, des gens sans cœur et sans entrailles.

Tel est le monde que me présente Monsieur Becque, et dans lequel il me propose de jouer un rôle, celui du spectateur qui prend part à l'action. Je veux bien essayer, mais je n'y réussis pas. Les mauvais instincts que je suis venu « purger » au théâtre s'intéressent aux fureurs d'Othello, et j'étouffe avec lui Desdémone pendant que je souffre avec elle ; mais je ne puis m'associer ne fût-ce qu'une seconde, aux bassesses, aux tricheries, aux fripouilleries de Tessier, de Bourdon, ou de l'immonde petit fiancé. Ces gens-là sont des médiocres, des âmes sordides : Becque nous a prévenus, ce ne sont pas de grands fauves, ce sont des corbeaux ; le seul sentiment qu'ils m'inspirent est un profond mépris, et pendant la représentation, j'espérais l'entrée en scène d'un honnête homme, qui sans dire un mot, et sans même sortir ses mains de ses poches, eût dispersé cette racaille à coups de pied au derrière...

Quant à la pitié due aux victimes, je n'arrive pas à la ressentir profondément. Quel est en effet le malheur qui les menace ? Il va leur falloir réduire leur train de vie, et peut-être TRAVAILLER *: ce n'est tout de même pas le comble de l'horreur, et je garde mes larmes pour la Dame aux Camélias.*

Non, vraiment, les Corbeaux *ne peuvent rien pour notre « catharsis », et c'est ce qui explique leur insuccès devant le grand public.*

J'ai entendu un jour — vers 1926 — un jeune metteur en scène d'avant-garde exposer sa conception de la pièce. Il disait que pour mettre en valeur l'étrange beauté de l'ouvrage, il fallait aller jusqu'au bout des intentions de l'auteur. Becque avait voulu qu'à partir du début du second acte, ces quatre femmes fussent en grand deuil. Pourquoi ne pas les affliger de quelques infirmités qui extérioriseraient leur faiblesse ? La mère dans un fauteuil roulant, poussé par un domestique boiteux ; la pianiste pourrait avoir un bec-de-lièvre ; Blanche, largement enceinte de deux jumeaux, serait bègue, et la petite Marie, en pleine floraison d'acné juvénile. De même, il voyait Tessier en borgne alcoolique, et le notaire en manchot goitreux... Il prétendait qu'il présenterait ainsi l'ouvrage dans sa véritable atmosphère, celle d'une farce grinçante et funèbre, qui pourrait enfin nous faire rire, alors que malgré la rigueur de l'intrigue et la cruelle beauté des dialogues, les Corbeaux *n'ont jamais fait pleurer personne.*

Cette conception sacrilège fut accueillie par des ricanements et des huées, car Henry Becque était notre Dieu : je sais aujourd'hui qu'il fut notre Diable ; supérieurement intelligent, artiste, spirituel, puissant, séduisant comme tous les Diables...

Nous avions essayé de l'imiter ; comme il est d'usage, nous n'avions réussi que l'imitation de ses défauts, ce qui nous a valu la louange de la critique, mais l'indifférence du grand public.

⁂

Il y a trois ou quatre ans, me promenant avec Nivoix, je lui fis part de ces réflexions, et nous décidâmes de refondre ces Marchands de Gloire, *pour en resserrer l'intrigue, en voiler l'amertume, et humaniser nos personnages.*

Puis, la vie de Paris et d'autres travaux retardèrent l'exécution de ce projet. Nous pensions que nous avions encore du temps devant nous. Mais Paul Nivoix est mort subitement frappé au cœur dans une gare, alors qu'il paraissait en pleine santé...

J'ai dû revoir notre ouvrage sans lui, qui était parti rejoindre Constant Rémy, Pierre Renoir, Geoffroy, Marie Laure, le gros Berley, et nos généreux directeurs. J'y ai travaillé dans une mélancolique solitude, et trente-huit ans après la première « générale », je présente au lecteur cette ultime version.

Pièce en cinq actes représentée pour la première fois à Paris le 15 avril 1925, sur la scène du « Théâtre de la Madeleine ».

PERSONNAGES

BACHELET	*Constant Rémy*
BERLUREAU	*Berley*
HENRY BACHELET	*Pierre Renoir*
GRANDEL	*Geoffroy*
LE COMTE DE LIEUVILLE	*Argentin*
RICHEBON	*Hemery*
LE COMMANDANT BLANCARD .	*Donnio*
GERMAINE BACHELET	*Maxa*
YVONNE BACHELET	*Suzy Prim*
MADAME BACHELET	*Marie Laure*
UN EMPLOYÉ DE PRÉFECTURE .	*Stredon*
UN SECRÉTAIRE	*Georges Bellon*
UN HUISSIER	*Forio*

Le premier acte se passe en 1915 dans une petite Préfecture de province.

Les trois actes suivants en 1924 dans la même Préfecture.

Le cinquième acte, en 1924 à Paris.

ACTE PREMIER

Le décor représente la salle à manger d'Édouard Bachelet. C'est un petit fonctionnaire dans une préfecture de province.

Au fond, entre deux portes-fenêtres une haute pendule. A travers les vitres, on voit tomber la neige sur un petit jardin.

A gauche, un buffet Henri III; à droite, une cheminée dans laquelle flambe un feu de bois.

Au milieu de la pièce, une table carrée, couverte d'un tapis à longues franges.

Autour de cette table, trois femmes.

Il y a Mme Bachelet, qui approche de la cinquantaine, sous des bandeaux gris. Sa poitrine est importante, ses bras sont charnus; mais son visage est pâle et ses joues molles. Elle tricote.

A côté d'elle, Germaine, sa bru, qui est une belle jeune femme de vingt-cinq ans. C'est une brune assez grande, aux yeux vifs sous des sourcils brillants.

Sur une petite balance de ménagère, elle pèse un colis enveloppé de toile grise.

Il y a aussi Yvonne, qui s'applique à écrire une adresse sur un carré de toile. Elle a dix-sept ans. C'est une brune, elle aussi, mais pâle et menue, avec des yeux trop grands.

Scène I

GERMAINE, YVONNE, MADAME BACHELET

GERMAINE

Cent dix grammes de trop...

YVONNE

Ils ne vont pas faire une histoire pour cent grammes, quand on envoie un colis à un soldat qui est dans les tranchées.

GERMAINE

Ça dépend. La semaine dernière, la grosse blonde m'a expliqué que si tout le monde envoyait cent grammes de trop, il faudrait ajouter un wagon à chaque train.

YVONNE

Elle n'a peut-être personne au front.

GERMAINE

Son mari est boiteux.

YVONNE

Il a de la chance.

La pendule sonne une demie.

MADAME BACHELET

Six heures et demie... Et le facteur n'est pas encore passé...

GERMAINE

Pour aujourd'hui, c'est fini.

YVONNE

La semaine dernière, il n'est venu qu'à sept heures ! Quand il y a beaucoup de courrier...

GERMAINE

Tu as l'étiquette ?

YVONNE

Voilà. Avec la nouvelle adresse. Sergent Henri Bachelet. 151e d'Infanterie. Secteur postal 109.

Elle lui tend l'étiquette. Germaine commence à la coudre. Yvonne vient s'asseoir près de Madame Bachelet, et prend dans le panier un ouvrage de tricot. On entend une clef qui ouvre une serrure.

YVONNE

Voilà parrain.

MADAME BACHELET *(elle écoute)*

Il n'est pas seul. C'est peut-être le facteur. *(Yvonne s'élance. On entend la voix de Bachelet qui dit :* Donne-moi ta pèlerine. *Elle s'arrête, déçue.)*

YVONNE

La pèlerine c'est M. Grandel.

Elle s'avance vers Bachelet, qui entre, tenant à la main une pèlerine constellée de flocons de neige. Elle la prend, et va l'installer sur le dossier d'une chaise, devant le feu.

Scène II

BACHELET, GERMAINE,
MADAME BACHELET,GRANDEL

Bachelet est un homme d'une cinquantaine d'années. Pas très grand, un peu voûté, petite barbe poivre et sel. Il paraît soucieux. Derrière lui s'avance son ami Grandel. Il est petit, et très maigre. Des rides en parenthèses aux coins de sa bouche. De beaux yeux bleus, mais il paraît amer et découragé. Il porte un brassard de crêpe.

BACHELET

Salut la famille ! Il y a du courrier ?

GERMAINE

Rien pour aujourd'hui.

BACHELET

Ce sera pour demain matin. Je vous amène notre vieux Lucien, qui vient vous faire ses adieux.

MADAME BACHELET

Bonsoir Lucien... Pourquoi des adieux ? Vous partez ?

GRANDEL

Oui, après-demain.

BACHELET

Il est nommé directeur du cours complémentaire de Saint-Julien, c'est un bel avancement !

GRANDEL

Oh tu sais, moi, maintenant, l'avancement... La vérité, c'est que le médecin l'a exigé à cause de l'état d'Amélie. Il m'a dit clairement que si elle reste dans cette maison, où notre garçon était né, ou bien elle va mourir tout doucement, ou bien elle va devenir... enfin, sa raison risque de sombrer...

MADAME BACHELET

Madame Rousset m'avait pourtant dit qu'elle allait mieux.

Elle avance une chaise, Grandel s'assoit près du feu.

GRANDEL

Parce que devant les gens, elle se force. Mais elle ne voit presque personne, et elle passe son temps dans la chambre de Jean... Elle nettoie ses costumes, elle les repasse, comme s'il allait revenir... Le docteur Célerier en a parlé à l'inspecteur d'Académie, qui m'a offert Saint-Julien. J'ai accepté, parce que d'après Célerier, ça lui fera peut-être du bien...

BACHELET

Certainement, Lucien, certainement. Toi aussi, tu as besoin de changer d'air et d'entourage.

GRANDEL

Oh moi ! Ma vie est finie. Moi, ma vie, c'était Jean. Vingt-quatre ans. Sorti premier de l'école normale de Saint-Cloud...

BACHELET *(affectueux)*

Je sais. Nous savons...

GRANDEL *(il parle pour lui-même)*

Un garçon magnifique. Un athlète. Fiancé à une étudiante comme lui. Un couple unique... Et puis la guerre... L'angoisse... Les colis... Le facteur... Vous pensez si je connais ça... Et puis un soir, il est venu un gendarme... Chaque fois que je ferme les yeux, je le revois... Il avait un uniforme bleu sombre... Il tenait à la main un télégramme bleu clair... Il m'a dit... des paroles. Il m'a serré la main. Il est parti. Plus de colis, plus de facteur, plus d'inquiétude... Il ne nous restait que le vide. Le silence, la neige, la nuit.

Bachelet s'est rapproché, et pose la main sur l'épaule de son ami.

BACHELET

Lucien, je sais le poids de ton malheur, qui pourrait être le mien. Et qui est peut-être déjà le mien. Nous n'avons pas de nouvelles depuis neuf jours.

Yvonne prend une lettre sur la cheminée.

YVONNE

Cinq jours, parrain. Nous l'avons reçue il y a cinq jours.

BACHELET

Oui. Mais quand l'a-t-il écrite ? Le quinze.

YVONNE *(elle regarde la lettre)*

C'est vrai.

BACHELET

Ça fait neuf jours. Nous avons donc la certitude qu'il y a neuf jours, il se portait bien, et qu'à ce moment-là, nous n'aurions pas dû avoir la moindre inquiétude. Mais nous ne le savions pas. Et depuis, que s'est-il passé ? *(A Grandel.)* Ce facteur, elles l'attendent toute la journée. Et pourtant, que peut-il nous apporter ? Des nouvelles du passé ; de bonnes nouvelles qui sont peut-être déjà démenties par un éclat d'obus, ou une balle perdue... Perdue, pas pour tout le monde...

GRANDEL

Je te comprends. Mais toi, il te reste l'espoir. C'est une lumière, l'espoir. Moi, le facteur, je ne l'attends plus... Mon fils est mort pour la patrie. Peut-être aussi pour les marchands de canons...

BACHELET

Peut-être aussi pour les pétroliers, et pour la haute banque internationale... Ces messieurs ne bombardent pas la Ruhr ; en échange, les autres n'attaqueront jamais Le Creusot. N'abîmons pas le capital du voisin, il respectera le nôtre. Tout ça, c'est compère et compagnon... C'est pour ça qu'on tue nos enfants !

GRANDEL

Le tien reviendra, Édouard. Je suis sûr qu'il reviendra.

MADAME BACHELET

Que Dieu vous entende.

GRANDEL

On ne les tuera tout de même pas tous !

YVONNE *(fervente)*

Moi aussi, je sais qu'il reviendra.

BACHELET

Pourquoi ?

YVONNE

Parce que.

BACHELET

Voilà une gentille réponse. Et moi aussi, je le crois. Enfin, je l'espère. Mais les seuls qui reviendront sûrement, ce sont ceux qui ne sont pas partis ; comme ce gros Berlureau, par exemple, qui fabrique des obus. Ce n'est pas lui qui les tirera... Lui, il touche des sous, et il est bien tranquille...

GRANDEL

Le garagiste ?

BACHELET

Oui. Celui de la place Victor-Hugo. Il a installé des tours automatiques. Tu le connais ?

GRANDEL

Non. On m'en a parlé.

MADAME BACHELET

Un ignoble individu, qui crève de santé à l'arrière et qui se remplit les poches pendant qu'on renvoie les blessés aux tranchées ! Pourquoi parles-tu de cet embusqué ?

BACHELET

Parce qu'il m'a téléphoné.

MADAME BACHELET

A propos de quoi ?

BACHELET

Pour me demander un rendez-vous, mais si possible, hors de la Préfecture. Il a piqué ma curiosité en me disant qu'il s'agissait d'une affaire personnelle, et du plus haut intérêt pour moi. Il va venir ici à sept heures moins le quart.

MADAME BACHELET

Ici ? Je trouve que tu lui fais beaucoup d'honneur en le recevant dans la maison d'un soldat. Ça m'étonne de ta part.

GRANDEL

Il va probablement te demander un coup de piston à la Préfecture.

BACHELET

C'est ce que je suppose, et je me ferai un plaisir de le mettre à la porte. *(On sonne. Yvonne bondit sur ses pieds, en disant :* « le facteur ! ». *Elle court vers le vestibule, mais elle revient, déçue, et dit :* « C'est ce Monsieur ». *Grandel se lève.)*

GRANDEL

Je te laisse. Je vais chercher le journal du soir, et je repasserai, pour savoir de quoi il s'agit.

Mme Bachelet a mis de côté son ouvrage.

MADAME BACHELET

L'idée qu'il va s'asseoir sur nos chaises me dégoûte profondément.

BACHELET

Il est assez probable qu'il n'aura pas le temps de s'asseoir... Yvonne, fais-le entrer, et laissez-moi seul avec lui.

Les femmes sortent.

Scène III

BACHELET, BERLUREAU

Entre Berlureau. Très grand, et très gros, dans un pardessus à col de fourrure. Quarante ans, le teint fleuri, les mains épaisses. Moustache courte, et de gros yeux saillants. Il est souriant et fort aimable, mais il marche difficilement en s'appuyant sur une canne orthopédique.

BACHELET *(froid)*

Bonsoir Monsieur.

BERLUREAU *(humble)*

Je vous remercie, Monsieur Bachelet, d'avoir bien voulu me recevoir ici : ce que j'ai à vous dire n'a pas besoin de publicité.

BACHELET *(sec)*

Je m'en doute.

BERLUREAU *(souriant)*

Peut-être pas, Monsieur Bachelet. Peut-être pas. Je sais par avance, et quoique je n'aie pas l'honneur de vous connaître, que je ne vous suis pas sympathique, et il est vrai que je ne suis sympathique à personne, parce que je ne suis pas au front. Monsieur Bachelet mon apparence est malheureusement trompeuse : je vous assure que je préférerais être dans la tranchée avec mes camarades, si une terrible sciatique à répétition n'avait pas fait de moi un infirme ; et de plus, parce que je ne puis pas prendre d'exercice, la graisse m'envahit et mon cœur est très gravement menacé... Monsieur Bachelet, croyez bien que ce n'est pas sans de sérieuses raisons que les médecins militaires m'ont renvoyé dans mes foyers...

BACHELET *(il le regarde bien en face)*

Je constate que le lamentable état de votre cœur ne vous a pourtant pas empêché de transformer votre garage en usine, et d'y tourner des fusées d'obus.

BERLUREAU *(mélancolique puis pathétique)*

Et voilà ! Voilà ce que tout le monde me reproche... Et même un homme de votre intelligence et de votre valeur... Pourtant, des fusées d'obus, il faut bien que quelqu'un en fabrique ! Sans fusées, plus d'obus et plus d'artillerie ! Monsieur Bachelet, c'est précisément parce que l'armée m'a refusé deux fois que j'ai voulu la servir tout de même, lui fournir des armes, et contribuer, dans la mesure de mes moyens, à notre victoire finale.

BACHELET *(sarcastique)*

Eh bien je vous félicite de ce patriotisme — que les gens ne comprennent pas toujours — car beaucoup s'imaginent que vous fabriquez ces fusées d'obus pour gagner de l'argent !

BERLUREAU

Oh je sais, je sais ! Il m'arrive de recevoir des lettres anonymes qui m'appellent « profiteur ». Il faut dire que les épreuves que nous traversons ont aigri beaucoup de gens, et si je fais revenir ici votre fils Henri, ils ne se gêneront pas pour le traiter d'embusqué !

BACHELET *(surpris et sévère)*

Que vient faire mon fils dans cette conversation ?

BERLUREAU

C'est tout justement pour vous parler de lui que je suis ici.

BACHELET

Vous le connaissez ?

BERLUREAU

Non, mais il est possible que je fasse bientôt sa connaissance. Le Ministère des Armements vient de mettre à ma disposition de nouveaux tours automatiques, et me donne le pouvoir de rappeler des ajusteurs-mécaniciens, même s'ils sont au front.

Bachelet est surpris, et regarde un instant Berlureau qui sourit toujours, et il change de ton.

BACHELET *(à regret)*

Je vous remercie d'avoir pensé à nous. Malheureusement, mon fils n'était pas ajusteur-mécanicien. Il était métreur dans l'entreprise Martinot.

BERLUREAU

Oui, peut-être... Mais entre un ajusteur et un métreur, la différence n'est pas grande. Un métreur, en somme, c'est un ajusteur de calculs.

BACHELET

Si l'on veut... Mais enfin, son travail et ses connaissances n'ont aucun rapport avec l'ajustage de pièces métalliques... Dire que mon fils est ajusteur-mécanicien, ce serait mentir.

BERLUREAU

Pas tout à fait... Non, pas tout à fait. Il n'a pas exercé officiellement cette profession. Soit. Mais... *(insinuant).* Est-ce qu'il n'aimait pas bricoler ?

BACHELET *(d'abord hésitant, il va finir par se persuader lui-même)*

Ça, bien sûr. Quand il était enfant, il réparait lui-même ses jouets mécaniques... Avec une habileté surprenante... Il m'est arrivé de penser qu'il ferait une carrière dans la mécanique. Ça, c'est vrai.

BERLUREAU

Vous voyez bien !

BACHELET *(positif)*

N'exagérons pas *(un silence).* Pourtant, il me revient à l'esprit, que, plus tard, c'est lui qui a remis en marche cette pendule, que l'horloger avait renoncé à réparer... D'autre part, il a installé lui-même l'électricité dans son appartement... Non, non *(il se reprend tout à coup)* ce n'est pas à proprement parler de l'ajustage mécanique.

BERLUREAU

D'accord ! Mais il y a quand même un ajustement ! Et sa motocyclette ? Est-ce qu'il n'avait pas une motocyclette ?

BACHELET *(surpris et charmé)*

Oui. Je n'y pensais pas. Il en avait une pour aller sur les

chantiers... Et il est vrai que de temps à autre — le dimanche matin — il démontait toute sa machine, pour la nettoyer, et il la remontait parfaitement.

BERLUREAU

Mais, cher Monsieur Bachelet, c'est là un travail de mécanicien, et même de spécialiste ! Je n'aurai donc aucun scrupule à affirmer que votre fils est mécanicien, et à réclamer sa collaboration ! D'ailleurs, la surveillance d'un tour automatique demande plus d'intelligence que de technique... Sur quatorze ouvriers, j'ai un notaire, deux avocats, un charcutier, deux journalistes et un ténor. Ils sont parfaits ! Le ténor, en particulier, est tout à fait brillant !

BACHELET

De plus, Henri a deux ans de front, une blessure, une citation, et la croix de guerre !

BERLUREAU

J'ai toujours pensé qu'un homme qui a mérité la croix de guerre doit être renvoyé dans ses foyers ! Ce ne serait que justice !

BACHELET

Et c'est un enfant dont la santé nous a souvent donné des inquiétudes... Deux ans dans la boue, dans la neige... Que tout le monde en fasse autant ! Oui, que tout le monde en fasse autant. Je ne dis pas ça pour vous.

BERLUREAU *(philosophe)*

Oh, j'ai l'habitude.

BACHELET

Et puis, comme vous le disiez tout à l'heure, fabriquer

de l'armement, c'est aussi une façon de servir... Dans combien de temps pensez-vous que...

BERLUREAU

Trois semaines, peut-être un mois. *(Bachelet est tout tremblant de joie.)* Asseyez-vous donc, M. Berlureau, asseyez-vous !

Berlureau s'assoit, souriant. Bachelet prend une bouteille d'apéritif, remplit un verre, et le présente à Berlureau.

BACHELET

Voulez-vous me permettre ?

BERLUREAU *(mélancolique)*

Hélas non ! Mon cœur, n'est-ce pas...

BACHELET

Excusez-moi. *(Il garde le verre en main.)* Trois semaines, un mois. Il me semble que je rêve. Je ne vais rien dire à sa mère, parce que si par hasard nous ne réussissions pas...

BERLUREAU

Le pire qui puisse arriver, ce serait un retard dans les formalités... mais le retour de votre garçon est assuré. Il n'y a qu'à remplir cette feuille, que je signerai moi-même, et qui partira ce soir.

Il lui tend une formule de papier jaune. Bachelet tire un stylographe de sa poche intérieure, et s'assoit devant la table. Avant d'écrire, il regarde Berlureau avec un faible sourire.

BACHELET

Les bonnes nouvelles arrivent quand on ne les attend pas.

BERLUREAU *(il hausse les épaules)*

Les mauvaises aussi.

BACHELET

Je ne sais comment vous remercier... *(Bachelet en remplissant la formule parle à mi-voix.)* Bachelet Henri. Né le 18 janvier 1890... *(A Berlureau.)* Ce qui m'étonne, c'est que vous ayez pensé à moi. Car enfin, vous ne me connaissiez pas.

BERLUREAU

J'avais entendu parler de vous, étant donné votre situation à la Préfecture.

BACHELET

Oh ! ma situation !... Sous-chef de bureau d'une sous-division, ça fait beaucoup de « sous », mais guère d'argent...

BERLUREAU *(il rit aux éclats)*

Oh ! Excellent ! Beaucoup de « sous » mais guère d'argent ! (*Il rit encore. Bachelet rit aussi, tout en continuant à écrire, et en disant* « Sergent au 151e d'Infanterie. »)

BERLUREAU

Beaucoup de sous, guère d'argent, et beaucoup de travail !

BACHELET

Oh pour ça, cher Monsieur, vous pouvez le dire ! Le personnel est si réduit que l'on me fait faire un peu toutes les besognes... J'ai sur les bras les passeports, les cartes d'alimentation, les étrangers, et maintenant, je suis débordé par l'ouverture prochaine des boucheries départementales ! (*Il écrit.*) 151e d'Infanterie, sergent-mitrailleur, 2e Bataillon, 3e Compagnie.

BERLUREAU *(surpris)*

Quoi ? C'est vous qui vous occupez des boucheries départementales ?

BACHELET

Eh oui ! *(Il écrit.)* Secteur postal 109.

BERLUREAU

Je croyais que c'était Benazet.

BACHELET

C'était évidemment lui qui devait s'en charger : mais comme c'est une grande responsabilité, on s'est arrangé pour me la repasser. Vous connaissez l'affaire ?

BERLUREAU *(innocent)*

Vaguement. J'en ai entendu parler par mon ami Gerber... Le boucher de la Grand Rue...

BACHELET

Gerber ? J'ai vu ce nom-là quelque part...

BERLUREAU

Vous avez dû sans doute recevoir une proposition, pour la fourniture des viandes. Je suis vaguement au courant, parce que Gerber — qui est un ami d'enfance — et un grand honnête homme — ne disposait pas de capitaux suffisants et quoique n'y connaissant rien, j'ai accepté de financer l'affaire pour moitié... Et il m'a dit en passant : « C'est un très gros marché qui dépend entièrement de la Préfecture. » C'est ça qui m'a fait penser à vous !

Bachelet paraît inquiet. Berlureau sourit.

BACHELET

C'est en effet un très gros marché, mais qui ne dépend pas de moi... Mon rôle se borne à recevoir les enveloppes cachetées contenant les soumissions, et à les ouvrir publiquement le jour venu. Je ne suis qu'un instrument de la procédure administrative.

BERLUREAU

Un instrument déterminant !... Et vous pouvez me donner un conseil. Gerber a proposé la viande à sept francs... Il est persuadé qu'à ce prix-là, nous enlèverons le marché. Qu'en pensez-vous ?

BACHELET *(réticent)*

Ma foi, je n'en pense pas grand-chose, car je ne suis pas compétent. Je n'ai aucune idée des prix de gros...

BERLUREAU

Oui, évidemment, car les enveloppes que vous remettent les concurrents, vous ne les ouvrez pas à l'avance ?

BACHELET *(avec force)*

Bien sûr que non ! Ce serait une forfaiture !

BERLUREAU

Notre problème, n'est-ce pas, est celui-ci : à sept francs nous sommes sûrs d'enlever le marché, mais vraiment, nous n'y gagnerons pas grand-chose... Et si nous constatons ensuite que notre concurrent le moins cher a proposé neuf francs cinquante, nous regretterons de n'avoir pas proposé neuf, et nous allons perdre bêtement deux francs par kilo, ce qui nous forcera peut-être à fournir de la viande de qualité inférieure, au détriment du consommateur. *(D'un ton grave, et presque ému.)* Il faut penser au consommateur.

Bachelet, inquiet et gêné, continue à écrire.

BACHELET

Secteur Postal 109. Faut-il que je signe ?

BERLUREAU

Non. C'est moi qui prends la responsabilité. *(Il enchaîne.)* Gerber a eu une idée ingénieuse. Il a préparé cinq enveloppes. Une à sept francs. C'est celle que vous avez déjà. Puis *(il tire de sa poche cinq enveloppes jaunes)* une à sept francs cinquante, une à huit francs, une à huit francs cinquante, et une à neuf francs.

BACHELET *(inquiet)*

Je ne vois pas l'intérêt de cette multiplicité.

BERLUREAU

Il peut être considérable. Supposez que le jour venu, vous ayez oublié notre enveloppe dans le tiroir. Vous ouvrez toutes les autres, et vous proclamez les prix proposés par les concurrents. Le plus bas est à neuf francs, et vous allez lui octroyer le marché. Alors, Gerber (qui sera là) proteste, en disant qu'il a soumissionné, lui aussi... Vous ouvrez le tiroir, vous prenez notre troisième enveloppe, celle à huit francs cinquante. Vous faites constater qu'elle est toujours cachetée, vous l'ouvrez, et le tour est joué !

Bachelet se lève, tout pâle.

BACHELET

Mais Monsieur, vous ne vous rendez pas compte de ce que vous me demandez !

BERLUREAU

Je vous demande de m'aider à fournir aux consommateurs la meilleure viande au meilleur prix. Évidemment, l'invention de Gerber exige un petit tour de passe-passe... Mais quoi, lorsque je certifie que votre fils est mécanicien, ça n'est pas non plus absolument régulier... Vous devez reconnaître que dans cet échange de bons procédés, vous gagnez beaucoup plus que moi !

BACHELET

Monsieur, je suis incapable d'une telle malhonnêteté. Puisqu'il s'agit d'un marché, je refuse tout simplement.

Il déchire la feuille jaune.

BERLUREAU

Mais Monsieur Bachelet, c'est vous qui employez des mots désobligeants ! Un marché ! Jamais de la vie ! On se rend service mutuellement, et voilà tout ! Réfléchissez un peu ; pensez à ce garçon dont la vie est continuellement en danger... Votre fils, votre enfant...

BACHELET

Vous êtes ignoble, Monsieur.

BERLUREAU *(tristement)*

Encore un mot inutile...

BACHELET

Spéculer sur la tendresse d'un père pour une misérable affaire de viande... Allez-vous-en, allez-vous-en ! Vous n'êtes qu'un salaud !

BERLUREAU *(souriant)*

Soit. En tout cas, je vous laisse une autre feuille. Si vous me la renvoyez, je vous ferai porter les enveloppes de la part de Gerber.

BACHELET *(il crie)*

Allez-vous-en !

BERLUREAU

Bien. Bien. J'espère de tout mon cœur que vous n'aurez pas à le regretter.

Il va sortir, et d'une démarche assurée.

BACHELET

Vous oubliez votre canne.

BERLUREAU

Merci. *(Il prend sa canne et sort. Bachelet répète entre ses dents.)* « Ah le salaud... Quel salaud !... »

Mme Bachelet entre brusquement. Elle est bouleversée.

Scène IV

MADAME BACHELET, BACHELET, GERMAINE, YVONNE, GRANDEL, LA VOIX, LE GENDARME

MADAME BACHELET

Et voilà comment tu aimes notre fils ?

BACHELET

Tu écoutes aux portes, maintenant ?

MADAME BACHELET

Oui, parce que j'ai senti que vous parliez d'Henri. Je suis une mère, moi. Je ne suis pas un fonctionnaire abruti par les règlements.

BACHELET *(il hausse les épaules)*

Tu n'as aucune notion de l'honnêteté. Tu ne comprends rien au Devoir.

MADAME BACHELET

Tout ça, c'est des mots. Où est-elle cette feuille ?

Elle court à la cheminée, elle prend la feuille.

MADAME BACHELET

Ça t'a servi à quoi, de faire le grand honnête homme ?

BACHELET

A garder ma propre estime.

MADAME BACHELET

Et où ça t'a mené, ta propre estime ? A rester sous-chef de bureau à cinquante ans, pendant que de plus jeunes te passaient sous le nez ! Bertrand est chef de cabinet du Préfet, Bardier est chef de division, Pijotard vient d'être nommé sous-Préfet. Et toi ?

BACHELET

Fernande, tu vas trop loin.

MADAME BACHELET

La médiocrité de notre vie, voilà trente ans que je la supporte sans mot dire... Je veux bien continuer à faire ma vaisselle, à repriser de vieilles chaussettes, et à préparer du hachis Parmentier. Mais maintenant qu'il s'agit de la vie de mon fils, je ne marche plus.

BACHELET *(avec une sincère humilité)*

Fernande, tout ce que tu as dit est vrai. Je ne t'ai pas donné la vie que je t'avais promise, et que tu méritais. Je suis un raté, je le sais, ou au moins un médiocre... Je n'ai pas su « y faire », c'est la vérité. Je n'ai pas été assez souple, je n'ai pas fait ma cour aux hommes politiques, j'ai refusé de transiger avec mon devoir. Je suis resté sans une tache, sans un remords, propre jusqu'au bout des ongles. C'est ma seule réussite. Je n'ai pas le droit d'accomplir une action malhonnête, et qui démentirait toute ma vie. Ce Berlureau est une canaille ; je refuse d'être son complice.

MADAME BACHELET

C'est-à-dire que tu refuses de sauver la vie de ton fils unique, pour de stupides raisons d'amour-propre ?

Germaine vient d'entrer, une lettre fermée à la main.

GERMAINE

Qu'est-ce que vous dites, maman ?

BACHELET

Des sottises, que je refuse d'entendre plus longtemps.

Il ouvre la porte de la chambre, sort, et la referme brutalement.

GERMAINE

Qu'est-ce que c'est ?

MADAME BACHELET

Eh bien, il se passe que ce monsieur Berlureau n'est pas du tout un triste individu. C'est un homme qui a le cœur malade, et qui a voulu faire son devoir en fabriquant des obus.

Entre Yvonne, emmitouflée, encapuchonnée, et gantée de laine. Elle va prendre le colis sur la table.

YVONNE

En tout cas, il n'est pas au front.

MADAME BACHELET

Non, il n'est pas au front, et c'est une grande chance pour nous. Sans qu'on lui ait rien demandé, et par pure gentillesse, il nous offre de faire revenir Henri tout de suite !

Entre Grandel, un journal à la main, son chapeau constellé de flocons de neige.

YVONNE

Est-ce que c'est possible ?

MADAME BACHELET

Il peut le faire revenir du front !

GRANDEL

Qui est-ce qui peut faire revenir Henri ?

MADAME BACHELET

M. Berlureau. il offre de le prendre dans son usine. Il n'y a qu'à remplir cette feuille !

YVONNE

Et il reviendrait quand ?

MADAME BACHELET

Il ne reviendra pas, parce que ton parrain a refusé. Oui, il a mis à la porte l'homme qui veut nous rendre notre fils...

GRANDEL

Il y avait sans doute des conditions...

MADAME BACHELET

C'est sous prétexte d'une histoire d'enveloppes qui est contraire au règlement.

GERMAINE

Quelles enveloppes ?

MADAME BACHELET

A travers la porte, je n'ai pas très bien compris. C'est une affaire de viandes. Ce Berlureau veut vendre la viande meilleur marché que tout le monde...

GRANDEL

Ce n'est sûrement pas pour ça qu'Édouard l'a mis à la porte.

MADAME BACHELET

On ne chasse pas un homme qui peut me rendre mon fils. Les viandes, moi, ça m'est égal. Il n'y a qu'une viande qui compte, c'est celle de mon garçon... Et les enveloppes, moi je vais les faire voltiger, les enveloppes. A ce qu'il paraît qu'il y en a cinq. Mais même s'il y en a mille, moi je m'en charge.

YVONNE

Marraine, je ne comprends pas.

GERMAINE

Moi non plus...

MADAME BACHELET

Il n'y a pas besoin de comprendre.

GRANDEL

Voyons, Fernande. Calmez-vous. S'il refuse, il doit y avoir une bonne raison !

MADAME BACHELET

Mais naturellement qu'il y en a une ! La raison, c'est qu'il est un grand honnête homme... A ce qu'il paraît qu'on est un grand honnête homme quand on ne peut pas être autre chose. Et quand on est un grand honnête homme, on laisse tuer un enfant de trente ans pour une histoire d'enveloppes. Eh bien non ! Il la signera cette feuille... Venez avec moi ; et quand il l'aura signée nous irons toutes les trois chez Monsieur Berlureau... Venez.

Grandel l'arrête.

GRANDEL

Attendez, Fernande. Calmez-vous et écoutez-moi. Allez lui parler sans crier... Édouard n'est ni fou ni cruel. Écoutez ses explications d'abord. Moi, je peux rester ici encore une heure. Si vous ne réussissez pas, appelez-moi... Il est probable que ce Berlureau lui a demandé quelque service douteux... Mais pour sauver la vie d'un fils, bien des choses sont permises. Allez-y d'abord. Moi j'attends ici.

YVONNE

Si on frappe à la porte, c'est le facteur. Appelez-moi tout de suite.

GRANDEL

Bien sûr. Et ne criez pas. Ça va sûrement s'arranger.

Mme Bachelet, la feuille jaune à la main, entre dans la chambre. Yvonne et Germaine la suivent. Grandel attend, pensif, les mains tendues vers le feu. Dehors, la neige tombe toujours. On frappe à la porte. Grandel, presque joyeux, dit : « le facteur ! ». *Il va vers le vestibule et disparaît. On entend le déclic de la serrure, puis une voix d'homme.*

LA VOIX

Vous êtes M. Bachelet ?

Il n'y a pas de réponse, puis Grandel reparaît. Il est comme ramassé sur lui-même, et il recule pas à pas, terrorisé. Sur la porte du vestibule, paraît un gendarme de haute taille, aux cheveux grisonnants, un sac de cuir en bandoulière, il tient à la main un télégramme bleu. Grandel murmure : « Ce n'est pas vrai. Ce n'est pas vrai... »

LE GENDARME

Il n'y a personne de la famille ?

Grandel montre la porte de la chambre.

GRANDEL

Ils sont là... C'est... le télégramme ?

D'un signe de tête, le gendarme acquiesce.

GRANDEL

Il est mort ?

Le gendarme répond encore une fois sans mot dire.

GRANDEL

Tous, alors ? On les tuera tous ?

LE GENDARME

Il y a une grande attaque sur Verdun. Aujourd'hui, j'ai porté cinq télégrammes... Mais celui-là est plus long que les autres... *(Il lit à voix basse) :* « Regret de vous informer que le sergent Henri Bachelet est tombé au champ d'honneur le 18 février 1916. Il est mort en héros. Citation à l'ordre de l'armée. Médaille militaire. Proposé pour la Légion d'honneur. » Il faut que je le remette au chef de famille, en mains propres.

GRANDEL *(il s'essuie les yeux, il se mouche)*

Attendez un peu... Je vais... je vais essayer de les préparer... Laissez-moi un moment...

Il respire profondément.

LE GENDARME

J'ai le temps. C'est le dernier. Pour aujourd'hui. *(Grandel s'approche de la porte, l'entrouvre sans bruit. On entend la voix de Bachelet qui dit nettement, mais sans crier :* « ... déshonorer le nom que je porte, le nom qu'il porte, et que ses enfants porteront un jour. » *La porte s'est refermée. Immobile, le gendarme attend, le télégramme à la main, pendant que le rideau descend.)*

RIDEAU

ACTE DEUXIÈME

PREMIER TABLEAU

La même salle, mais maintenant, c'est un salon. Les murs sont de couleur claire, les meubles sont neufs, et confortablement bourgeois.

Sur le mur du fond, entre les fenêtres, un assez grand portrait du sergent Bachelet.

Sous le cadre, entre deux diplômes, la croix de guerre, la médaille militaire, et la croix de la Légion d'honneur, sont accrochées à un coussin de velours rouge.

Mme Bachelet, Yvonne et Germaine sont assises autour d'une table à thé. Elles sont beaucoup mieux vêtues ; Germaine a sur la tête un très joli chapeau, et sur ses genoux, un sac en crocodile.

Scène I
MADAME BACHELET, GERMAINE, YVONNE

Une servante classique entre, portant un grand plateau chargé de tasses autour d'une théière et d'un sucrier. Elle le dépose sur la table à thé.

MADAME BACHELET

Merci Annette.

La servante sort pendant que Mme Bachelet commence à servir le thé. Dès que la porte est refermée, Germaine parle.

GERMAINE

Je vous ai apporté quelque chose qui vous fera plaisir et peine... *(Elle a sorti du beau sac une épaisse enveloppe, et deux petits écrins de bijouterie.)* J'ai du chagrin de m'en séparer, mais à cause du caractère d'Albert, il a bien fallu m'y résigner... Ce sont des photographies de mon premier mariage... De notre voyage de noces à Bandol, il y a sept ans...Des vacances à Palavas... Des portraits d'Henri. Et puis, le joli collier qu'il m'avait offert pour mes vingt et un ans, et mon alliance... Je les gardais précieusement, mais si mon mari les découvrait par hasard...

MADAME BACHELET

Il est encore jaloux du souvenir d'Henri ?

GERMAINE

De plus en plus.

YVONNE

Pourtant, un mariage sans enfant qui n'a duré que trois mois, ça ne devrait pas compter.

GERMAINE

C'est ce que je lui dis ! Vous comprenez que si Henri avait été un homme ordinaire, Albert n'y penserait plus depuis longtemps... Mais on en parle trop souvent dans le journal.

YVONNE

Et ils en parleront encore demain. Aujourd'hui, il y a la cérémonie devant le Monument aux Morts. Parrain y est allé, naturellement. Un journaliste est venu nous demander des photographies.

GERMAINE *(inquiète)*

Des photographies d'Henri ?

YVONNE

Bien sûr.

GERMAINE *(consternée)*

Il va encore me faire la tête pendant quinze jours ! Et il va encore me dire qu'il est bien difficile d'être le second mari de la veuve d'un héros...

MADAME BACHELET

Bien sûr, bien sûr...

YVONNE

Ça ne doit pas être facile non plus d'être la veuve remariée...

GERMAINE

Pas du tout ! C'est Albert qui s'imagine que les gens ne pensent qu'à ça... Mais ça fait six ans qu'il est mort, et presque tout le monde a oublié mon premier mariage ! Évidemment, je suis très fière d'avoir été l'épouse d'un héros national, mais je n'ai pas à m'en vanter !

YVONNE

Oui, ce serait gênant.

GERMAINE

Sept heures ! *(Elle se lève.)* J'ai un dîner à la maison. Un dîner d'affaires. Albert lance une nouvelle ligne de cars. Il en achète encore huit !

MADAME BACHELET

Ça prouve que ses affaires marchent bien.

GERMAINE

Oui, mais il travaille trop... Presque tous les soirs jusqu'à onze heures, et souvent minuit. Pensez ! Il avait déjà quatre lignes et trente-deux cars ! Et maintenant...

YVONNE

Ça va faire cinq lignes et quarante cars.

GERMAINE

Encore s'il n'y avait que les machines ! Mais le personnel ! Cent vingt employés ! Il est continuellement en discussion avec les syndicats... Il faut que je me sauve : ma cuisinière connaît bien son métier, mais elle n'a aucune espèce d'initiative... Et puis, je n'aime pas laisser les enfants seuls avec les bonnes.

MADAME BACHELET

Ils vont bien ?

GERMAINE

André vient d'avoir les oreillons, le pauvre ange... Il avait une tête comme un petit veau, mais le docteur était très content. Il dit qu'il faut avoir les oreillons à quatre ans, pour être sûr de ne pas les avoir à la caserne...

MADAME BACHELET

La caserne, c'est encore loin !

GERMAINE

Heureusement ! Bonsoir Yvonne. *(Elle l'embrasse, puis elle va embrasser Mme Bachelet.)* Bonsoir maman. A bientôt...

Scène II

YVONNE, MADAME BACHELET

Mme Bachelet ouvre les écrins qui contiennent l'alliance et le collier.

YVONNE

Elle devrait comprendre que sa place n'est pas ici. Et je trouve ridicule qu'elle t'appelle encore maman.

MADAME BACHELET

C'est une vieille habitude, et c'est une jeune femme.

YVONNE *(elle a pris l'alliance, elle la regarde, puis la glisse à son doigt, et la regarde)*

Maintenant, la veuve, c'est moi.

Mme Bachelet la serre sur son cœur. On sonne. La servante paraît.

Scène III

LA SERVANTE,MADAME BACHELET, YVONNE, GRANDEL, BACHELET

LA SERVANTE

Madame, c'est un Monsieur qui s'appelle Grandin.

MADAME BACHELET

Grandin ?

LA SERVANTE

C'est ce qu'il a dit. Grandin. *(Mme Bachelet va ouvrir la porte du vestibule et sort.)*

YVONNE

Comment est-il ?

LA SERVANTE

Tout vieux, tout cassé. Il a demandé après Monsieur.

Elle prend le plateau du thé. Mme Bachelet rentre, au bras d'un vieillard tout blanc. C'est Grandel. Yvonne est stupéfaite. Elle hésite à s'approcher.

GRANDEL *(il sourit doucement)*

Et voilà la petite Yvonne ! Eh bien, c'est une femme !

MADAME BACHELET

Mais mon cher Lucien, elle a vingt et un ans !

GRANDEL

Vingt et un ans déjà !

MADAME BACHELET

Mais oui ! Si vous étiez venu nous voir, depuis six ans, vous ne seriez pas étonné ! Asseyez-vous. Edouard n'est pas rentré, mais il ne tardera guère.

GRANDEL

La dernière fois que je l'ai vu, c'était il y a quatre ans, quand il a eu la gentillesse de venir aux obsèques de ma pauvre Amélie. Il n'avait pas beaucoup changé... Alors, ce matin, je suis venu rendre visite à M. l'Inspecteur d'Académie, et au moment de repartir, je me suis dit : « Tiens, je vais aller embrasser Edouard. Et peut-être... peut-être... déjeuner avec lui, si vous m'invitez...

MADAME BACHELET

Mais bien sûr qu'on vous invite !

GRANDEL

Vraiment, ça ne vous dérange pas ?

MADAME BACHELET

Au contraire ! Il va être si heureux de vous raconter ce qu'il a fait depuis tout ce temps !

GRANDEL *(il regarde autour de lui)*

Mais moi, franchement, je suis un peu intimidé... Oui, ça me fait plaisir, mais ça m'intimide ! Il n'y a pas d'autre mot ! Ce salon, c'est superbe.

MADAME BACHELET

Depuis qu'il est chef de division, il reçoit assez souvent des gens importants... Alors, nous avons mis la salle à manger dans l'ancienne chambre d'Henri, et nous avons installé ce salon-bureau... Par exemple, cet après-midi, il doit recevoir le Maire, avec d'autres personnes très importantes qui font de la politique !

Grandel va jusqu'au portrait du héros, et l'admire.

GRANDEL

Ces décorations, c'est celles d'Henri ?

YVONNE

Oui. La médaille militaire et la Légion d'honneur.

GRANDEL

C'est glorieux... Ça ne vous le rend pas, mais enfin, c'est glorieux...

MADAME BACHELET

Nous déjeunerons peut-être un peu tard, parce qu'il est à la cérémonie du Monument aux Morts...

YVONNE

C'est l'anniversaire de Verdun.

GRANDEL

Je vois qu'Édouard non plus n'a pas pu oublier... Un tel malheur marque un homme pour toujours...

On entend la porte d'entrée.

MADAME BACHELET

Le voilà !

On entend en effet la voix de Bachelet ; elle est sonore et presque joyeuse.

VOIX DE BACHELET

Ma chère Fernande, ton mari est un orateur. Mon discours a soulevé la foule, et celui du préfet est tombé à plat. De coup, le général m'a ramené dans sa voiture, ce qui fait que...

Entre Bachelet. Il a fort belle mine. Il n'a plus ni barbe, ni moustache. Il est en jaquette, pantalon rayé, et souliers vernis. Il finit de tirer ses gants gris, et regarde Grandel, qu'il ne reconnaît pas tout de suite, puis, avec un beau sourire, il s'élance vers son ami. Lucien ! Mon vieux Lucien !

Il le serre sur son cœur, puis le regarde, en le tenant aux épaules.

GRANDEL *(il sourit, tout heureux)*

Je t'aurais vu passer dans la rue, je ne t'aurais pas reconnu ! Tu te rases à la romaine, maintenant ?

BACHELET

Oui, c'est plus facile que d'entretenir une barbe... Et puis, elle était d'un blanc jaunâtre tout à fait déplaisant.

GRANDEL *(il recule d'un pas)*

Tu as l'air d'un ministre !

BACHELET

Comme tu y vas ! D'un président tout au plus.

GRANDEL

Tu es président de quoi ?

BACHELET *(grave)*

De la Société de Parents de Morts au Champ d'Honneur... Ceux-là, nous ne voulons pas qu'on les oublie... Et surtout, qu'on ne laisse pas dans la misère des veuves et des orphelins. Et je te prie de croire que je m'en occupe ! Fernande, il déjeune ici, n'est-ce pas ?

FERNANDE *(elle rit)*

Bien sûr ! Et figure-toi qu'il me l'a demandé !

BACHELET

Alors ça, ça me fait plaisir !

GRANDEL *(il rougit)*

Je ne sais pas ce qui m'a pris, mais j'en avais tellement envie que...

BACHELET

Mais imbécile, tu es chez toi ici, et je suis content que tu le saches. Fernande, déjeunons.

MADAME BACHELET

Pas tout de suite, je ne suis pas prête. Je ne t'attendais qu'à une heure !

BACHELET

Je ne savais pas que le général me ferait l'honneur de me raccompagner !

MADAME BACHELET

A quelle heure viennent tes visiteurs ?

BACHELET

Trois heures et demie.

MADAME BACHELET

On aura le temps de déjeuner tranquilles.

Elle sort. Yvonne installe l'apéritif.

Scène IV

BACHELET, GRANDEL, MADAME BACHELET

BACHELET *(important)*

C'est le Maire qui vient me voir avec cinq ou six bonshommes... Ils vont se présenter avec lui aux élections législatives. Ils veulent être députés.

GRANDEL

Le Général ! Le Maire ! Tu es en plein dans les huiles !

BACHELET

Ce n'est pas moi qu'ils viennent voir : c'est le Président de la Société... Nous ne représentons guère que mille huit cents voix mais nous sommes une force morale considérable. On l'a bien vu ce matin. Et si nous marchions avec eux... Enfin, je les prierai de m'exposer d'abord leur programme, et je verrai ce que je dois faire.

Il va s'asseoir en face de Grandel, et se penche vers lui en souriant.

BACHELET

Je suis vraiment content de te voir. Que deviens-tu ?

GRANDEL

Vieux.

BACHELET

Ne me dis pas ça ! Tu as le même âge que moi !

GRANDEL

Ben oui. Et pourtant, je demande ma retraite proportionnelle. C'est pour ça que je suis venu aujourd'hui voir mon inspecteur primaire. J'en ai assez de tout.

BACHELET

Mais c'est absurde, voyons ! Il ne faut pas te laisser aller comme ça !

GRANDEL

On fait ce qu'on peut, Bachelet. Je ne m'intéresse plus à rien, même pas à mes élèves, et je ne mérite plus mes appointements... J'ai des douleurs dans la tête, et le cœur qui bat comme il veut... Bref, ça s'en va de tous les côtés.

BACHELET

Et qu'est-ce que tu vas faire avec ta retraite ?

GRANDEL

Je retourne à mon village, dans la montagne. J'élèverai des pigeons, j'arroserai mes salades, et peut-être le dimanche, j'irai au café, pour essayer de faire une belote... Tout ça est bien suffisant pour attendre la fin de la plaisanterie.

BACHELET *(avec force)*

Eh bien non, mon vieux. Non, tu as tort. Il faut réagir, Lucien ! C'est un devoir.

GRANDEL

Un devoir envers qui ?

BACHELET

Envers toi-même.

GRANDEL

Tu sais, pour les devoirs envers moi-même, je ne suis pas très exigeant.

BACHELET

C'est aussi un devoir envers nos morts. C'est à leur sacrifice que nous devons la victoire : il ne faut pas en laisser perdre les fruits... Moi aussi, j'ai connu ce découragement total, cette abdication devant le malheur. Et puis, en souvenir de lui *(il montre le portrait)*, j'ai fait un effort, un effort prolongé, et peu à peu je me suis aperçu que ma douleur devenait une force créatrice, j'ai découvert en moi des énergies insoupçonnées... Ainsi, moi qui te parle, je suis devenu un orateur !

GRANDEL

Je m'en aperçois.

BACHELET *(supérieur)*

Mais non ! Ce que je te dis en ce moment, ce n'est que de la conversation ! Mais quand je suis sur une tribune, devant une foule, et que je pense à lui *(il montre le portrait)*, une sorte d'inspiration me soulève, les mots viennent tout seuls, les phrases s'enchaînent, je ne sais comment, et ce sont les applaudissements qui me font retomber sur terre... Je n'y ai aucun mérite, car j'ai l'impression que je n'y suis pour rien, et que celui qui parle, c'est lui ! Tu as dû voir au moins un de mes discours dans les journaux ? Celui du 11 novembre ?

GRANDEL

Tu sais, moi, les journaux... Mais un collègue m'a certifié un jour qu'il avait vu ta photographie en première page...

BACHELET

Oui, cela arrive assez souvent... Je te dirai que ça ne me plaît pas beaucoup, parce que ça vexe le préfet. Il parle avant moi, lui, et on ne le photographie pas...

GRANDEL

Pourtant, il t'a donné de l'avancement.

BACHELET

Il y a été forcé par un ministre ! C'est un embusqué, qui a fait toute la guerre à la caserne Guichard, en qualité de capitaine d'habillement. Alors, les héros, ça le gêne... Il ne manque jamais l'occasion de me rappeler — discrètement — que je suis son subordonné... Enfin ce ne sont que de petits ennuis, et pour le reste, tout va bien. Mais toi, tu m'inquiètes. Toi, qui étais un si bon maître d'école, ça ne t'intéresse plus de former l'esprit des enfants ? C'est pourtant ton devoir envers la Patrie ?

GRANDEL

Oh ! La Patrie, pour ce qu'elle en fait des enfants, ce n'est peut-être pas la peine de les former.

BACHELET *(vivement)*

Voilà une parole tragique ! Tu ne crois plus à la Patrie ?

GRANDEL

Toi, tu y crois depuis qu'elle t'a pris ton fils ?

BACHELET

J'ai accepté le sacrifice. Je le lui ai donné.

GRANDEL

Tu le lui as donné parce qu'elle te l'avait pris. Moi, le patriotisme des gens de notre âge je ne l'approuve guère... Il me semble qu'on n'a pas le droit de brandir le sabre quand on est décidé à le remettre à d'autres dès le premier jour du massacre. Et pourtant, je pourrais être patriote à bon compte, maintenant... Je n'ai plus rien à perdre... Toi non plus.

BACHELET *(navré)*

Eh bien mon vieux, le chagrin t'a détruit...

Grandel hausse doucement les épaules.

BACHELET

Est-ce que tu vas pouvoir vivre avec une retraite proportionnelle ?

GRANDEL

Oh tu sais, moi... l'argent...

BACHELET

C'est vrai que tu as aussi ta retraite d'ascendant. On t'a payé le rappel ?

GRANDEL

Quel rappel ?

BACHELET

Le rappel des dix pour cent d'augmentation.

GRANDEL

D'augmentation, de quoi ?

BACHELET

De la pension que tu touches depuis la mort de ton fils.

GRANDEL *(énigmatique)*

Non. Je n'ai jamais touché un sou de cette pension.

BACHELET

Mais c'est indigne ! Je vais t'inscrire à ma Société, et dans huit jours, tu auras ton titre !

GRANDEL

Oh ! je l'ai depuis longtemps.

BACHELET

Et alors ? Qui est-ce qui te fait des difficultés ?

GRANDEL

Personne. Je n'ai rien touché parce que je ne veux rien toucher.

BACHELET *(stupéfait)*

Pourquoi ?

GRANDEL *(évasif)*

Je n'ai jamais eu besoin de cet argent...

BACHELET

Mais puisque tu y as droit ?

GRANDEL *(violemment)*

Ils me l'ont pris, ils me l'ont tué, je ne veux pas qu'ils me le paient !

BACHELET *(navré)*

Mon pauvre Lucien, tu deviens anarchiste ! Tu te révoltes contre tout, et finalement tu déraisonnes !

GRANDEL

Que veux-tu, c'est un sujet qui me rend fou. Mais aussi, c'est toi qui as commencé. Moi, je n'étais pas venu pour te parler de ça, mais de choses qui m'intéressent bien davantage.

BACHELET

Tant que tu t'intéresseras à quelque chose, rien n'est perdu... Tu sais que si je puis t'aider...

GRANDEL

Oui, tu peux m'aider, oui, mais j'ai peur de te paraître ridicule.

BACHELET

Pourquoi ?

GRANDEL

Parce que je crains que tu ne me comprennes pas. Il faut d'abord que je t'explique. Moi, mon bonheur, tout ce qui m'en reste, c'est dans le passé ; alors, le soir, quand je suis seul au coin de mon feu, je ferme les yeux, et c'est de ce côté-là que je fais de petites promenades dans ma tête... Et moi qui n'ai plus de mémoire pour les événements d'aujourd'hui, eh bien je retrouve les moindres détails de notre enfance, de notre jeunesse. Oui, je retrouve tout, sauf quelquefois les noms propres... Je crois que c'est ce qu'on oublie le plus facilement. Et c'est agaçant de revoir un visage sans pouvoir y mettre un nom. Ça coupe le fil de mon rêve... Alors, j'ai pensé que toi peut-être, tu te souviendrais...

Il a tiré de sa poche un petit carnet.

BACHELET

Tu sais, des noms de notre enfance, j'en ai sûrement oublié beaucoup...

GRANDEL

Peut-être pas les mêmes que moi. Attends. *(Il feuillette son carnet.)* Quand nous étions au cours complémentaire, comment s'appelait ce gros garçon qui avait une cicatrice au front, et qui suçait tout le temps des cachous ?

BACHELET

Je vois ça. Il avait une cicatrice parce qu'il était tombé sur un cul de bouteille, et il suçait tout le temps des cachous parce que son père était pharmacien.

GRANDEL

C'est ça ; mais son nom ?

BACHELET *(il réfléchit un instant)*

Berniolle.

GRANDEL *(ravi)*

C'est ça ! Berniolle ! *(Il le note.)* Ça c'est réglé. Attends. *(Il consulte son carnet.)* C'est bien en 82 que ton père est mort ?

BACHELET

26 septembre 1882. Nous allions entrer en seconde, à l'école supérieure, mais j'ai dû y renoncer, parce qu'il

fallait que je commence à gagner ma vie, et je suis devenu livreur chez un épicier.

GRANDEL

Oui, ça je sais. Tu avais une poussette jaune.

BACHELET

Bleue.

GRANDEL *(inquiet)*

Bleue ? Tu es sûr ?

BACHELET

Tu penses ! Je l'ai lavée chaque matin pendant cinq ou six ans.

GRANDEL *(navré)*

Eh bien moi, je la voyais jaune. Et sur le côté, il y avait le nom de ton patron : Chauvin.

BACHELET

Gauvin.

GRANDEL *(consterné)*

Tu vois, je m'étais imaginé que c'était Chauvin. Ah ! les noms propres, c'est traître. Gauvin. *(Il l'écrit sur son carnet.)* J'ai bien fait de te le demander. Et maintenant, le principal. *(Il baisse la voix.)* Tu te souviens de la fille du boulanger, près du collège ? La rousse, toute frisée... Elle était plus vieille que nous : elle avait au moins seize ans !

BACHELET

Tu penses si je m'en souviens ! J'en étais amoureux fou ! Et toi aussi !

GRANDEL

Bien sûr. Moi aussi. Mais comment s'appelait-elle ?

BACHELET

Comment elle s'appelait ? *(Il cherche dans sa mémoire puis il renonce.)* Ma foi !

GRANDEL

Paméla ?

BACHELET

Jamais de la vie. Attends... *(Il réfléchit.)* Ça c'est bête... Elle chantait toujours la même chanson...

GRANDEL

Oui, ça parlait du Mexique.

BACHELET

C'est ça. C'est un conscrit qui part pour le Mexique. *(Il chante) :*

Ugénie les larmes aux yeux
Je viens te faire mes adieux...

GRANDEL *(il chante)*

Je m'en vais pour le Mexique
O mon Ugénie adieu.

Il s'arrête brusquement et dit : Alicia.

BACHELET

Non plus.

GRANDEL

Ah ! Les noms propres ! Celui-là, je le cherche depuis

six mois. Pourtant, un soir, dans son corridor, elle m'avait embrassé.

BACHELET

Tu ne m'avais jamais dit ça.

GRANDEL

C'était mon secret... Maintenant, je peux te le dire.

Bachelet chante encore deux vers de la chanson. Grandel chante le second avec lui. Entre Mme Bachelet, qui sourit.

MADAME BACHELET

Quand vous aurez fini le petit concert, vous pourrez passer à table !

BACHELET

Tout de suite. Tu me feras préparer cette table-ci pour recevoir ces messieurs... Les rallonges et le tapis vert.

MADAME BACHELET

Et des rafraîchissements ?

BACHELET

Non, des liqueurs. *(Brusquement il crie.)* Malvina !

MADAME BACHELET

Quoi ?

GRANDEL *(ravi)*

Malvina ! C'est ça !

MADAME BACHELET

Quoi, Malvina ?

BACHELET *(à sa femme)*

Une amie d'enfance ! Malvina.

Grandel se lève, en fredonnant le second couplet. Il prend le bras de Bachelet, et ils sortent en chantonnant.

RIDEAU

DEUXIÈME TABLEAU

Même décor. Mais on a mis des rallonges à la table du milieu, recouverte d'un tapis vert. Bachelet, pensif, les mains dans les poches, en fait le tour.

Entre Yvonne.

Scène I

YVONNE BACHELET, BERLUREAU, FRANÇOIS, MARTINOT, MAURIN, BERNADAC, LE DOCTEUR

YVONNE

Parrain, ces messieurs sont là.

BACHELET

Fais-les entrer.

Entre Berlureau, éclatant de santé. Veston clair de bonne coupe, et la bague au doigt. Son sourire montre toutes ses dents. Bachelet va à sa rencontre, et lui serre la main très cordialement.

BACHELET

Bonjour Monsieur le Maire !

BERLUREAU

Bonjour mon cher Président !

Pendant ces répliques, quatre messieurs sont entrés. Berlureau les présente l'un après l'autre. Le premier, très grand et très maigre, approche de la cinquantaine. Il porte un faux col de trois pouces, une jaquette grise, des guêtres blanches sur des souliers marron. Sa voix est d'une basse profonde, et presque souterraine.

BERLUREAU

Je pense que vous connaissez le docteur François, directeur du Centre Psychiatrique qui est notre premier adjoint ?

BACHELET

Je le connais pour l'avoir rencontré dans les couloirs de la Préfecture, mais M. l'Adjoint ne me connaît pas...

FRANÇOIS

Oh que si ! Je n'ai pas eu l'honneur de vous serrer la main, mais j'ai entendu votre premier discours à l'inauguration du monument aux morts, il y a deux ans, et j'étais tout à l'heure à la cérémonie...

Un autre monsieur s'avance. Il est petit, mais tout rond, assez rougeaud, un peu vulgaire, l'œil vif.

LE MONSIEUR *(souriant et jovial)*

Martinot, l'entrepreneur... L'ancien patron du héros ! *(Il montre le portrait.)* Je ne sais pas pourquoi nous n'avons pas eu l'occasion de nous rencontrer plus tôt... Henri me parlait souvent de vous... Il était mon collaborateur le plus précieux... Vous pensez ! Mon métreur ! C'était lui qui faisait les factures !

BACHELET

Je suis très heureux de vous recevoir ici, Monsieur Martinot, mon fils vous aimait beaucoup...

MARTINOT

C'était réciproque, Monsieur Bachelet, réciproque...

BERLUREAU *(il présente le troisième visiteur. C'est un homme d'une quarantaine d'années, très correctement vêtu, bien nourri, cheveux en brosse, lunettes d'écaille)*

Monsieur...

BACHELET *(il l'interrompt)*

M. Maurin, le directeur de la Gazette. Nous nous connaissons déjà... Je suis très honoré de votre visite.

MAURIN *(il a la parole brève)*

L'honneur est pour moi, mon cher Président.

BERLUREAU

Et enfin Maître Bernadac, qui est la gloire de notre barreau.

Me Bernadac, qui n'est pas bien grand, a une crinière de lion, et porte monocle. Au lieu de serrer la main que lui tend Bachelet, il s'élance vers le portrait du héros, le salue, se recueille un instant, puis se retourne vers Bachelet.

BERNADAC *(largement)*

Mon cher Président, s'il est un honneur auquel un homme de cœur peut être sensible, c'est bien celui d'être présenté au père, au générateur d'une gloire nationale, dont le nom brille au firmament de la patrie, et lorsque je vous aurai dit...

BERLUREAU *(il l'écarte sans façon)*

Vous le direz tout à l'heure, quand nous aurons parlé avec précision des choses sérieuses.

BERNADAC *(subitement calmé)*

Soit. Soit.

BERLUREAU

Le Président a eu l'amabilité de nous préparer une table de conférence : profitons-en tout de suite.

Ces messieurs prennent place, et posent leurs serviettes devant eux.

BACHELET *(il offre le fauteuil du bout de la table à Berlureau)*

Monsieur le Maire...

BERLUREAU

Ah non ! Pas ici ! Pas devant lui ! *(Il montre le portrait. Tous le regardent avec une émotion un peu exagérée, puis Berlureau va s'asseoir sur une chaise.)* La place d'honneur revient à son père !

BACHELET

C'est en son nom que j'accepte, et que je vous remercie.

Il s'assoit. Après un court silence, Berlureau prend la parole.

BERLUREAU

D'abord, une grande nouvelle. Vous savez sans doute qu'il est question — depuis assez longtemps — de rendre à leur famille les corps de leurs enfants tombés au champ d'honneur.

BACHELET

Oui, on en parle, et je m'en suis occupé moi-même... en tant que Président, mais le ministère m'a répondu que le nombre de transferts sera si considérable que l'opération demandera sans doute plusieurs années.

BERLUREAU

Eh bien, mon cher ami, je vais vous révéler notre petit complot. Ces messieurs, et moi-même, appuyés par le Conseil Municipal, nous avons obtenu que le corps du sergent Bachelet soit rapatrié l'un des premiers, parce que c'est sa ville natale qui le réclame officiellement. Voici la décision du ministre. *(Il lui tend une lettre.)*

BACHELET *(très ému, il se lève)*

Messieurs, je ne sais comment vous remercier... de cette initiative généreuse qui va nous rendre la dépouille mortelle d'un être chéri...

BERNADAC *(enflammé)*

Dans un mois, nous irons l'attendre dans notre gare pavoisée aux couleurs nationales, au son de la Marseillaise, *(Il se lève)* soutenue par les acclamations de tout un peuple. Il reviendra dormir dans la terre natale, dans la tombe glorieuse que nous aurons préparée pour lui.

BERLUREAU

C'est la ville qui paie le monument.

MARTINOT

Et c'est moi qui suis chargé de le construire. Les travaux commencent demain matin. J'ai pensé que vous me ferez peut-être l'honneur de venir poser la première pierre.

MAURIN

J'enverrai les photographes du journal. *(Bachelet est très ému.)*

BACHELET

Mes amis... mes chers amis... Merci. Merci.

BERLUREAU *(très ému)*

J'aurais été heureux de vous le rendre vivant. Je suis fier de vous le rendre... glorieux.

BACHELET

Je ne sais comment vous exprimer mon émotion et ma reconnaissance...

BERNADAC

Ceux qui pieusement sont morts pour la patrie
Ont droit qu'à leur tombeau la foule vienne et prie...
Parmi les plus beaux noms leur nom est le plus beau.

MAURIN *(il le coupe)*

C'est évident. Mais il ne suffit pas de les admirer : nous avons le devoir de les continuer !

BERLUREAU

Et de ne pas permettre à des politicards de saboter l'idéal pour lequel ils sont morts.

BACHELET

Bravo ! C'est ce que je dis à la fin de tous mes discours.

BERLUREAU

Et avec quelle éloquence !

MAURIN

Et c'est justement pourquoi nous sommes venus vous dire : marchez avec nous !

BACHELET *(il sait très bien où ils veulent en venir)*

Vous avez toute ma sympathie. Mais en quoi puis-je vous servir ?

BERLUREAU

Ce n'est pas nous qu'il faut servir : c'est la France.

BERNADAC *(il montre le portrait)*

Comme lui.

BACHELET

Mais comment ?

BERLUREAU

Vous vous êtes, jusqu'ici, tenu à l'écart des luttes politiques...

BACHELET

Je suis fonctionnaire, n'est-ce pas ?

BERLUREAU

Oui ; cependant, vous lisez les journaux, vous avez une opinion, et vous connaissez la situation. D'un côté, les communistes, riches de l'argent étranger, et qui veulent supprimer la propriété privée...

MAURIN

Pour s'emparer ensuite de la propriété devenue « publique ».

BERLUREAU

De l'autre côté, l'extrême droite, qui voudrait retourner aux abus de jadis : les jésuites, l'inquisition, la taille, la gabelle...

LE DOCTEUR *(lubrique)*

Et peut-être le droit de cuissage !

BERLUREAU

Entre ces deux extrêmes, plusieurs partis dont les représentants, sous des étiquettes différentes, poursuivent le même but : se remplir les poches. Quant aux honnêtes gens, qui commencent à être dégoûtés...

BERNADAC

On le serait à moins...

BERLUREAU

Ils cherchent...

MARTINOT

Ils attendent...

MAURIN

Ils s'abstiennent. Trente-trois pour cent d'abstentions aux dernières élections.

BERLUREAU

Or, on va voter dans six semaines.

BACHELET

Je sais... Et j'ai même entendu dire que vous préparez une liste...

MAURIN

Elle est toute prête, et vous avez sous les yeux cinq de ses membres.

LE DOCTEUR

Il ne manque que l'abbé Boulbon. Il fait une cure. Je veux dire une retraite.

BACHELET

Et vous venez me demander l'appui de ma société ?

BERLUREAU

Nous ne sommes pas venus pour ça, vous le savez. Mais puisqu'on est là, on en profite pour vous dire que nous avons pensé à vous.

BACHELET *(sur ses gardes)*

Eh bien, Messieurs, je suis tout prêt à vous soutenir, mais je voudrais au moins connaître votre programme.

MAURIN

Il est simple : Défense des Libertés Républicaines.

BERNADAC

Liberté de conscience, Liberté de parole d'abord !

MARTINOT

Et surtout, Liberté de l'entreprise. Démolition des taudis, et diminution des impôts sur le bâtiment, parce que quand le bâtiment va, tout va.

LE DOCTEUR

Soins médicaux, gratuits, payés par l'État !

BACHELET

En somme, du socialisme ?

BERLUREAU

Ah non ! Le contraire ! Ces gens-là veulent appauvrir les riches : nous voulons enrichir les pauvres !

BACHELET

Ce serait souhaitable, mais les enrichir avec quoi ?

MAURIN

En reprenant à l'État les immenses richesses qu'il a volées à la nation. Oui, cher ami, plusieurs millions d'hectares qui n'ont d'autre utilité que l'entretien de milliers de fonctionnaires inutiles, qui nous coûtent, chaque année, des milliards... Distribuez-les à nos paysans, et vous verrez en jaillir l'abondance pour tous.

LE DOCTEUR *(ricaneur)*

Et une admirable surproduction qui les amènera à barrer les routes avec leurs tracteurs...

BERNADAC

Nous n'en sommes pas encore là, et d'ailleurs nous verrons bien...

BERLUREAU

Et puis surtout, quelques améliorations assez peu coûteuses mais qui enchantent l'électeur : détaxation des bicyclettes, des chiens, des pianos...

LE DOCTEUR *(gravement)*

Et peut-être détaxation des mandolines, car c'est le seul instrument qui soit accessible aux alcooliques atteints du delirium tremens.

BERLUREAU

Écoutez, docteur, ne plaisantez pas continuellement. Nous parlons de choses sérieuses.

BERNADAC

Retour immédiat au pain blanc de 1914.

BERLUREAU

Et surtout, surtout, notre devoir le plus sacré : augmentation des pensions que nous DEVONS aux victimes de la guerre. Qu'en dites-vous ?

BACHELET

Je pense que presque tous les membres de ma société approuveront un tel programme. Quelle étiquette ?

MAURIN

Radicaux Nationalistes Chrétiens.

LE DOCTEUR

Chaque fois que j'entends ça, ça me fait rigoler.

MAURIN *(sévère)*

Parce que ce n'est pas vous qui l'avez trouvé. Qu'en pensez-vous mon cher Président ?

BACHELET

Je pense que je peux en parler à mes amis, et peut-être leur recommander de voter pour vous.

BERLUREAU *(il fait un clin d'œil à Maurin)*

Nous vous en sommes très reconnaissants, mais cela ne suffit pas, car il me vient une idée.

BACHELET

Je puis peut-être essayer d'écrire un article pour votre journal ?

MAURIN

Je l'imprimerai avec plaisir, mais nous voudrions davantage encore, car je devine l'idée de Berlureau.

BACHELET

Et quoi donc ?

BERLUREAU *(enthousiaste)*

En comptant l'abbé, nous ne sommes que six. Il y a sept sièges à pourvoir.

MAURIN

Et pour le septième, nous avons pensé tout à coup à un homme d'une valeur morale incontestée...

BERNADAC

Et d'ailleurs incontestable...

MARTINOT

Un homme qui serait notre porte-drapeau...

BERLUREAU

Et pour tout dire, c'est cette place d'honneur que nous offrons au père du sergent Bachelet, si mes amis sont d'accord !

BACHELET

Moi ?

TOUS

Oui, vous.

BACHELET

Député ?

BERLUREAU

Pourquoi pas ?

BACHELET

Croyez-vous que je sois capable de...

LE DOCTEUR

J'en ai soigné un que j'allais expédier au cabanon, les électeurs l'ont envoyé à la Chambre. Il est à la commission des finances !... N'ayez donc, cher ami, aucun scrupule.

BERNADAC

Avec votre don d'orateur, je vous prédis une grande carrière.

BERLUREAU

Non seulement député, mais tête de liste... La liste du sergent Bachelet. Au lendemain du retour de ses cendres, qui oserait lui refuser une voix ?

BACHELET

Écoutez, chers amis, je vous suis reconnaissant de cette offre généreuse, mais encore une fois, je ne puis l'accepter... Et permettez-moi de vous expliquer ce refus.

MAURIN

Qui n'est probablement pas définitif.

Bachelet est profondément troublé.

BACHELET

Je crains qu'il ne le soit... Avant notre glorieux malheur, je n'étais qu'un modeste sous-chef de bureau à la Préfecture... Assez mal noté d'ailleurs, à cause de mon caractère indépendant. Deux ans après sa mort héroïque, je fus élu Président de notre Société, et j'eus deux fois l'occasion de recevoir officiellement le Ministre des Pensions ; c'était Ferdinand Garcin, notre député...

BERLUREAU

Qui avait besoin de vos voix...

BACHELET

Peut-être, mais qui était un grand honnête homme, et qui me témoigna la plus sincère sympathie, ce dont le Préfet fut ulcéré. Et d'autant plus que le ministre lui dit un jour : « Il est surprenant qu'un homme de la valeur de M. Bachelet soit sous-chef de bureau à cinquante ans, alors que votre gendre, dont les mérites ne sont pas tellement évidents, est chef de division à trente-cinq ans. » L'autre, plat comme une limande, m'a bombardé chef de bureau, puis chef de division ! Mais il en garde la rage au cœur, et je sais qu'il a dit devant plusieurs personnes, en parlant de moi : « En voilà un qui a su exploiter la mort de son fils ! »

Rumeur d'indignation générale.

BERNADAC *(il crie)*

C'est positivement ignoble !

MARTINOT

Le Préfet a dit ça ?

MAURIN

J'ai en effet eu vent de ce propos. Oui. Il l'a dit.

BERLUREAU

Eh bien, mon cher, dès que nous serons élus, nous aurons sa peau. A la retraite !

LE DOCTEUR

Ou en Lozère, dans les neiges.

BACHELET

J'en serais charmé. Cependant, messieurs, je crains bien, si j'étais élu, que d'autres personnes de bonne foi n'aient la même idée... Et moi-même, je me demanderais si la mort glorieuse de mon fils n'a pas servi mon ambition.

BERLUREAU

Allons donc ! Allons donc !

BACHELET

Non, messieurs, non. Je n'ai pas le droit de tirer de son sacrifice un bénéfice personnel. Non. Je l'ai donné à la patrie, je ne veux pas qu'on me le paie.

BERNADAC

Admirable ! Merci, monsieur, merci de nous donner, dans la triste époque que nous vivons, le spectacle d'une aussi haute valeur morale et votre formule est saisissante : je ne veux pas qu'on me le paie !

MAURIN

C'est très émouvant, mais le Président se trompe ! Il n'y a rien d'étonnant ou de répréhensible dans le fait que l'héroïque sacrifice du fils ait attiré l'attention sur les mérites méconnus du père !

BERNADAC

C'est la pureté du fleuve qui révèle celle de la source.

BACHELET *(il réfléchit)*

Non, Messieurs, non. Décidément, non. Je vous remercie d'avoir pensé à moi, mais je vous demande de comprendre mes scrupules.

LE DOCTEUR

Je les comprends si bien que je suis en état de vous les expliquer. Mon cher Président, c'est le psychiatre qui parle : méfiez-vous des très bonnes justifications que l'on se donne parfois à soi-même, et qui cachent souvent de moins nobles raisons.

BACHELET *(vivement)*

Je ne vois pas du tout quelles pourraient être ces raisons moins nobles.

LE DOCTEUR

Combien gagnez-vous à la Préfecture ?

BACHELET

Deux mille cent francs par mois.

LE DOCTEUR

Plus quelques indemnités ?

BACHELET

Évidemment.

LE DOCTEUR

Vous habitez un appartement élégant et confortable, avec un jardin, et ce sont les moineaux qui vous réveillent le matin.

BACHELET

Je ne vois pas le rapport.

LE DOCTEUR

Attendez ! D'autre part, vous présidez — avec une parfaite compétence — la Société des Parents de Héros. Vous vivez entouré de respect, et de déférentes amitiés. Beaucoup de gens que vous ne connaissez pas, vous saluent dans la rue. Est-ce que je mens ?

BACHELET *(charmé)*

Nullement, nullement.

BERLUREAU

Vous devez reconnaître que vous êtes l'une des plus hautes autorités morales du pays.

BACHELET

N'exagérons rien : disons du département.

MAURIN

Enfin, un de ces quatre matins — et probablement le jour de son retour *(il montre le portrait)* vous allez recevoir la Légion d'honneur. Et pour votre compte personnel.

BACHELET

Je sais que je suis proposé depuis un an.

LE DOCTEUR

Eh bien, c'est cette situation-là que vous ne voulez pas quitter, pour vous embarquer sur notre galère.

BERLUREAU *(tristement, mais gentiment)*

Voilà la vérité ! Je connais ça. Je suis passé par là, moi aussi... Et puis, le devoir l'a emporté !

MARTINOT

Moi, il va falloir que j'abandonne trois chantiers...

LE DOCTEUR

Et moi, cinq malades imaginaires qui me font des rentes depuis dix ans !

BERNADAC *(solennel)*

Mon cher Président, en cas d'élection, je vais forcément renoncer à plaider deux grands procès d'assises, deux affaires particulièrement croustillantes : le notaire sodomiste de Château-Virant, et le satyre de Palavas-les-Flots.

MAURIN *(gravement, et presque avec respect)*

Des procès de première page !

BERNADAC *(l'index levé)*

Avec ma photographie !

BERLUREAU *(à Bachelet)*

Vous semblez croire que nous vous proposons un avancement : c'est un sacrifice que l'on vous demande !

BACHELET

Je comprends, évidemment, que vous faites tous des sacrifices dans l'intérêt général. Mais moi, je n'ai rien d'important à sacrifier ! Si j'étais élu député, ce serait pour moi une prodigieuse réussite ! Vous n'allez tout de même pas comparer ma situation actuelle avec celle d'un élu du peuple ?

MAURIN

Bien sûr que non, parce que ce n'est pas comparable !

BERLUREAU *(péremptoire)*

D'abord, vous ne gagnerez pas plus qu'ici, et à Paris, la vie coûte deux fois plus cher.

BERNADAC

Pour l'appartement, si vous en trouvez un, ce sera deux pièces et cuisine — et comme jardin, vous aurez la vue sur la cour, c'est-à-dire sur un puits.

MARTINOT

Et pour aller voir vos électeurs, deux nuits par semaine dans le train ! Moi c'est ça qui m'effraie le plus ! Heureusement que c'est gratuit.

MAURIN

Vingt lettres de quémandeurs par jour, et une dizaine de revendicateurs à recevoir...

LE DOCTEUR

Les revendicateurs sont toujours menaçants.

BERNADAC

Les séances de nuit jusqu'à l'aube, les hurlements de l'opposition, les crachats en pleine figure, et parfois la mêlée furieuse qui dégringole les gradins !

MAURIN

Quant à la situation morale, la presse communiste s'en chargera !

BERLUREAU

On vous appellera « vendu ! »

LE DOCTEUR

Et suppôt de la réaction !

MAURIN *(technique)*

Non. « Suppôt de la réaction », c'est du langage socialiste. L'extrême gauche emploie plutôt « salopard » ou « abcès purulent ».

BERLUREAU

Croyez-vous vraiment que si vous renoncez à une situation privilégiée pour vous lancer dans cette bagarre, dans le seul but de servir la patrie, vous aurez « tiré parti » de votre malheur ?

BACHELET

Il est certain que... *(Il rêve.)*

BERLUREAU *(il ferme sa serviette)*

Enfin, messieurs, n'insistons pas... J'avoue que si j'étais à sa place, je me dégonflerais de la même façon. *(Il se lève comme pour prendre congé.)* Mon cher Président...

BERNADAC *(il se lève brusquement, et parle avec feu)*

Eh bien non, non, et non, M. Bachelet, il est évident que vous pourriez nous répondre : « Mon fils a donné sa vie pour la France. Faut-il encore que j'offre la fin de la mienne ? » Ce serait une réponse raisonnable : mais le père du sergent Bachelet ne peut pas refuser son propre sacrifice, parce qu'il complète le sien ! Ah ! ne dites pas « non » devant lui. *(Il montre du doigt le portrait.)* Il descendrait de son cadre pour vous dicter votre devoir ! Souvenez-vous de la grande parole : « Noblesse oblige ! ».

Un temps, Bachelet hésite, puis parle en cherchant ses mots.

BACHELET

Messieurs, je n'avais pas envisagé la question sous cet angle, et il est certain que si je croyais qu'il s'agit d'un sacrifice personnel, je suis capable de le faire... Mais j'ai besoin de réflexion, et aussi de quelques renseignements.

BERLUREAU

Lesquels ?

BACHELET

Je ne voudrais pas que ce sacrifice fût inutile.

MAURIN

C'est-à-dire ?

BACHELET

Il serait cruel, il serait impie d'associer le nom de mon fils à un échec. Si nous ne sommes pas élus...

BERLUREAU

Bien. Nous commençons à parler sérieusement. Mon cher ami, on ne s'embarque pas sans biscuit.

Il s'est rassis, il ouvre sa serviette, et en tire un dossier.

MAURIN

Le corps électoral comprend quatre-vingt-quatre mille inscrits.

BERLUREAU

Quatre-vingt-quatre-mille six cent deux.

MAURIN

Soit. D'ordinaire, il y a vingt-cinq à trente pour cent d'abstentions... Mais comme ces élections ont une grande importance, je réduis ce chiffre à vingt pour cent. Reste donc environ soixante-huit mille suffrages exprimés. Majorité absolue : trente-quatre mille une voix.

BACHELET

C'est beaucoup.

MAURIN

Mon journal a huit mille cinq cents abonnés, c'est-à-dire huit mille cinq cents fidèles, qui ont des familles. Je ne crois pas exagérer en comptant qu'ils m'apporteront de dix à douze mille voix.

MARTINOT

C'est le gros morceau.

BACHELET *(il a pris un crayon et du papier)*

Mettons dix mille.

MAURIN

Attendez. J'ai de plus quinze mille lecteurs au numéro. Mais il y a des gens qui achètent des journaux de droite, et qui votent à gauche, et vice versa. Je ne compte sur eux que pour sept mille voix. Donc, en tout de seize à dix-sept mille.

BACHELET *(il note)*

Quinze mille. Il nous en manque donc vingt mille.

BERLUREAU

Martinot nous apporte les voix du bâtiment.

MARTINOT

Pas toutes, car il y a des gens qui ne comprennent pas leur intérêt, mais au moins deux mille.

BACHELET *(il note)*

Il en manque encore dix-huit mille.

BERLUREAU

Le docteur et l'avocat ne sont pas très généreux. Ils n'offrent qu'un millier de voix chacun.

BERNADAC

La plus belle fille du monde ne peut donner que ce qu'elle a...

LE DOCTEUR

Ce n'est pas toujours un cadeau.

BACHELET

Manquent donc seize mille voix.

BERLUREAU

L'abbé nous en promet quatre mille, et je compte qu'il en aura bien davantage si l'évêché le soutient.

BACHELET

Il nous en manque donc encore douze mille.

BERLUREAU *(triomphal)*

Et moi ? J'ai été porté à la mairie par dix-sept mille voix !

BACHELET

Je sais... Mais il me vient une crainte : ces voix sont peut-être les mêmes que celles de M. Maurin !

MAURIN *(il sourit)*

Non, certainement non.

BACHELET

Comment le savez-vous ?

BERLUREAU

A ce moment-là, son journal patronnait la liste Cazaubon, et il faisait campagne contre moi. Il m'appelait « redoutable faisan ».

LE DOCTEUR

Et « ce ver solitaire de la tripe démocratique ».

BERNADAC

Et « l'asticot le plus gras du fumier républicain ».

MAURIN *(souriant aimablement)*

Langage purement électoral. *(A Berlureau.)* Vous savez que j'ai toujours eu pour vous la plus grande estime. Mais vous aviez refusé toute publicité à mon journal... *(A Bachelet.)* Donc, mes lecteurs n'ont pas voté pour lui.

BACHELET *(à Berlureau)*

Mais vous aviez peut-être les quatre mille voix de l'abbé ?

BERLUREAU *(indigné)*

Jamais de la vie ! A cette époque, j'étais anticlérical, je faisais des discours terribles contre le « sabre et le goupillon »... A propos, qu'est-ce que c'est qu'un goupillon ?

MARTINOT

C'est ce petit machin en argent plein d'eau bénite, pour faire des signes de croix sur les cercueils. On dirait un petit bilboquet.

BERLUREAU *(surpris)*

Tiens ? J'ai toujours cru que le goupillon c'était un enfant de chœur !

LE DOCTEUR

Je parie que ce candidat catholique n'a même pas fait sa première communion.

BERLUREAU *(modeste)*

Je n'en ai pas eu l'occasion.

BACHELET

Mais ce changement d'opinion risque de vous coûter un grand nombre de voix, si nos adversaires le soulignent dans une réunion publique.

BERLUREAU *(pathétique)*

Notre Seigneur a dit : « Il y aura plus de place au Paradis pour un pêcheur repenti que pour cent justes ! ».

BERNADAC

Belle réplique. *(Il la note, et tout en écrivant, il dit :)* Mais en réunion publique, il faudra la donner à l'abbé qui répondra pour vous !

BERLUREAU

Et puis, de toute façon, si je perds quelques voix, je les rattraperai d'un autre côté... Depuis mon arrivée à la Mairie, j'ai fait voter des subventions à toute une tapée de Sociétés : l'Orphéon, la Chorale, le Cercle des Nageurs, la Société d'Astronomie, les Joyeux Bigophones, Thalie et Melpomène (je ne sais même pas ce qu'ils font mais ils ont trois cents voix...). Puis j'ai grandement augmenté les salaires des employés municipaux : le musée, les boueux, le jardin zoologique, les égoutiers, l'état civil, l'hôpital, l'asile des vieillards, l'abattoir, la morgue et le cimetière. Ils sont plus de mille ! Tout bien réfléchi, je suis sûr d'apporter au moins dix mille voix nouvelles, je veux dire qui ne se confondent pas avec les autres !

MAURIN

Je suis tout à fait d'accord.

BACHELET

Par sécurité, je n'en compte que huit mille. Il nous en manque donc encore quatre mille.

MARTINOT *(qui gaffe joyeusement)*

Et c'est pour ça que nous sommes ici !

Berlureau et les autres lui lancent des regards furieux. Martinot se fait tout petit.

BERLUREAU

Combien avez-vous de membres dans votre société ?

BACHELET

Sept cent quatre-vingt-deux.

BERLUREAU *(consterné)*

Il n'y a eu que sept cent quatre-vingt-deux morts dans le département ?

La déception est générale.

BACHELET

Il y en a eu sans doute beaucoup plus... Mais un certain nombre n'ont laissé personne qui ait droit à une pension, et leur mémoire en a souffert.

LE DOCTEUR

Et les mutilés ?

BACHELET

C'est une autre société, qui est d'ailleurs la sœur de la nôtre...

BERNADAC

Ne feront-ils pas campagne pour nous ?

BACHELET

Je dois vous dire qu'ils ne croient plus à grand-chose... Leur président m'a dit l'autre jour : « Pendant la guerre, nous étions des mutilés, maintenant, nous sommes des infirmes. »

BERNADAC

Tragique parole qui me brise le cœur, mais dont je me servirai ! *(Il la note.)*

BACHELET

Et puis, beaucoup sont morts des suites de leurs blessures, il n'en reste qu'une centaine.

MAURIN *(noblement)*

Pour nous, ce qui compte, ce n'est pas leur nombre ; c'est la force morale qu'ils représentent... Et notre atout principal, ce sera la cérémonie...

BACHELET

Quelle cérémonie ?

BERLUREAU

Mais évidemment, le retour des cendres du Héros !

BERNADAC

La ville pavoisée... Le cercueil sur un affût de canon, entouré d'un détachement de soldats, et suivi par son père, qui porte sur le coussin rouge ses décorations...

BERLUREAU

Puis le Préfet au garde-à-vous, le général, et les maires du département, avec leur écharpe...

MAURIN

La musique militaire joue la marche funèbre de Chopin...

BERLUREAU

Les drapeaux, les cloches, la cathédrale... l'évêque... Douze chanoines...

LE DOCTEUR

Vous aurez enfin l'occasion de voir un goupillon !

BERNADAC

Et au cimetière, les discours, devant vingt mille personnes, vingt mille électeurs, le général donne l'accolade au Père, et accroche sur sa poitrine la Croix de la Légion d'honneur !

BERLUREAU

C'est imbattable ! C'est la majorité au premier tour !

MARTINOT

Et le monument est tout en pierre de Volvic sans un gramme de ciment.

MAURIN

Cérémonie bouleversante, qui vaut vingt mille affiches. J'en ferai toute ma première page.

MARTINOT *(qui suit son idée)*

Et les grilles, pas de la ferraille ! Du bronze !

BERNADAC

Ce n'est pas pour nous qu'ils voteront : c'est pour Lui.

MAURIN

Alors, cher ami, c'est « oui » ?

BERNADAC

Il n'a pas le droit de refuser.

BACHELET

Mais sous quelle étiquette nous présenterions-nous ?

BERLUREAU

Radicaux Nationalistes Chrétiens.

Un court silence.

LE DOCTEUR

Chaque fois que j'entends ça, j'ai envie de rigoler.

MAURIN *(sévère)*

Parce que ce n'est pas vous qui l'avez trouvé.

BERNADAC

C'est une étiquette de rassemblement des partis.

BERLUREAU

C'est la véritable Union Nationale.

BACHELET

Il y en a plusieurs, d'Unions Nationales.

BERLUREAU

Naturellement. Mais la vraie, c'est nous.

LE DOCTEUR

Les autres disent la même chose...

BACHELET

L'Union de tous les Français, ce serait le Salut de la France... Messieurs, je vous demande un jour de réflexion. Votre proposition est pour moi si... inattendue... que j'ai besoin de l'examiner dans la solitude et le silence.

BERLUREAU

Nous vous comprenons. Donc, si vous le voulez bien, à demain soir. Je viendrai chercher votre réponse.

BACHELET

Je vous attendrai vers six heures.

BERLUREAU

Comptez sur mon exactitude.

Il lui serre la main. Puis Bernadac s'avance, et lui serre la main à son tour. Puis, pendant que Maurin fait de même, Bachelet reprend la parole.

BACHELET

Un dernier mot... Cette campagne électorale va évidemment coûter de l'argent. Si je... Je ne pourrai participer à ces dépenses que dans une très faible mesure...

MAURIN

Ne vous occupez pas de ça. C'est l'affaire de notre ami Berlureau.

BERLUREAU

Oui, mon cher Bachelet. J'ai tenu à payer tous les frais. Pendant la guerre, pendant qu'il donnait sa vie, moi je gagnais de l'argent. Non pas malhonnêtement, certes, et ce n'était pas là le but de mon travail. Mais enfin je me suis trouvé largement bénéficiaire. J'en ai été gêné. Cet argent, la France me l'a donné : je veux le dépenser au service de la France. Ne me félicitez pas, et surtout pas devant lui ! A demain !

Ils sortent. Bachelet les raccompagne jusqu'à la porte.

Scène II

MADAME BACHELET, BACHELET, YVONNE

Bachelet, inquiet et pensif, fait le tour de la table à pas lents, et s'arrête de temps à autre. Il murmure : « Député ! » Il s'approche du portrait d'Henri, et le regarde longuement. Madame Bachelet entrouvre la porte, le regarde et entre.

MADAME BACHELET

Alors, tous ces messieurs, c'était pourquoi ?

BACHELET

Appelle Yvonne.

MADAME BACHELET

Elle n'est pas loin. Yvonne !

Yvonne entre aussitôt.

BACHELET

Eh bien, ces messieurs sont venus m'apporter une grande nouvelle, qui vous fera plaisir et peine. Ils avaient formé en secret un petit comité, pour obtenir du gouvernement le retour d'Henri dans sa ville natale ; ils ont réussi.

MADAME BACHELET

On va nous le rendre ?

BACHELET

Oui. Dans quelques semaines. Il reposera chez nous, après des funérailles solennelles, dans un monument que la ville fait construire pour lui.

YVONNE *(sceptique)*

Et c'est Monsieur Berlureau qui l'a obtenu ?

BACHELET

Oui. En sa qualité de maire.

MADAME BACHELET *(émue)*

Tu vois comme on peut se tromper ! On dit beaucoup de mal de lui, et pourtant... Il avait essayé de le sauver. C'était trop tard... Et maintenant, c'est lui qui nous le rend... Si j'avais su, je serais venue l'embrasser.

YVONNE *(pensive)*

Oui. Il y a des gens qui vous sont antipathiques sans qu'on sache pourquoi... Et puis, ils ont tout de même du cœur.

BACHELET

Ce que je crains pour vous, c'est une trop violente émotion...

MADAME BACHELET

Oui, bien sûr... Mais on a beau dire que le souvenir est dans notre cœur... Que dans un cercueil, il ne reste rien de ce qu'on aimait... On sait quand même que c'est lui... Qu'il est là, dans sa ville, pas trop loin de la maison...

YVONNE

Nous pourrons lui porter des fleurs... Lui parler... C'est Germaine qui va en faire une tête...

BACHELET

Allons, allons... Elle n'a rien à se reprocher, la pauvre petite... On ne reste pas veuve à vingt ans... Moi, je ne lui en veux pas... En tout cas, ce sera un grand honneur pour notre famille. De plus, autre nouvelle moins importante : ces messieurs m'ont offert un siège de député.

MADAME BACHELET

A toi ?

BACHELET *(un peu agressif)*

A moi. Pourquoi pas ?

MADAME BACHELET

J'espère bien que tu as dit non ?

BACHELET

Ni oui, ni non. J'ai demandé à réfléchir. Je voulais d'abord te consulter.

MADAME BACHELET *(vivement)*

Je te dis tout de suite que ce serait une folie. Député ! Est-ce que tu te rends compte ! Tu veux aller habiter Paris quand notre fils revient ici ?

BACHELET

Habiter Paris, non. Nous aurons simplement un pied-à-terre dans la capitale, mais nous reviendrons souvent dans notre maison.

MADAME BACHELET

Notre maison qui sera constamment encombrée de gens qui viendront te demander quelque chose... C'est pour gagner plus d'argent que tu veux faire ce métier ?

BACHELET

Non, car je ne gagnerai pas davantage.

MADAME BACHELET

Et puis à ton âge, avec ta situation, tu veux aller dans des réunions publiques, où ça finit toujours par des coups de pieds au derrière ou des coups de chaise sur la tête ?

BACHELET

Allons donc !

MADAME BACHELET

Rappelle-toi le docteur Marescot. Un homme poli, distingué, un vrai savant. Il n'avait pas dit un seul mot, et il en est revenu avec une oreille décollée...

YVONNE

Il l'a rapportée dans son mouchoir !

BACHELET

C'était une méprise... On l'avait justement pris pour M. Berlureau.

YVONNE

Et d'ailleurs, à la Chambre des Députés, ça continue. Ils s'arrachent les cravates, ils se marchent sur la figure... C'était dans le journal.

BACHELET

Une fois par hasard. Ils ne se battent pas tout le temps.

MADAME BACHELET

Et puis, on les accuse toujours de faire des combinaisons pour se remplir les poches...

BACHELET

Ce sont bien souvent des calomnies.

MADAME BACHELET

Peut-être ; mais enfin je veux dire que ce n'est pas une situation pour quelqu'un qui se respecte.

YVONNE

Et surtout pas pour toi, parrain.

BACHELET

Donc, à votre avis, je n'y gagnerais ni argent, ni réputation ?

MADAME BACHELET

Tu as tout à y perdre.

YVONNE

Tout !

MADAME BACHELET

Ta réputation, ton argent, et ta santé.

BACHELET

C'est exactement ce que m'ont dit ces messieurs. Oui, ils m'ont avoué qu'ils me demandaient un sacrifice. Vous êtes bien de cet avis ?

MADAME BACHELET

Oh oui, alors !

BACHELET

Bien. Puisque nous sommes d'accord avec eux sur ce point, je leur donnerai ma réponse demain soir à six heures.

MADAME BACHELET

Et tâche de ne pas changer d'avis d'ici là.

BACHELET

Oh non ! Ma décision est prise, et quoi qu'il arrive, je m'y tiendrai !

Il sort, pendant que le rideau descend.

RIDEAU

ACTE TROISIÈME

Il est presque minuit. Même décor, mais la table à tapis vert a disparu, et le portrait du sergent Bachelet a grandi. Mme Bachelet installe sur le bureau des sandwiches qu'une servante vient d'apporter.

Scène I

MADAME BACHELET, AMÉLIE, YVONNE

MADAME BACHELET

Allez vous coucher, Amélie : je crains bien que ces messieurs ne rentrent pas avant une heure du matin...

AMÉLIE

Merci madame.

Yvonne entre en poussant une table roulante chargée de bouteilles, de carafes et de verres. Amélie sort.

MADAME BACHELET

Ça sera très beau, cette cérémonie, mais je ne sais pas si j'aurai la force de tenir jusqu'au bout...

YVONNE

Oui, ce sera bien long...

MADAME BACHELET

Je me demande pourquoi le cortège va faire le tour de la ville...

YVONNE *(sombre)*

Moi je ne me le demande pas, je le sais.

MADAME BACHELET

C'est quand même bien malheureux que le Ministre nous le renvoie juste à la veille des élections.

YVONNE

Ils ne l'ont fait revenir que pour ça.

MADAME BACHELET

J'ai mis du temps à le comprendre.

YVONNE

Au commencement, parrain ne s'en rendait pas compte. Mais maintenant, il le sait, et il continue...

MADAME BACHELET

Il ne faut pas lui en vouloir... Cette politique lui a tourné la tête... Ce matin, il a serré la main au charbonnier, et il l'a appelé Albert...

YVONNE

Il est venu à la cuisine boire un coup de vin rouge avec l'employé du gaz...

MADAME BACHELET

Et il ne mange plus rien ! Un œuf sur le plat, un morceau de jambon... Je le lui avais bien dit que ça ruinerait sa santé. Ça commence ! *(On entend un clocher qui sonne minuit.)* Minuit ! Il n'est jamais rentré si tard !

YVONNE

Mais si, marraine. Avant-hier, il était plus d'une heure. Tu dormais.

MADAME BACHELET

Mais c'est qu'aujourd'hui, ils ont deux réunions dans des cinémas, dans le quartier ouvrier. Il a dit : « Il faut aller combattre l'ennemi dans son fief ! »

YVONNE

Tout ça, ce sont des mots... Et puis parrain ne risque rien... Il est sur l'estrade, et puis les ouvriers l'aiment bien... *(On entend des pas dans le jardin.)* Les voilà...

Scène II

LE DOCTEUR, MADAME BACHELET, YVONNE, MARTINOT, BERNADAC

Entre le docteur, suivi de Maurin, puis de Martinot et Bernadac, puis Bachelet. Le docteur a un œil poché.

LE DOCTEUR

Bonsoir mesdames !

MADAME BACHELET

Bonsoir messieurs. *(Elle voit l'œil qui commence à bleuir.)* Mon Dieu ! Vous vous êtes battus ?

Elle cherche des yeux son mari.

LE DOCTEUR

Pas du tout... Ce n'est pas un coup de poing. C'est une orange. Si vous aviez la bonté de me donner un peu d'eau fraîche dans un bol...

YVONNE

Tout de suite. *(Elle sort.)*

MADAME BACHELET

Où est mon mari ?

BACHELET *(il entre)*

Me voilà.

MADAME BACHELET

Tu n'as pas de mal ?

BACHELET *(impatient)*

Mais non, mais non... Quelques voyous ont lancé des oranges...

MARTINOT

Et des œufs... Ce sont les risques du métier...

Il essuie le revers de son veston avec son mouchoir, et il porte dans son dos un soleil jaune.

BERNADAC

Nous avons perdu Berlureau ?

BACHELET

Il est passé à la Mairie, mais il nous rejoint. *(A sa femme.)* Laisse-nous s'il te plaît.

Yvonne dépose devant le docteur un bol et du coton.

MADAME BACHELET

A quelle heure vas-tu te coucher ?

BACHELET

Le plus tôt possible, mais ce sera tard. Bonne nuit.

MADAME BACHELET

Bonsoir messieurs.

Elle sort. Yvonne la suit.

Scène III

BACHELET, MARTINOT, BERNADAC,
LE DOCTEUR, MAURIN

BACHELET *(inquiet)*

Eh bien, il faut avouer que les contradicteurs socialistes nous ont fait beaucoup de tort ce soir.

MARTINOT

Des grandes gueules voilà tout.

Le docteur bassine son œil.

BACHELET

Ils n'ont pas laissé parler Berlureau. Son exposé sur la reconstruction de l'industrie, personne n'a pu en entendre un mot.

BERNADAC

J'avoue que ce n'était pas un bon public : mon laïus sur les mutilés est tombé à plat.

LE DOCTEUR *(ricaneur)*

C'est-à-dire qu'ils vous ont hué.

BERNADAC

Parce qu'ils n'avaient pas compris ! Ils ont cru que je les traitais d'infirmes !

LE DOCTEUR

Et vous avez fort habilement esquivé cette orange, lancée par un manchot furibard, et qui n'a pas été perdue pour moi...

Il baigne son œil.

MAURIN

Je n'ai pas eu trop de succès non plus...

LE DOCTEUR

Et qu'est-ce que voulaient dire ces quatre énergumènes qui vous criaient tout le temps : *(Il scande les mots en frappant sur la table.)* « Le million des tramways ! Le million des tramways ! » ?

MAURIN

Souvenir périmé d'une campagne d'autrefois... Un journaliste est exposé à bien des calomnies... En tout cas, Bachelet a été admirable !

MARTINOT

Son petit machin sur les morts de la guerre fait toujours un gros effet...

BERNADAC

C'était bien la trentième fois que je l'entendais, mais ça m'a fichu la larme à l'œil comme au premier jour, parole d'honneur !

LE DOCTEUR *(impénétrable)*

Les grandes pensées viennent du cœur...

MARTINOT

Et puis, il sait si bien le placer !

BACHELET *(flatté)*

Le fait est que j'ai retourné la salle. Je le dis sans vanité... J'ai été étonné moi-même... Cependant, je suis inquiet... Ça ne marche pas comme nous l'espérions...

MAURIN

Je suis un peu de votre avis... Notre majorité ne sera pas aussi importante que nous l'avions cru. La vérité c'est que toute notre affaire dépend des royalistes.

BACHELET

Le Marquis de Lieuville n'est pas en très bonne posture.

MAURIN

Justement. Les royalistes ne passeront en aucun cas. Mais j'estime qu'ils auront entre six et sept mille voix. Ces sept mille voix, ils nous les enlèvent, et c'est pour ça que les socialistes risquent de nous passer sous le nez.

LE DOCTEUR

Je vous signale que l'abbé est parti avec le marquis. Il lui tenait le coude, et j'ai l'impression qu'il ne lui parlait pas du Sacré Cœur de Jésus... Il est très fort, l'abbé.

MAURIN

Et puis, surtout, nous avons la cérémonie de demain, qui peut faire un gros effet sur les gens de droite.

MARTINOT

La grand-messe à la cathédrale, ça va jeter un drôle de jus. Nous autres, il faudra bien se tenir... Moi, je mets des gants noirs... *(On sonne.)*

BACHELET

Voilà Berlureau.

Il se lève. Tous regardent la porte. Elle s'ouvre, Berlureau paraît, un peu essoufflé, sa serviette sous le bras.

Scène IV

BERLUREAU, MAURIN, BACHELET, LE DOCTEUR, BERNADAC

BERLUREAU

Mes amis, ils nous font un sale coup !

MAURIN

Qui ça ?

BERLUREAU

Les socialistes, naturellement. Ce cochon de Bougrillot.

MAURIN

Quel sale coup ?

BERLUREAU

Une affiche qu'ils sont en train de coller partout. *(Il sort de sa serviette une affiche pliée en quatre. Il la déploie, l'étale sur la table, et la lit à haute voix.)* « Une liste d'embusqués patriotards s'est mise sous l'égide du sergent Bachelet, et nous avons la tristesse d'y voir figurer le nom de son père. »

MAURIN

Ceci n'est rien d'autre que de la conversation électorale.

BERLUREAU *(il continue sa lecture)*

Ces gens, au service de la réaction...

BERNADAC

Très bon pour Lieuville.

BERLUREAU *(il lit)*

Exploitent la mémoire d'un martyr !

BACHELET *(consterné)*

Je vous l'avais bien dit !

BERLUREAU *(il lit)*

Citoyens ! Le sergent Bachelet était un héros *socialiste*, et *antimilitariste* !

BACHELET *(révolté)*

C'est une abominable calomnie !

BERLUREAU *(il lit)*

Voyez ci-dessous le fac-similé de la lettre qu'il envoya à l'un de ses amis lors de sa dernière permission.

BACHELET *(il va regarder l'affiche)*

C'est un faux.

BERLUREAU

Écoutez d'abord. *(Il lit.)* Mon cher Robert. Je vais repartir pour l'enfer du front, avec le trouillomètre à zéro, et la rage au cœur. Les soldats commencent à comprendre qu'ils se battent, eux qui n'ont rien, pour défendre les richesses des embusqués... Ce sont ceux-là qui parlent de la Patrie. Si j'ai la chance d'en revenir, quel coup de balai ! Ton ami : Henri Bachelet.

BACHELET *(il est bouleversé)*

Je vous l'avais dit : c'est un faux ! Et particulièrement odieux !

BERLUREAU

Ce n'est pas fini. *(Il lit.)* « Ces patriotes astucieux se sont arrangés pour faire revenir sa dépouille à la veille des élections. Surveillons-les de très près : ils veulent sans doute prélever la peau de son dos pour en faire un tambour électoral. »

BACHELET

C'est ignoble !

MAURIN

C'est très bon pour nous, parce que c'est grossier...

LE DOCTEUR

Vous croyez à la délicatesse de l'électeur ?

BACHELET

Déchirez cette saleté !

BERLUREAU *(il hausse les épaules)*

Ce sera demain sur tous les murs, et si nous ne répondons pas, nous sommes foutus.

MAURIN

Vous êtes sûr que c'est un faux ?

BACHELET

Il est certain qu'on a assez bien imité son écriture. Mais la signature est extrêmement douteuse ! « Mon cher Georges... » Quel est le salaud qui leur a donné cette lettre ?

LE DOCTEUR

Puisque c'est un faux, ils l'ont fabriquée eux-mêmes.

BACHELET

Jamais mon fils n'a eu de telles pensées. Sa mort l'a prouvé.

LE DOCTEUR

Vous savez, on peut avoir des moments de dépression... Les héros sont en général des cyclothymiques, et il n'est pas impossible que...

MAURIN

En tout cas, c'est un coup dur...

BACHELET

Mais personne ne croira jamais...

BERLUREAU

Si nous ne répondons pas...

BERNADAC

Il faudra renoncer à l'espoir légitime d'obtenir le désistement des royalistes...

MARTINOT

Il n'y a qu'à déposer une plainte en diffamation.

BACHELET

C'est ce que je vais faire à la première heure.

BERNADAC

Et vous obtiendrez un jugement dans un an.

MAURIN *(qui a tout à coup une idée)*

Vous avez sans doute d'autres lettres de votre fils ?

BACHELET

Certainement.

Il va à son bureau et ouvre un tiroir.

MAURIN

Eh bien, nous allons en prendre des extraits convenablement choisis. On les cliche de toute urgence, et j'en fais la moitié de la première page du journal.

BERLUREAU

C'est la seule chose à faire.

Maurin a pris le téléphone, et en tourne la manivelle. Cependant, Bachelet dénoue une liasse de lettres, qu'il dépose sur la table, et commence à les lire. Berlureau prend la liasse, et distribue les lettres comme s'il donnait des cartes.

MAURIN

Allô... Donnez-moi le 38 s'il vous plaît... *(sévère).* Non Monsieur, je n'ai pas sommeil. Je vous demande le journal *La République*, qui pourrait, à l'occasion, vous signaler à l'attention de votre ministre.

BERLUREAU *(qui lit une lettre)*

Il demande une pipe, et des emplâtres pour les cors aux pieds...

BERNADAC

C'est très touchant. *(Il lit.)* « Ne m'envoyez plus de conserves, on en bouffe de trop ; ça m'irrite les gencives, et ça me donne des démangeaisons... »

MAURIN *(au téléphone)*

Allô, Molinier ? Oui, c'est moi. Dites donc, vous n'avez pas encore bouclé ? Bien. Je vais passer. Supprimez mon article à la une. J'ai besoin des deux premières colonnes. Et puis il me faut un cliché. Sur trois colonnes. Eh bien, allez le réveiller tout de suite. C'est indispensable. Non. Pas une photo. Du trait. A tout à l'heure.

Il prend du papier dans sa serviette, et commence à écrire un article.

BERNADAC *(il lit une lettre)*

« Dans ton dernier colis, le pot de verre s'est cassé et la confiture a coulé sur les saucisses. On les a mangées quand même. Ce n'était pas mauvais. Mais ne mets plus rien dans du verre. Le tricot est superbe, etc...

BACHELET

(qui n'a pas trouvé ce qu'il cherche, n'a encore rien dit)

Vous savez, c'était un modeste, qui n'aimait pas faire étalage de sa bravoure...

BERNADAC

Enfin tout de même on va bien trouver quelque chose sur le drapeau, ou « mourir pour la patrie » !

BACHELET

Je n'en suis pas sûr. Attendez ! *(Il se lève, va ouvrir la porte, et appelle) :* Yvonne !

BERLUREAU

Elle a d'autres lettres ?

BACHELET

Oui, certainement.

Yvonne entre, mais elle reste près de la porte.

Scène V

BACHELET, YVONNE, MAURIN,
BERNADAC, BERLUREAU

BACHELET

Tu as des lettres d'Henri ?

YVONNE

Oui. J'en ai vingt-quatre.

BACHELET

Apporte-les-moi.

YVONNE

Non.

BACHELET

Comment ?

YVONNE

Non. Elles sont à moi. Je les garde.

BACHELET

Tu sais bien qu'on te les rendra.

MAURIN

Personne n'a l'intention de les détruire !

BERNADAC

C'est pour le défendre que nous en avons besoin !

BERLUREAU

On l'attaque, Mademoiselle, on le calomnie !

YVONNE

Personne ne l'attaquerait si vous n'étiez pas tous cachés derrière lui...

BACHELET *(sévère)*

Qu'est-ce que ça veut dire ?

YVONNE

Ça veut dire que c'est eux qu'on attaque, et c'est lui qui reçoit les coups... Et puis dans mes lettres il n'y a rien, que de l'amitié et de la tendresse. Il me parle de mon enfance, quand il m'apprenait à lire dans le jardin, ou bien quand il me portait sur ses épaules le long des plages de vacances. Pour vous, tout ça, ce sont des bêtises, ça ne peut vous servir à rien : vous ne pouvez pas le mettre dans le journal, pour votre réclame...

BACHELET

Tu n'as donc aucune reconnaissance pour ces messieurs qui l'ont fait revenir ici ?

YVONNE

Ils l'ont fait revenir pour le promener dans les rues comme la voiture du cirque... Ils veulent faire croire qu'il est avec eux... Mais vous, vous savez bien qu'il n'a jamais voulu voter, parce que la politique le dégoûtait... En tout cas, moi je garde mes lettres... Et demain, je n'irai pas l'accompagner au cimetière. Je resterai dans ma chambre, et je pleurerai de colère toute la journée.

Elle sort, et ferme violemment la porte.

Scène VI

BACHELET, MAURIN, LE DOCTEUR,
BERLUREAU, MARTINOT, BERNADAC

BACHELET

Messieurs, je vous demande pardon de cette sortie intempestive, qui d'ailleurs me trouble profondément.

MAURIN

Il n'y a pas de quoi, cher ami. On comprend très bien...

LE DOCTEUR

C'est sa sœur ?

BACHELET

C'est la fille d'une lointaine cousine. Nous l'avons recueillie à la mort de sa mère : elle avait trois ans... Elle adorait Henri comme un grand frère...

LE DOCTEUR

Pas tout à fait... Il semble bien que pour elle, ces lettres fraternelles sont de véritables lettres d'amour.

BERLUREAU

J'espère en tout cas qu'elle ne répétera pas ailleurs ce qu'elle vient de nous dire.

BACHELET

Non, elle ne parle qu'à très peu de gens — et elle est loyale. Mais il est bien pénible pour moi qu'elle nous l'ait dit. J'en suis bouleversé.

MARTINOT

Pourquoi ? Vous savez bien que les femmes disent n'importe quoi !

BACHELET

Elle n'a pas dit n'importe quoi... Si j'étais sûr qu'elle eût raison, je céderais ma place à un autre.

Il s'assoit dans un fauteuil, pâle et défait.

BERLUREAU *(inquiet)*

Eh là ! Pas de blague !

LE DOCTEUR

Il ne faudrait pas qu'il nous claque dans les mains !

Tous se lèvent, et vont vers lui, sauf Maurin, qui continue à lire les lettres fiévreusement.

BERNADAC

Voyons, cher ami, voyons ! Un peu de sang-froid !

BACHELET *(à mi-voix)*

Une voiture de cirque !

BERNADAC

Il est déraisonnable de comparer le cercueil d'un héros sur un affût de canon à une voiture de cirque !

MARTINOT *(sincère)*

Ça ne se ressemble pas du tout !

BACHELET *(sombre)*

Et c'est vrai qu'il refusait de voter. Oui, c'est vrai.

BERLUREAU

Parce que les candidats le dégoûtaient. Mais je suis sûr qu'il aurait voté pour son père !

BERNADAC

C'est absolument évident ! Allons, cher ami, allons... Méfiez-vous de la maladie du scrupule !

LE DOCTEUR

Qui n'est pas bien loin du masochisme !

BERLUREAU

Et le Préfet, vous n'avez plus envie de le révoquer ?

BACHELET

J'espère que vous le feriez pour moi !

BERNADAC

La protestation de cette enfant a été magnifique. Oui, je le dis. Magnifique et pathétique. Ces paroles de l'amoureuse d'un absent m'ont touché au cœur, mais pas plus. Il y a vos devoirs envers les pensionnés, envers les électeurs — vos devoirs envers la France — que vous allez servir comme lui.

MAURIN *(qui pendant ce temps lisait les lettres)*

Ça y est ! Je crois que j'ai ce qu'il faut. *(Il lit à haute voix.)* « Je profite d'un camarade qui part en permission pour lui confier cette lettre. Mon ami Thibon, sergent comme moi, a été tué hier d'une balle en plein front. Il est mort au champ d'honneur, en héros, pour la patrie ! »

BERLUREAU

Bravo ! Bravo !

MAURIN *(il tourne la page et continue à lire)*

« Quelle bonne blague ! C'est avec ces mots qu'on nous fait marcher... Il est mort, et voilà tout. Pour moi, je suis si découragé, si écœuré par cette boucherie inutile, que par moments, je l'envie... Oui, je voudrais être à sa place... »

LE DOCTEUR

Ça commence bien, mais ça finit mal.

MARTINOT

Je comprends ce qu'il veut dire, mais ça ne peut nous servir à rien.

BACHELET

J'avais oublié cette lettre... La mort de son ami l'avait évidemment désorienté, mais je suis tout à fait certain que...

MAURIN

Permettez. Je crois qu'avec une petite mise au point...

BERNADAC

Il y a là d'excellents éléments...

MAURIN

Justement. Écoutez ceci : « Mon ami Thibon, sergent comme moi, a été tué hier d'une balle en plein front. Il est mort au champ d'honneur, en héros, pour la patrie. Par moments, je l'envie, je voudrais bien être à sa place... »

MARTINOT

Ça, c'est épatant !

BERNADAC

On ne le lui fait pas dire : il le dit en toutes lettres !

BACHELET

Mais... avons-nous le droit de... falsifier cette lettre ?

BERNADAC

Falsifier ? Ah non ! Nous ne faisons pas un faux, puisque nous n'ajoutons pas un seul mot !

MAURIN

Nous faisons une sorte de choix, si vous voulez...

BERNADAC

Un florilège !

MAURIN

Mais nous ne lui prêtons aucune pensée qu'il n'ait exprimée...

BERLUREAU

D'ailleurs, il dit qu'il voudrait être à sa place, et il y est !

Maurin a sorti des ciseaux de sa poche, et il va découper la lettre. Bachelet s'approche.

BACHELET

Il est vraiment indispensable de...

MAURIN

Oui, pour le cliché ! Ce n'est pas en gardant de vieux

papiers que l'on fait honneur à un mort. Donnez-moi de la colle s'il vous plaît.

Martinot va prendre la colle sur le bureau.

BERNADAC

Les souvenirs ne sont pas si matériels ! *(Il se frappe la poitrine.)* C'est là qu'ils sont !

BERLUREAU

Et puis, finalement, c'est lui qu'on attaque ! Avons-nous le droit de l'empêcher de répondre ?

LE DOCTEUR

Mon cher, ne soyez pas fétichiste. Ce qui compte, ce qu'il faut préserver, c'est sa légende.

MAURIN *(il a mis la lettre dans sa serviette)*

Messieurs, il est une heure du matin, et nous sommes de service à huit heures précises.

BERLUREAU

Alors, rendez-vous ici à sept heures et demie ?

BACHELET *(pensif)*

D'accord. D'accord.

BERNADAC

Les différentes sociétés viennent vous attendre sur la place pour vous accompagner en cortège à la gare. La musique en tête, puis...

MAURIN

Tout ça est réglé ! Voici le programme.

Il distribue de petits programmes sur papier glacé, ornés de la photo du sergent.

BERLUREAU *(le programme à la main)*

Donc, à la gare, pas de discours. La section du 151e présente les armes. Ensuite, le cortège fait le tour de la ville par les boulevards extérieurs. En arrivant à la porte Sud, il descend vers la cathédrale. Une voiture y transportera directement Mme Bachelet, et la petite, car elle y viendra. Naturellement, c'est vous qui conduisez le deuil. Seul, le premier, vous portez le coussin rouge des décorations.

Bernadac s'est précipité. Il a pris le coussin rouge sur ses avant-bras, et fait quelques pas solennels.

BERNADAC

Comme ça...

BACHELET

Et mon chapeau ? Je ne vais tout de même pas le garder sur la tête.

LE DOCTEUR

Évidemment non. Qu'est-ce qu'il va faire de son chapeau ?

MARTINOT *(très inquiet)*

Encore un problème !

BERNADAC

C'est un chapeau-claque ?

BACHELET *(inquiet)*

Non. Un chapeau de soie. Il n'est pas escamotable.

LE DOCTEUR *(pince-sans-rire)*

Il pourrait le confier à un soldat, qui le porterait derrière lui, sur un autre coussin.

BERNADAC *(sévère)*

Docteur, ne plaisantez pas lorsqu'il s'agit d'une pareille solennité.

LE DOCTEUR

Vous savez, quand on voit chaque jour des agonies, plus rien d'autre n'est solennel.

MARTINOT

Mais qu'est-ce qu'il va faire de son chapeau ?

BERLUREAU *(décisif)*

Le coussin, ça ne commence qu'à la gare. Eh bien, à la gare, il donnera son chapeau à mon chauffeur, qui le lui rendra après la cérémonie...

MAURIN

Parfait. C'est réglé. *(Il continue la lecture du programme.)* Arrivée au cimetière vers onze heures. Vous parlez le dernier vers onze heures et demie. Ne vous occupez pas du reste. Je file au journal : à demain.

Il ramasse ses papiers.

LE DOCTEUR *(joyeux)*

Et le million des tramways ? Qu'est-ce qu'il est devenu, le million des tramways ?

MAURIN *(sur la porte)*

Eh bien, je l'ai dilapidé pour une garce, qui m'a planté

ma première paire de cornes... Ce qui prouve que bien mal acquis profite toujours à quelqu'un. *(Il sort.)*

BERNADAC *(à Bachelet)*

Pas trop long, le discours ?

BACHELET

Un petit quart d'heure.

BERNADAC

C'est trop. N'oubliez pas que vous parlez après le Préfet et le général. Alors vous, dix minutes, pas plus. Mais ce qui compte, surtout dans un cimetière, ce ne sont pas les mots : c'est l'émotion. Moi, je pleure quand je veux. *(Il se met en effet à pleurer, et parle d'une voix entrecoupée de sanglots.)* C'est pourquoi... je vous dis... A demain... huit heures... précises... Préparez... tout votre courage... et pensez... à l'escamotage... du chapeau...

Il sort, accablé, en s'essuyant les yeux.

LE DOCTEUR

C'est un hyperthyroïdien extrêmement intéressant. *(A Bachelet.)* Et vous, maintenant, allez dormir.

BACHELET

Il faut d'abord que je revoies mon discours...

LE DOCTEUR

Pas ce soir. Vous pourriez croire que je suis un mauvais médecin, puisque le traitement que j'ai fait subir à mon œil ne m'a pas réussi. *(Il montre son œil, qui est maintenant noir et bleu.)* Mais je suis un bon cardiologue, et je vous dis : allez dormir. La cérémonie sera longue, et il ne faudrait pas tomber dans les pommes au cimetière...

BERLUREAU *(charmé)*

Ça serait tout naturel... Et bouleversant... Je ne dis pas de le faire exprès. Ce serait une comédie odieuse... Mais si ça arrivait vraiment... Il pâlit, l'émotion l'étouffe... Il chancelle, il tombe dans les bras du général... La foule sanglote...

LE DOCTEUR *(joyeux)*

Et si je n'arrive pas à le ranimer, on l'enterre avec le héros... Ne plaisantons pas, allez dormir ! A demain... *(Il sort.)*

BERLUREAU

Ils ont tous un moral magnifique... Eh bien, moi aussi, je vais me coucher... *(Tout en reprenant ses papiers et son chapeau.)* Blague à part, qu'est-ce que vous dites, exactement, dans votre discours ?

BACHELET

Quelques mots sur son enfance... Puis, son amour pour sa ville natale... Je lirai ses deux citations... A la fin, je vais ajouter une allusion à l'ignoble manœuvre de dernière heure des socialistes, qui...

BERLUREAU

Non, non, pas de politique ! Sur une tombe, ça serait déplacé ! *(Il sort.)*

Scène VII
BACHELET, LA SERVANTE

Bachelet, pensif, va regarder le portrait, comme s'il le consultait. Puis, il éteint le lustre, et va s'asseoir derrière son bureau, sur lequel une petite lampe est allumée. Il y a le clair de lune sur le jardin. Il ouvre un sous-main, y prend quelques feuilles de papier, et relit son discours à mi-voix.

BACHELET *(il lit d'abord assez vite)*

C'est grâce à la piété de ses concitoyens qu'il est revenu pour toujours dans sa ville natale, cette ville qu'il aimait tant, et qui lui rend aujourd'hui cet amour. C'est la voix tremblante d'un père qui vous dit à tous, merci, merci pour moi, merci pour sa mère, merci pour lui...

Il se lève, reprend ces phrases, en jouant sincèrement une émotion qui fait trembler sa voix. Soudain, entre la servante en chemise de nuit. Elle paraît épouvantée.

LA SERVANTE

Monsieur... Il y a un homme dans le jardin... Oui, je l'ai vu par la fenêtre, en fermant les volets. Deux fois, il s'est approché... Il a regardé ce qui se passait ici dedans...

Bachelet prend un revolver dans le tiroir de son bureau. Puis, d'un pas décidé, il va ouvrir la porte-fenêtre, allume la lampe extérieure, et sort. La servante effrayée rentre son cou dans ses épaules. Bachelet fait le tour du jardin et revient.

BACHELET

S'il y avait un homme, il est parti. Vous l'avez vu s'approcher de la porte-fenêtre ?

LA SERVANTE

Oh oui... Il se cachait, et puis j'ai bien vu qu'il écoutait. Et puis, il a reculé, il est resté sur place un petit moment, et puis il est monté sur le lavoir, il a grimpé sur le mur, et il a sauté dans la rue.

BACHELET

C'est certainement un espion des socialistes... Il est venu voir comment nous prenions le coup de la lettre... S'il a entendu ce que nous disions... vous auriez pu me prévenir plus tôt. Puisqu'il a sauté le mur, c'est que sa mission était terminée, et il ne reviendra pas ! *(Un temps : il réfléchit.)* C'est extrêmement embêtant... Il faut prévenir Berlureau tout de suite... Allez vous coucher, ma fille... N'ayez pas peur. Ce n'est pas à vous qu'on en veut. *(Il dépose le revolver sur son bureau, s'assoit, met ses lunettes à monture d'or, et prend l'annuaire du téléphone.)* Évidemment, il est rentré chez lui, et j'ai oublié son numéro...

LA SERVANTE

Moi, en tout cas, je vais fermer ma porte à clef.

BACHELET

Si vous voulez.

Scène VIII

BACHELET, L'INCONNU

(La servante sort. Il murmure) : Bar... Bar... Béranger... Béraud... Berri... Berland... Berlureau. Le 58. *(Il fait tourner la manivelle, décroche le téléphone, et attend. En vain. Il recommence. Il attend encore. Dans le silence, on frappe discrètement aux vitres de la porte-fenêtre, qui est restée ouverte. Bachelet lève la tête. Il voit un homme immobile. Il est plutôt grand ; il porte une moustache, un chapeau de feutre, et il est correctement vêtu. Bachelet se lève, la main sur son revolver.)*

BACHELET

Qui êtes-vous ? Qu'est-ce que c'est ?

L'INCONNU *(il se découvre)*

C'est bien la maison Bachelet, ici ? 4, Place du Marché ?

BACHELET

Oui, c'est la maison Bachelet. Mais vous, qui êtes-vous et que voulez-vous ? *(L'inconnu fait un pas en avant. Bachelet prend son revolver.)* N'avancez pas, restez où vous êtes.

L'INCONNU

Vous n'êtes pas M. Bachelet ?

BACHELET

Oui, je suis M. Bachelet lui-même.

L'INCONNU

Je m'appelle Henri Bachelet, 4, Place du Marché.

BACHELET

Quoi ? Vous êtes ivre, ou malade ?

L'INCONNU *(angoissé)*

Je viens de m'échapper du Centre... Vous ne me reconnaissez pas ?

BACHELET

Je ne vous ai jamais vu !

L'INCONNU

Et moi non plus, je ne vous reconnais pas... Pourtant quand j'étais petit, ma mère mettait un carton dans ma poche... Et il y avait écrit : « Henri Bachelet, 4, Place du Marché ». Elle s'appelait Fernande, ma mère...

BACHELET

Fernande Bachelet ?

L'INCONNU

Il me semble. Ah... Je suis fatigué... Je viens de loin, de bien loin... Puisque vous ne me reconnaissez pas... c'est que je me suis trompé. *(Il fait un geste de découragement, et se tourne comme pour partir.)* Est-ce que je peux dormir dans votre jardin ?

BACHELET *(il dépose son revolver)*

Approchez-vous.

L'inconnu s'approche. Bachelet braque la lampe du bureau sur le visage de l'inconnu. Il est très pâle. Il porte une moustache noire, et une barbe de huit jours. Il doit avoir une trentaine d'années. Il vacille, puis s'effondre en entraînant une chaise, à grand bruit. Bachelet s'élance vers lui, et il essaie de le relever. La porte s'ouvre, Yvonne paraît, en pyjama, ses cheveux dans le dos.

Scène IX

YVONNE, BACHELET, L'INCONNU, MADAME BACHELET

YVONNE

Qu'est-ce que c'est ?

BACHELET

Viens, aide-moi. *(Ils le soulèvent péniblement, et le hissent sur un fauteuil.)*

YVONNE *(elle le regarde, un peu effrayée)*

Qui est-ce ?

BACHELET

Si tu le sais, dis-le-moi.

Il va allumer le lustre. Yvonne examine l'homme, touche sa figure. Et tout à coup, elle recule, se frotte les yeux, regarde encore.

BACHELET

Tu le connais ?

YVONNE

Il ressemble... Parrain, il ressemble à Henri !

BACHELET

Tu sais bien que ce n'est pas possible.

YVONNE

Ce n'est pas possible, mais je reconnais sa bouche. Et ses mains ! Regarde ses mains !

BACHELET

Il y a quelque chose, c'est vrai... Mais il est plus fort.

YVONNE

Oui. Il est plus fort... *(Elle court à la cave aux liqueurs, et elle prend un verre et une bouteille de rhum.)* D'où vient-il ?

BACHELET

De la nuit. Il est entré ici. Il m'a dit : « Je suis Henri Bachelet, 4, Place du Marché. »

YVONNE

Alors, s'il te l'a dit, c'est vrai !

BACHELET

C'est un malade échappé d'un asile... Ça aussi, il me l'a dit...

YVONNE

Ça ne l'empêcherait pas d'être Henri... *(Elle glisse entre ses lèvres une cuillerée de rhum. L'homme remue et soupire.)* C'est lui, parrain, je te dis que c'est lui !

L'homme ouvre les yeux, et regarde autour de lui.

YVONNE *(agenouillée)*

Henri, tu ne me reconnais pas ?

L'INCONNU

Non... Je ne sais pas. Pourtant, là, il y avait le buffet... Là-bas, la grande pendule, et la cheminée, je la reconnais bien...

YVONNE

Et moi ? La petite Yvonne ?

L'INCONNU

Je ne crois pas. Elle avait quinze ans, la petite Yvonne...

YVONNE

Mais depuis six ans, j'ai grandi.

L'INCONNU *(vaguement)*

Oui, six ans... Ça fait six ans... Vous n'auriez pas un morceau de pain ? Je n'ai rien mangé depuis... depuis longtemps. *(Yvonne court à la cuisine.)*

BACHELET

Qu'est-ce qui a pu vous faire croire que vous êtes mon fils ? Il est tombé au champ d'honneur en 1916 !

L'INCONNU *(il parle comme à lui-même)*

Je me demande où je suis allé chercher cette histoire... Et surtout, ce petit carton... Si je ne suis pas Henri Bachelet, alors j'ai dû le connaître, et c'est lui qui me l'a raconté... J'ai perdu mon passé, n'est-ce pas. Alors, je le cherche... Depuis six ans... J'en ai retrouvé un petit morceau... Malheureusement ce n'est pas le bon... Pourtant, je reconnais l'odeur de la maison...

Yvonne revient avec un morceau de pain et une assiette qu'elle pose sur la table. L'Inconnu se lève... À ce moment, la porte s'ouvre, et on entend la voix de Mme Bachelet qui parle en entrant.

MADAME BACHELET

Édouard, déjà tu n'as rien mangé hier au soir. Si encore tu restes debout... *(Elle s'arrête net. Elle a vu Henri, que Bachelet essaie de lui cacher.)* Qui est-ce ? *(Elle le regarde, passe la main sur son front, s'appuie à la table.)* Cette fois-ci, j'ai des hallucinations. *(Bachelet va vers elle, et la soutient.)* C'est cette vie... Toujours sur les nerfs... *(Elle regarde de nouveau Henri, qui sourit faiblement sans mot dire. Elle s'avance, hypnotisée... Elle prend le visage d'Henri dans ses mains, et le flaire comme une chienne. Et tout à coup, elle crie :)* C'est lui ! C'est lui ! Mon petit !

(Il se lève, la prend dans ses bras. Elle sanglote, en disant : Si c'était vrai ! Mon Dieu, si c'était vrai !... *L'homme pleure en souriant, et murmure) :*

L'INCONNU

Toi, je te reconnais...

RIDEAU

ACTE QUATRIÈME

Six heures du matin. Bachelet finit de nouer sa cravate devant le miroir de la cheminée, puis il va boire à petites gorgées une tasse de café posée sur son bureau. Entre Yvonne.

Scène I

BACHELET, YVONNE

BACHELET

Il est réveillé ?

YVONNE

Oui, mais il ne veut pas te voir avant de s'être rasé. Marraine prépare son costume, et naturellement elle ne sait plus ce qu'elle fait.

BACHELET

Qu'est-ce qu'il dit ?

YVONNE

Il est beaucoup mieux qu'hier au soir. Il parle du Centre où il était. Il paraît que plusieurs familles l'avaient reconnu...

BACHELET

Tu le crois, toi, que des gens peuvent se tromper à ce point ?

YVONNE

Peut-être pour de grands blessés qui n'ont plus la même figure ? Tandis qu'Henri n'a pas beaucoup changé.

BACHELET

Il me semble plus grand, et plus épais...

YVONNE

Ses costumes ne lui vont plus du tout, ça c'est vrai. Et puis, il a la voix plus grave...

BACHELET

Tu penses que pour nous, il n'y a pas d'erreur possible ? Parce que c'est si beau que j'ai peur.

YVONNE

Ne crains rien, parrain. Moi je t'affirme que c'est bien lui, et marraine non plus ne peut pas se tromper. Et puis nous avons vu sa blessure au bras, celle que nous avons soignée pendant sa convalescence. Une cicatrice comme une étoile. Elle est un peu plus petite, mais c'est bien la même... Et lui, il nous a bien reconnus, lui ! Ce qui est triste, c'est qu'il réclame Germaine... Il a absolument voulu que je lui téléphone... Son mari est en voyage. Elle arrive. Elle est affolée...

BACHELET

Il y a de quoi. Nous allons avoir une scène pénible. Il ne se doute de rien ?

YVONNE

On voit qu'il est inquiet... Il nous a demandé si elle avait vieilli... Il a peur qu'elle ne le reconnaisse pas... Enfin, lui ne l'a pas oubliée.. C'est surtout pour elle qu'il est en train de se raser... *(On sonne.)*

BACHELET

Voilà Berlureau que j'ai appelé.

YVONNE

Il le sait ?

BACHELET

Pas encore. Je n'ai rien voulu dire au téléphone.

YVONNE

Ça ne va pas lui faire plaisir...

BACHELET

Ne le crois pas si méchant...

Elle sort vivement, puis Berlureau entre. On voit qu'il s'est habillé en hâte, et qu'il est inquiet.

Scène II

BERLUREAU, BACHELET, HENRI, MADAME BACHELET

BERLUREAU

Vous aviez une drôle de voix tout à l'heure, qu'est-ce qu'il se passe ?

BACHELET

Un événement incroyable, extraordinaire... La plus grande joie de ma vie...

BERLUREAU

Je vous félicite, mais qu'est-ce que c'est ?

BACHELET

Mon fils est revenu...

BERLUREAU *(stupéfait)*

Quel fils ? Vous avez un autre fils ?

BACHELET

Non, lui ! *(Il montre le portrait.)* Il est revenu cette nuit.

BERLUREAU *(inquiet)*

Oh ! mais dites donc, vous n'allez pas perdre la boule à la veille des élections ? Vous voulez dire que vous l'avez vu en rêve ?

BACHELET

Pas du tout. Il est ici. Sa mère et Yvonne s'occupent de lui en ce moment.

BERLUREAU

Comment voulez-vous que je croie ça, quand on va l'enterrer tout à l'heure pour la deuxième fois ? *(Il s'approche de lui, le prend aux épaules, et le regarde dans les yeux.)* Vous, vous avez la fièvre.

BACHELET

C'est bien possible. Je ne me suis pas couché !

BERLUREAU

C'est ça ! C'est le surmenage de ces derniers jours... Allez vite prendre une douche, et j'appelle le docteur.

BACHELET

Mais non ! Je ne suis pas fou, je n'ai pas rêvé, et je vous dis la vérité. Hier soir, pendant que nous discutions, il était caché dans le jardin... Quand vous êtes parti, on a frappé à la vitre. Et c'était lui !

BERLUREAU

Mais d'où sortirait-il ?

BACHELET

Prisonnier en Allemagne... Blessé à la tête, amnésique... Puis dans une maison de santé en France... Il a retrouvé la mémoire avant-hier, et il s'est évadé.

BERLUREAU

Il est fou ?

BACHELET

Pas du tout. Amnésique.

BERLUREAU

Vous l'avez reconnu tout de suite ?

BACHELET

Non, bien sûr... J'ai hésité...

BERLUREAU *(qui a son idée)*

Il a forcément beaucoup changé ?

BACHELET

Naturellement... Il m'a d'abord paru plus grand et plus fort.

BERLUREAU

Je n'avais jamais encore entendu dire que l'amnésie fût un fortifiant. Et il vous a raconté toute son histoire, avec des détails précis ?

BACHELET

Non. Il était épuisé... Il venait à pied de Meyreuil.. Près de quatre-vingts kilomètres ! Nous l'avons couché, et il vient de s'éveiller.

BERLUREAU

Eh bien mon cher, je n'aurais jamais cru que Bougrillot ait un pareil culot. Je le croyais capable de tout, mais pas de ça...

BACHELET

Qu'est-ce qu'il vous a fait ?

BERLUREAU

Mais enfin, c'est lui qui nous a envoyé ce farceur ! Cette fois-ci, c'est un peu gros, et ça va lui retomber sur le nez ! Nous n'avons pas une minute à perdre. *(Il va vers le téléphone.)* Il n'y a qu'à appeler la gendarmerie !

BACHELET *(il l'arrête)*

Mais jamais de la vie ! Vous croyez donc qu'il s'agit d'une imposture ?

BERLUREAU

Ça crève les yeux !

BACHELET

Sa mère et Yvonne l'ont reconnu !

BERLUREAU

Mon cher ami, il y a encore dans les hôpitaux une centaine de malheureux amnésiques.

BACHELET

Vous voyez bien que son histoire est possible.

BERLUREAU

Oui, mais il est arrivé plusieurs fois que deux ou trois familles reconnaissent le même malade, et se le disputent pendant des années. C'est quelquefois pour des raisons d'intérêt, si l'amnésique est riche. Mais presque toujours ces gens sont sincères. Il y a donc des pères, des mères et des sœurs qui se trompent en toute bonne foi... La voix du sang, c'est une blague. Plus on aimait le disparu, plus facilement on le reconnaît !

BACHELET *(inquiet)*

Si ce n'était pas lui, j'en aurais autant de chagrin que le jour de sa mort. Sa mère a retrouvé la cicatrice de sa blessure au bras, une blessure qu'elle a soignée pendant sa convalescence !

BERLUREAU

Une cicatrice importante ?

BACHELET

Une cicatrice en étoile, qui a un peu diminué avec le temps. C'était un éclat d'obus qui lui avait brisé l'humérus.

BERLUREAU

Eh bien, mon cher, j'en ai une, moi, de cicatrice. Le souvenir d'un accident de bicyclette. En vingt ans, elle a pâli, mais elle ne s'est pas raccourcie.

BACHELET

Allons, allons ! Si vous allez jusqu'à discuter une preuve aussi nette ! Moi, vous ne me ferez pas douter. D'autant plus que j'ai douté au départ.

BERLUREAU *(avec force)*

La première impression est toujours la bonne.

BACHELET

Croyez-vous ?

BERLUREAU *(il explose)*

Mais enfin, rendez-vous compte de l'invraisemblance de cette résurrection tout juste le jour de la cérémonie, et la veille des élections ! Il faut lui poser des questions précises sur son passé, sur de petits événements domestiques que vous êtes les seuls à connaître... J'aimerais bien le voir...

BACHELET

C'est peut-être un peu tôt.

BERLUREAU

Mon cher, il faut être fixés tout de suite... On va d'abord lui parler gentiment. Si c'est lui, bravo ! Si ce n'est pas lui, on le fait coffrer, Maurin remplit sa première page avec « l'ignoble manœuvre », et nous sommes élus dans l'enthousiasme !

BACHELET

Je vais aller voir s'il est prêt. Dites-moi, j'aimerais autant ne pas lui parler tout de suite du... des funérailles... Nous ne lui avons encore rien dit...

BERLUREAU

D'accord. Si c'est lui, ne l'attristons pas...

Au moment où Bachelet approche de la porte, elle s'ouvre, et Henri paraît, il n'a plus de barbe. Il porte un de ses costumes d'autrefois, qui paraît trop petit pour lui. Son œil est plus clair que la veille, sa démarche mieux assurée, mais il n'est pas encore tout à fait normal. Il s'avance vers Bachelet, et le prend par les épaules.

HENRI

Bonjour père !

BACHELET

Bonjour mon garçon !

HENRI

Et voilà ! Ce n'était pas un rêve, et je me suis réveillé du bon côté... C'est merveilleux... *(Il regarde Berlureau.)* Ce n'est pas un docteur ?

BACHELET *(il l'a pris par le bras)*

Non, c'est M. Berlureau. Le Maire de notre bonne ville !

HENRI

Bonjour Monsieur.

BERLUREAU

Bonjour Monsieur.

Entre Mme Bachelet, qui apporte du café sur un plateau, avec des croissants.

MADAME BACHELET

Bonjour M. Berlureau ! C'est à n'y pas croire ! Je me demande si je ne rêve pas !

BERLUREAU

Et moi non plus, je n'y crois pas ! C'est tellement incroyable ! Il a vraiment très bonne mine...

HENRI

C'est le grand air... Depuis deux ans, j'étais jardinier ! Oh ! On m'a très bien soigné...

BERLUREAU *(il montre la manche du veston)*

Et même, il a beaucoup grandi, ou alors, c'est ce costume qui a rétréci au lavage ! C'est merveilleux de grandir encore à cet âge-là ! En pleine amnésie !

HENRI *(il touche son costume)*

Je n'avais que vingt-trois ans quand on l'a fait.

MADAME BACHELET

Vingt-cinq.

HENRI

Tu crois ?

MADAME BACHELET

Quand tu es parti en 14, tu avais exactement vingt-cinq ans.

BERLUREAU

Après si longtemps on oublie bien des choses.

HENRI

Surtout dans mon cas.

BERLUREAU *(ambigu)*

Oui, surtout dans votre cas.

MADAME BACHELET

Un peu de café, M. Berlureau ? Je ne savais pas que vous étiez là !

Elle va ouvrir le buffet pour y prendre une tasse.

BERLUREAU

Avec plaisir. *(A Henri.)* Votre cas, il faut absolument que nous en parlions.

MADAME BACHELET

Vous savez, je crois qu'il vaudrait mieux ne pas trop le questionner... Cela peut le fatiguer, s'il faut qu'il fasse des efforts...

BERLUREAU

Il n'est pas question de le torturer... Mais son retour pose des questions administratives... Il me faut simplement quelques renseignements qui me permettront de faire le nécessaire pour le ressusciter officiellement.

MADAME BACHELET

Henri, tu vois ce monsieur ? C'est lui qui a essayé de te faire revenir pendant la guerre, et maintenant, c'est lui qui va te ressusciter ! Monsieur Berlureau, vous êtes un ange !

BERLUREAU

C'est bien la première fois qu'on me le dit ! *(Il change de ton.)* Ce que je vous demanderai, c'est de ne pas encore avertir les amis, ni les voisins.. Pas trop de bruit avant que j'aie préparé sa rentrée... Après tout, il n'est pas encore démobilisé !

HENRI

Eh oui ! Je suis un évadé !

MADAME BACHELET *(brusquement)*

Il ne faudrait pas que la bonne aille raconter des histoires. Je vais lui dire que notre cousin de Palavas est arrivé. Comme elle est à moitié idiote, elle ne se doutera de rien ! *(Elle sort.)*

BERLUREAU

Voyons, mon garçon. Éclairez un peu ma lanterne.

Il va s'asseoir à la table, et tire de sa serviette un cahier et un stylographe. Henri va aller s'asseoir en face de lui. Bachelet l'accompagne. Ils ont emporté tous les trois leurs tasses de café. Pendant tout l'interrogatoire qui va suivre, Henri va lui répondre d'abord clairement. Puis, quand il lui faudra évoquer son passé, il prendra sa tête dans ses mains, les coudes sur la table, et fera des efforts visibles, en parlant d'une voix qui s'assourdit peu à peu.

BERLUREAU

Ainsi donc, vous êtes Henri Bachelet.

HENRI

Oui. Maintenant, j'en suis sûr.

BERLUREAU

Pourquoi « maintenant » ?

HENRI

Quand je m'en suis souvenu, avant-hier, je doutais encore... Et même ce matin, en m'éveillant...

BERLUREAU

Votre histoire est évidemment assez extraordinaire... Et il y a des gens qui n'y croiront pas sans preuves...

BACHELET

Qu'est-ce que ça peut nous faire qu'ils n'y croient pas ? J'ai retrouvé mon garçon, et ça me suffit.

BERLUREAU

Mon cher, il ne s'agit pas de vous, qui êtes le plus heureux des pères. Il s'agit de donner des renseignements précis aux autorités. *(A Henri.)* Vous êtes donc parti en

1914, à un âge dont vous ne vous souvenez pas très bien, mais que votre mère n'a pas oublié. Dans quel régiment ?

HENRI

Infanterie. Sergent mitrailleur.

BERLUREAU *(qui prend des notes)*

Quel régiment ?

HENRI

Ça, le numéro, je ne le retrouve pas.

BERLUREAU *(il regarde Bachelet et note)*

Bon. Il ne sait pas le numéro de son régiment.

BACHELET

151e.

HENRI *(vivement)*

Oui, c'est ça. 151e. Ça me revient.

BERLUREAU

Ça lui revient, et maintenant qu'il le sait, il ne l'oubliera plus.

HENRI

N'est-ce pas, tout ce passé me revient à l'envers... Je veux dire par la fin. C'est-à-dire que je me vois dans une casemate. Un nid de mitrailleuses, près d'un fort. Un fort énorme, qui communiquait avec nous par un souterrain. Le nom du fort, c'était... *(il cherche.)* Le nom est derrière un rideau.

Il fait un effort pour le retrouver.

BACHELET

Douaumont.

HENRI *(son visage s'éclaire)*

C'est ça, Douaumont. Devant Verdun. C'est ça. Il y avait des bombardements terribles... ça ne s'arrêtait ni jour ni nuit... Et puis, des attaques. Ils montaient comme des fourmis... Ils tombaient comme du blé... Les autres leur marchaient dessus... Ils ont pris plusieurs casemates... Je crois que nous sommes restés les derniers. Il y avait Pernette, qui était sergent comme moi... Il y avait Bérard, un caporal. Puis trois hommes : un grand blond... Et un aspirant, un engagé volontaire... Il disait : « Je m'appelle Dubois, comme tout le monde ! » Tout me revient. C'est extraordinaire. Tout me revient...

BACHELET

Et avec précision... *(Il regarde Berlureau.)*

HENRI

Ça avait commencé à l'aube, et à six heures du soir, ils montaient toujours... On s'est aperçu que beaucoup d'ouvrages ne tiraient plus... Il arrive un adjudant par le couloir, qui dit : « Les gars, le bataillon se replie... Mais vous, il faut rester... Si vous partez, tout le monde y passe... Je reste avec vous... Peut-être on va crever ici, peut-être on aura la chance d'être faits prisonniers, et le bataillon sera sauvé... » On a continué à tirer, en pissant une fois chacun sur les mitrailleuses... Mais des Boches sont venus par-derrière, et ils ont lancé des grenades par les meurtrières... A la première, Dubois est tombé, le grand blond aussi... Et moi j'ai pris un éclat au poignet gauche... Ça me gênait, mais ça ne m'empêchait pas de tirer. La deuxième a éclaté en plein sur l'épaule de Pernette. Il est tombé en morceaux sur l'adjudant. Et moi j'ai reçu un grand coup sur la tête. Un éclat... Dans la fumée, je ne voyais plus rien... Je suis sorti dans le couloir, je m'étouffais... Je suis parti au hasard, dans la nuit... Et j'y suis resté jusqu'à mon réveil. Dans un hôpital allemand. Je crois que c'était à Mannheim. Je ne comprenais plus rien. Ni le français, ni l'allemand.

BACHELET

On t'avait trépané ?

HENRI

Non, je l'ai su après. Ils m'ont dit que mes blessures étaient superficielles, mais que c'était la commotion. Ils m'ont dit que j'avais « l'amnésie rétrograde localisée ». C'est-à-dire que je n'avais plus aucun souvenir. Je repartais à zéro. Mais ma mémoire fonctionnait très bien à partir de ce moment-là. J'ai appris l'allemand si vite que les médecins pensaient que j'étais Alsacien, ou peut-être un déserteur allemand ! J'ai fait deux hôpitaux, puis, après l'armistice, ils m'ont renvoyé en France à Meyreuil. Là, on m'a bien soigné. Peut-être même trop... Des électrochocs... Des piqûres... Des interrogatoires... Mais quand j'essayais de remonter vers le passé, je tombais dans un trou, et je m'endormais pour des heures... Ça a duré trois ans... Avant-hier soir, l'économe m'avait envoyé acheter des cigarettes au village. Et sur la route, ça m'a pris brusquement. Je me suis dit : « Maintenant, j'en ai assez, je rentre chez moi ! ». Et je suis parti tout droit. Je ne savais pas où j'allais... A Montélimar, avec l'argent pour les cigarettes, j'ai pris un car qui montait vers Valence... Et ensuite, comme je n'avais plus d'argent, j'ai continué à pied.

BACHELET

Tu viens de Valence à pied ? Il y a au moins quatre-vingts kilomètres !

HENRI

Je marchais... sans m'en rendre compte. Tout droit. Je crois que j'ai dormi dans une haie... Et puis, ce soir, vers dix heures, j'ai vu les lumières d'une ville, au bord d'une rivière... Je ne l'ai pas reconnue, et j'ai commencé à me dire que j'avais fait une bêtise, et qu'il n'y avait plus qu'à retourner là-bas... J'ai pensé que le mieux à faire c'était d'aller voir le commissaire de police, et qu'il me renverrait au centre par le train... Et puis, en arrivant sur le pont du Commerce, j'ai vu au clair de lune le clocher de Sainte-Odile, et je me suis entendu dire à haute voix : « Je m'appelle Henri Bachelet, et j'habite 4, Place du Marché. » Je suis venu ici sans regarder le nom des rues... J'ai vu la maison, le mur du jardin... Et puis des hommes, dans deux automobiles, qui sont entrés en parlant... J'ai recommencé à douter... J'ai escaladé le mur... Ces fenêtres étaient éclairées. J'ai essayé de voir ce qui se passait... Je n'ai reconnu personne. C'étaient des gens riches qui discutaient...

BACHELET

Tu as entendu ce que nous disions ?

HENRI

Je n'ai pas pu comprendre... On a ouvert une fenêtre, là-haut... J'ai pris peur, j'ai sauté le mur. J'ai vu des gens qui sortaient de la maison, et il y en a un qui a prononcé une phrase, et il m'a semblé qu'il avait dit « Bachelet ». Ça m'a donné un coup au cœur... J'ai attendu qu'ils soient partis, et je suis revenu. Et voilà. Pourvu que tout ça soit vrai !

BERLUREAU

Eh oui ! Je dis comme lui : pourvu que tout ça soit vrai...

BACHELET

Il veut dire qu'il a peur de rêver. La précision et l'émotion de ce récit...

BERLUREAU

Oui, on dirait qu'il récite une leçon. Tout le monde connaît l'histoire de la casemate, puisqu'elle est dans sa citation. Il est facile de la réciter d'un air égaré...

HENRI *(à son père)*

Qu'est-ce que ça veut dire ? Quelle citation ?

BACHELET

Naturellement, il ne sait encore rien !

BERLUREAU

Écoutez-moi jeune homme, je vous fais une proposition. Si vous venez de la part de Bougrillot, dites-moi combien il vous donne : je vous offre le double, et vous allez ressusciter ailleurs.

HENRI

Je ne comprends pas !

BACHELET

Voyons, il faut bien se rendre à l'évidence ! Je vous affirme que c'est mon fils, et nous sommes trois à l'affirmer !

BERLUREAU

Mais moi je ne l'affirme pas encore ! Et si ce n'est pas votre fils, je tiens à attirer son attention sur la gravité de l'imposture ! Ça pourrait aller très loin ! Et il vaut mieux encaisser mon chèque plutôt que de risquer trois ans de prison ! Allons, combien ?

HENRI

Père, de quoi s'agit-il ? Je ne comprends pas !

BACHELET

Notre ami se trompe totalement. Ne t'inquiète pas. Tu es bien mon fils, j'en suis absolument sûr...

BERLUREAU

Eh bien, si c'est votre fils, j'en suis ravi pour la famille, et je vous félicite tous les quatre. Mais notre élection, WZITT !

Il a passé son index tendu sous son nez.

BACHELET

Vous croyez ?

BERLUREAU

Ah ! mon pauvre ami !

HENRI

Quelle élection ?

BERLUREAU

Nous allions être élus députés après-demain. Et toute notre campagne était faite sur la France, la Patrie... Et aussi un peu sur le sergent Bachelet, le héros de Verdun !

HENRI *(stupéfait)*

Moi ? Le héros de Verdun ?

BERLUREAU

Oui, vous. Vous n'avez pas vu ça ?

Il montre le portrait, les décorations, les citations accrochés au mur dans des cadres dorés. Henri se lève, et va voir de près la glorieuse exposition.

BACHELET

Ton nom est célèbre... Ce sont les Allemands eux-mêmes qui ont raconté ton exploit, et qui t'ont rendu les honneurs militaires, quand ils ont cru ensevelir ton corps dans un cimetière du front...

HENRI

Mais alors, ces décorations, c'est à moi ?

BACHELET

Oui. *(A Berlureau.)* Et je dis qu'il les a tout de même méritées..

HENRI

Peut-être autant qu'un autre, mais pas plus. Alors, ils ont dû enterrer Pernette à ma place... Il était en morceaux. Et moi, l'éclat au poignet a dû couper le bracelet de ma plaque...

BERLUREAU

En tout cas, si on le sait, nous sommes foutus.

BACHELET

Je ne suis pas de votre avis... Dans cette casemate, c'est

lui qui est resté le dernier. Par conséquent, le véritable héros, c'est lui.

BERLUREAU

Pour nous, certainement. Mais pour la foule, il n'est plus un héros.

BACHELET

Mais qu'est-ce qu'il y a de changé ?

BERLUREAU

La première qualité d'un héros, c'est d'être mort et enterré. Et enterré plutôt deux fois qu'une.

BACHELET

Je suis navré que mon bonheur soit un obstacle au vôtre...

BERLUREAU

Parlons peu, mais parlons bien. Vous dites que ce beau garçon — qui a un costume un peu trop étroit — est votre fils. Je ne demande qu'à le croire, mais je voudrais une preuve décisive ! Une preuve d'amour filial.

BACHELET

Mais laquelle ?

BERLUREAU

Eh bien, j'admets un instant qu'il est votre fils, et je lui dis : cher jeune Henri, depuis votre mort héroïque, votre père s'est révélé un orateur politique de premier ordre... C'est pourquoi mon parti avait pensé à lui comme tête de liste... Et nous étions à peu près assurés de notre majorité... A la Chambre, il aurait pu continuer votre œuvre...

La France a grand besoin d'hommes comme lui... Votre retour — inespéré — va priver le pays des services d'un homme éminent, et priver cet homme éminent d'une très haute situation... Je n'aurais pas été étonné de le voir ministre.

BACHELET

N'exagérons rien... Et puis tout ça m'est parfaitement égal et ma place à la Préfecture me suffit amplement...

HENRI

Père, tu tenais beaucoup à être député ?

BACHELET

En ton absence, peut-être. Mais maintenant que tu es là, peu m'importe !

BERLUREAU *(avec une émotion discrète)*

Voilà une parole de père.

HENRI

Est-il indispensable de révéler ma présence avant ces élections ?

BERLUREAU *(très ému)*

Voilà une parole de fils !

HENRI

Je n'ai pas encore retrouvé mon équilibre mental. Je ne désire pas voir d'autres personnes que celles de ma famille. Je puis parfaitement rester dans ma chambre pendant quelques jours.

BERLUREAU

Henri, pardonnez-moi des soupçons qui se révèlent

injustifiés. Je parlais dans l'intérêt de votre père. Mais l'idée de rester cloîtré dans une chambre me choque. Non, assez de captivité. Puisque vous êtes si généreux, je veux l'être à mon tour. J'ai une assez belle villa à Boulouris. Tout confort, deux salles de bains, parc de palmiers et de mimosas, billard, croquet, jeu de boules, pédalo, tir à l'arc. La Côte d'Azur, c'est ce qu'il vous faut... La brise de mer, la pétanque, les félibres, les rascasses, la bouillabaisse... Un couple de gardiens assure le service... Vous allez passer deux ou trois semaines là-bas, avec votre mère, et votre charmante cousine...

HENRI

Et ma femme !

BERLUREAU

Il est marié ?

HENRI

Oui. J'étais marié depuis quatre mois quand je suis parti... Elle était retournée dans sa famille. Yvonne l'a prévenue, et je l'attends.

BERLUREAU

Alors, elle l'a dit à ses parents ?

BACHELET *(vivement)*

Non, ils n'étaient pas là.

BERLUREAU

Eh bien tant mieux. Parce qu'il nous faut un secret absolu. Et devant le chauffeur, ne parlez pas trop... Quoique c'est un Italien, et il ne comprend pas grand-chose... Je vais lui dire que c'est un cousin de la petite...

BACHELET

C'est une solution qui arrange tout. Tu as eu une bonne idée... Ça m'aurait ennuyé de faire échouer la campagne électorale de mes amis — qui ont dépensé beaucoup de peine — et beaucoup d'argent... Huit heures. Va prévenir Yvonne et ta mère, et préparez vos bagages...

HENRI

Nous partons quand ?

BERLUREAU

Dès que vous serez prêts ! Dans un quart d'heure, mon chauffeur vous attendra derrière la maison, dans la petite rue...

HENRI *(il se lève)*

Et Germaine va être folle de joie... Elle avait toujours rêvé de voir la Côte d'Azur : ça nous fera un second voyage de noces.

Il sort. Bachelet est pensif.

Scène III

BACHELET, BERLUREAU

BACHELET

Ce qui est très grave, c'est qu'elle est remariée, et qu'elle a deux enfants, et qu'elle va venir... Que va-t-il se passer ?

BERLUREAU

S'il l'étrangle, nous sommes foutus. On aurait dû lui dire qu'elle était en vacances... A Saint-Raphaël, par exemple... Ça nous aurait fait gagner au moins les deux jours indispensables...

BACHELET

Il n'étranglera personne... Mais il va avoir un grand chagrin...

BERLUREAU

C'est dommage qu'il n'ait pas perdu la mémoire sur ce point-là...

BACHELET

Il l'a réclamée en arrivant... Peut-être qu'après six ans...

BERLUREAU

Et si elle parle ?

BACHELET

Elle adore son nouveau mari et ses enfants... Ce n'est pas elle qui parlera la première ! Je vais lui faire la leçon... *(On sonne.)*... très probablement, la voilà.

BERLUREAU

Je vais passer mon habit, et je reviens. A tout de suite.

Il sort en hâte par le jardin.

Scène IV

BACHELET, GERMAINE, HENRI

Entre Germaine. Pâle, le visage crispé, elle est richement vêtue. Il semble bien qu'elle l'a fait exprès.

BACHELET

Bonjour Germaine.

GERMAINE

Bonjour. Est-ce qu'Yvonne est folle, ou est-ce que c'est vrai ?

BACHELET

Elle n'est pas folle, il est revenu. Vous n'en avez rien dit à personne ?

GERMAINE

Je m'en suis bien gardée.

BACHELET

C'est un secret jusqu'à nouvel ordre...

GERMAINE

Vous n'êtes pas sûr que c'est lui ?

BACHELET

Au contraire. Il n'y a aucun doute. Évidemment, ce n'est plus tout à fait le même homme... Il a été blessé à la tête.

GERMAINE

Il est fou ? Il a été fou ?

BACHELET

Heureusement non. Amnésique.

GERMAINE

Quelle affaire ! J'en ai les jambes coupées. *(Elle s'assoit dans un fauteuil.)* Est-ce que vous lui avez dit que... j'ai refait ma vie ?

BACHELET

Nous n'avons pas encore eu le courage... Nous avons pensé que votre présence... Mais maintenant, je me demande si cette rencontre était nécessaire... Nous aurions pu prétexter une absence momentanée, un voyage...

GERMAINE

Yvonne m'a dit qu'il me réclame... J'ai eu peur qu'il aille chez mes parents, puis qu'il vienne chez moi... Et puis, je préfère lui parler, et savoir à quoi m'en tenir... C'est trop grave... Il vaut mieux...

La porte s'ouvre, une valise paraît, suivie d'Henri. Il parle en entrant. Il a son chapeau sur la tête.

HENRI

Il faut lui retéléphoner, et lui dire que nous passerons la prendre chez elle... *(Il regarde Germaine et la salue.)*

Bonjour Madame. *(Elle fait un pas vers lui... Il la regarde encore.)* C'est toi ?

GERMAINE

Oui, c'est moi.

Bachelet sort discrètement.

HENRI *(il n'ose pas s'approcher d'elle)*

Si je t'avais rencontrée dans la rue, je ne t'aurais pas reconnue, et pourtant... *(Un silence. Elle ne dit rien, ne s'avance pas vers lui.)* Tu sais que j'avais tout oublié ? Même mon nom ?

GERMAINE

Ton père me l'a dit.

HENRI

Il y a une chose qu'il n'a pas pu te dire, parce que je l'ai gardée pour moi... Oui, j'avais tout oublié, sauf ton visage... Je ne savais pas qui tu étais ; je pensais « peut-être une sœur, peut-être ma femme, peut-être ma mère quand elle était jeune »... Tu m'as suivi partout, comme la seule image de mon passé... Mais aujourd'hui, il me semble que tu n'as plus tout à fait ce visage...

GERMAINE

Six ans ont passé. Six ans, c'est long.

HENRI

Oh ! je ne veux pas dire que tu as vieilli... Au contraire. Tu es plus belle qu'autrefois. Trop belle !... C'est ce chapeau, peut-être, qui me trouble.

GERMAINE

Je suis bien plus troublée que toi...

HENRI

Peux-tu partir avec nous ce matin ?

GERMAINE

Pour aller où ?

HENRI

Sur la Côte d'Azur ! Dans la villa d'un ami de mon père. Il faut que je reprenne pied, tu comprends. Je sors d'un long tunnel, je suis comme ébloui... Ma mère et Yvonne viennent avec nous. La voiture est en bas.

GERMAINE

Non, Henri, je ne peux pas.

HENRI

Tu préfères venir nous rejoindre demain ? *(Elle ne répond pas.)* Mais il ne faut pas encore dire à tes parents que je suis revenu... Pour le moment, c'est un secret.

GERMAINE

Je sais.

HENRI

Tu préférerais peut-être que nous partions seuls ?

GERMAINE

Je ne peux pas partir avec toi.

HENRI

Pourquoi ?

GERMAINE

Je t'ai pleuré pendant trois ans...

HENRI

Six ans...

GERMAINE

Non. Trois ans. J'avais été une bonne épouse, et je t'aimais... J'ai profondément souffert de ta mort ; et d'un chagrin qui m'a rendue malade. Je n'entendais plus ce qu'on me disait, je ne parlais plus, je ne dormais plus. Mais j'avais vingt ans.

HENRI

Ce qui fait qu'au bout de trois ans ?

GERMAINE

J'ai essayé de vivre. Pour n'être plus à la charge de ta famille et de la mienne, je suis entrée comme secrétaire dans une entreprise. Grâce à toi, d'ailleurs. J'étais la jeune veuve du héros...

HENRI

C'est utile, un héros, dans une famille.

GERMAINE

C'était comme un titre de noblesse que je n'avais pas demandé... Les gens me respectaient à cause de toi, et je t'en suis toujours reconnaissante. Et puis, à vingt-trois ans, la vie a recommencé.

HENRI

C'est-à-dire que tu as pris un amant ?

GERMAINE

Non. Un mari.

HENRI

Tu es remariée ?

GERMAINE

Oui. Tes parents ne m'ont pas blâmée.

HENRI

Le souvenir du héros ne t'a pas suffi ?

GERMAINE

Trois ans de veuvage, à vingt ans, c'est long.

HENRI

Évidemment... Moi, parce que ces années ont été supprimées de ma vie, c'est hier que je t'ai quittée, c'est aujourd'hui que je reviens. Alors, je croyais retrouver ma petite Germaine, qui aurait lâché son fer à repasser pour se jeter dans mes bras...

GERMAINE

Je sais. Je comprends. Mais que puis-je faire ?

HENRI

Comme je suis vivant, ton second mariage est nul.

GERMAINE

Je le sais.

HENRI

Si tu veux, tu peux revenir avec moi.

GERMAINE

Je le sais.

HENRI

Qui est-ce, ton nouveau mari ?

GERMAINE

Albert Godard.

HENRI

Les transports Godard ? Ton patron ?

GERMAINE

Oui. Son fils.

HENRI

Je le connais. J'ai travaillé pour le père quand il a fait construire le garage près de la cathédrale. Et celui-là, la guerre l'a épargné...

GERMAINE

Il était jeune. Il n'a fait que deux ans de front. Il était officier d'artillerie, parce qu'il sort de l'École Centrale.

HENRI

Ça aussi, ça compte. Alors, tu l'aimes ?

GERMAINE

Il m'a sauvé la vie.

HENRI

Eh oui. En prenant ma place... Donc, tu ne tiens pas à

revenir avec moi ? Ne me réponds pas tout de suite... Notre rencontre d'aujourd'hui est une grande surprise pour tous les deux. Les retrouvailles passionnées, c'est raté... Et puis, tu ne me vois pas à mon avantage. Il faut réfléchir, s'habituer... Et peut-être dans un mois...

GERMAINE

Je n'y crois pas, Henri... Nous ne pourrons jamais nous retrouver, parce que... Ce n'est plus ni toi ni moi.

HENRI

Je suis changé, peut-être, mais tu l'es bien davantage.

GERMAINE

Parce que je suis une femme.

HENRI

Et puis, parce que tu as de l'argent...

GERMAINE

Peut-être...

HENRI

Si je voulais... J'ai le droit d'exiger ton retour... et je suis sûr de te regagner... Oui, j'en suis sûr. Et si je te disais d'aller préparer tes bagages, pour suivre ton mari comme tu l'as promis devant M. le Maire ?

GERMAINE

Tu ne le feras pas, Henri. Non, tu ne le feras pas.

HENRI

Pourquoi ?

GERMAINE

Parce que j'ai deux enfants.

HENRI

Toi ?

GERMAINE

Je suis mariée depuis trois ans. J'ai un garçon et une petite fille.

HENRI

De quel âge ?

GERMAINE

Le garçon a deux ans, et la fille huit mois... Même si je voulais te suivre, je n'en ai plus le droit.

Henri réfléchit, se domine. Puis, sans la regarder, il parle.

HENRI

Va, va soigner tes enfants.

GERMAINE

Merci. *(Un temps.)* Je ne te laisse pas seul... Tu as près de toi une femme qui t'aime, et qui t'a toujours aimé en silence... Même quand elle avait douze ans, j'étais jalouse de cet amour...

HENRI *(il hausse les épaules)*

Yvonne ? C'est ma petite sœur !

GERMAINE

Non, ce n'est pas ta sœur, et aujourd'hui c'est une femme. Elle a porté ton deuil plus longtemps que moi.

Elle me haïssait parce que j'étais ta femme, elle m'a méprisée quand j'ai cessé de l'être... Je suis sûre qu'elle te rendra heureux... *(Elle change de ton.)* Dans combien de temps va-t-on annoncer ton retour ?

HENRI

Je ne sais pas... Quand mon père voudra... Deux ou trois semaines....

GERMAINE

Fais-moi prévenir à l'avance, parce qu'il faut que je prépare mon mari... Quand il saura que tu es vivant, ça va être un coup pour lui...

HENRI

Je ne vois pas pourquoi, puisque j'accepte le divorce.

GERMAINE

C'est ta présence qui va l'inquiéter... Il a toujours été jaloux de ton souvenir... Une jalousie maladive...

HENRI

Il n'y a vraiment pas de quoi...

GERMAINE

C'est son caractère... Et puis il faut dire qu'aux premiers temps de notre mariage, il m'est arrivé plusieurs fois de l'appeler Henri...

HENRI

Alors, il s'imagine que tu m'aimes toujours !

GERMAINE

Mais oui... J'ai beau lui dire...

Elle s'arrête brusquement.

HENRI

Tu as beau lui dire que c'est fini depuis longtemps...

GERMAINE

Il ne me croit pas !

HENRI

Moi je te crois.

GERMAINE

Voilà. Je t'ai parlé franchement. Est-ce qu'un jour, tu pardonneras ?

HENRI

On ne pardonne que les fautes... Ce n'est pas une faute d'être jeune et de vouloir vivre. Va soigner tes enfants. Tu seras libre dans un mois...

Il hésite, comme s'il voulait l'embrasser. Mais il se maîtrise, et sort brusquement. Germaine remet ses gants, et va sortir... Entre Bachelet.

Scène V

BACHELET, GERMAINE

BACHELET

Je me suis permis d'écouter la conversation, car je craignais qu'elle ne fût plus dramatique.

GERMAINE

Moi aussi.

BACHELET

Vous n'avez pas dit un mot de trop, ni l'un ni l'autre... Vous êtes deux victimes de la fatalité, mais la vie n'est pas finie, ni pour vous, ni pour lui. Germaine, je vous recommande une discrétion absolue.

GERMAINE

Vous n'avez pas besoin d'insister là-dessus. Quand il faudra parler, vous me préviendrez ?

BACHELET

Naturellement.

GERMAINE

Merci.

On frappe à la vitre de la porte-fenêtre. C'est Berlureau.

BACHELET

Au revoir Germaine.

GERMAINE

Au revoir. Merci.

Elle sort en hâte. Bachelet va ouvrir la porte. Berlureau entre. Il est en habit et chapeau de soie.

Scène VI

BERLUREAU, BACHELET, BERNADAC,
LE DOCTEUR, LE MARQUIS, MARTINOT

BERLUREAU

C'est elle qui vient de sortir ?

BACHELET

Oui.

BERLUREAU

Donc il ne l'a pas étranglée.

BACHELET

Oh ! non. Mais naturellement, il a eu une grande amertume...

BERLUREAU

Ça se comprend. Elle est charmante. Allez vite vous habiller. Il y a déjà la musique militaire sur la place.

BACHELET

Cher ami, cette cérémonie m'épouvante... Dites que je suis malade... Je n'ai pas le courage d'aller faire de la fausse émotion sur un cercueil...

BERLUREAU

Pourquoi fausse ? Il y a quelqu'un dans cette boîte ! Il y a les restes du pauvre Pernette, qui fut lui aussi, un héros !

BACHELET

Ce n'est pas mon fils.

BERLUREAU

Eh bien tant mieux. C'était ce qui me gênait. Oui, parfaitement. La petite Yvonne avait raison. Se servir des funérailles de votre enfant, pour vous faire élire député, c'était presque un sacrilège. Mais celui que nous allons accompagner, c'est son ami Pernette !

BACHELET

Oui, mais tout le monde croit qu'il s'agit des funérailles d'Henri.

BERLUREAU

Mais vous, vous savez que ce n'est pas vrai. Par conséquent vous avez votre conscience pour vous.

BACHELET

Ma conscience me reproche de jouer une comédie.

BERLUREAU

Mon cher, en politique, tout est comédie. Et même quand on est sincère — car ça arrive tout de même quelquefois — il faut jouer la comédie de la sincérité, autrement les gens n'y croient pas. Allez finir de vous habiller, et venez faire votre devoir !

BACHELET

En tout cas, je refuse de porter les décorations d'Henri derrière le cercueil.

BERLUREAU

C'est une délicatesse qui vous honore.

BACHELET

Mais que vont dire et que vont penser les autres ?

BERLUREAU

Quels autres ?

BACHELET

Maurin, Martinot, le docteur...

BERLUREAU

Ils ne vont rien penser du tout, parce que nous ne leur dirons rien ! Ça les gênerait s'ils savaient la catastrophe. Ils auraient l'air inquiets, et le docteur n'arrêterait pas de rigoler. Non, secret absolu, et cachons soigneusement notre héros. Allez vite passer votre habit ! Voilà Maurin qui s'amène !

Bachelet hésite, puis sort. Entre Maurin, suivi du docteur. Tous deux sont en grande tenue. Pendant la scène suivante, Berlureau va tirer de sa poche son écharpe de maire.

MAURIN

Voilà le numéro spécial ! *(Il leur tend plusieurs exemplaires d'un journal encadré des trois couleurs.)* Eh bien mon cher, je crois que ça y est ! Le Marquis est là, avec ses amis, et il demande si Bachelet peut le recevoir. Je suis sûr qu'il se désiste pour nous.

BERLUREAU

C'est magnifique ! Allez le chercher ! *(Il ouvre la porte et appelle.)* Bachelet ! Le Marquis ! Le Marquis est là !

Comme il n'obtient aucune réponse, il sort en hâte. Maurin, de son côté, est retourné dans le jardin. Le docteur déplie le journal pendant que Bernadac entre.

BERNADAC

Mon cher toute la ville est pavoisée. Ça a une gueule extraordinaire !

LE DOCTEUR

Il ne faut pas confondre enterrement et funérailles.

La porte s'ouvre. Bachelet en sort. Il est en bras de chemise et finit de boutonner son gilet. Berlureau a mis son écharpe de maire.

BERNADAC

Vite ! Voilà le Marquis !

Berlureau habille Bachelet, qui se laisse faire, tandis que le docteur vient arranger sa cravate... Entre le marquis de Lieuville. C'est un gentilhomme à moustache blanche, d'une grande dignité. Il est lui aussi en habit. Il s'avance vers Bachelet, tandis qu'un groupe de messieurs fort dignes emplit le fond du salon et les portes-fenêtres. Il salue. Bachelet salue à son tour.

LE MARQUIS

Monsieur Bachelet, en ce jour solennel, je viens vous dire au nom du Comité Royaliste, *(il montre les messieurs fort dignes qui saluent encore une fois)*, que notre parti a résolu de renoncer, provisoirement bien entendu, à la lutte électorale, et de vous apporter ses voix... Ne voyez pas dans ce geste une approbation de vos doctrines, qui ne seront jamais les nôtres... N'y voyez pas non plus un témoignage de sympathie envers tous les candidats de votre liste. Certains, à notre avis du moins, ne méritent guère d'y figurer. Mais votre élection nous a paru être le moindre mal.

BERLUREAU

Faute de grives...

LIEUVILLE

En cette heure où notre victoire future pourrait être compromise par les coalitions de désordre et de subversion, notre geste signifie que nous savons mettre les intérêts de la patrie au-dessus de l'esprit de parti ; il signifie aussi que nous accordons notre confiance à un homme qui a tout donné à la France, au père du sergent Bachelet. *(Bravos.)* Je crois pouvoir vous promettre que nos huit mille voix assureront votre élection.

BACHELET

Monsieur le Marquis, je vous promets à mon tour que je n'oublierai pas le très précieux concours que vous nous apportez aujourd'hui, et que nous défendrons à la Chambre les intérêts de la France avec autant de cœur et de courage que vous l'eussiez fait vous-même. Quant à votre parti, chaque fois que des fanatiques menaceront la liberté d'association ou d'expression que lui garantissent les lois de la République, nous interviendrons pour faire respecter ces droits : c'est un engagement solennel que je prends.

LE MARQUIS

Et j'en prends acte. Et pour montrer à nos électeurs notre bonne entente, je vous demande de me confier l'honneur de porter derrière le cercueil, les décorations du héros. Celui-là n'a point de parti : il nous appartient à tous.

BERLUREAU *(ému)*

Il est parmi nous aujourd'hui.

BACHELET

C'est un honneur que vous nous faites, Monsieur le Marquis...

LE MARQUIS

Non Monsieur, l'honneur est pour moi !

Il a pris le coussin rouge, et le porte solennellement contre sa poitrine, et sort.

BERLUREAU *(à mi-voix)*

Il a encore trouvé le moyen d'être le premier dans le cortège !

Martinot arrive en courant.

MARTINOT

Messieurs, le Préfet est arrivé ; on n'attend plus que nous.

BERLUREAU

Allons-y. Et vive la France ! *(Ils sortent tous.)*

La porte s'entrouvre. On voit paraître le visage d'Yvonne. Elle entre en disant : « Tu peux venir. Ils sont sortis. »

Scène VII

MADAME BACHELET, HENRI, YVONNE

Henri entre avec une valise. Il est suivi de sa mère, qui porte un sac de voyage, et qui a son chapeau sur la tête.

MADAME BACHELET

Qu'ils fassent ce qu'ils voudront, et qu'ils l'enterrent une fois de plus, moi je suis bien contente !

Au-dessus de la crête du mur du jardin, on voit passer une dizaine de bannières et de drapeaux. On entend la rumeur d'une foule.

HENRI

Qu'est-ce que c'est que ça ?

MADAME BACHELET

C'est une cérémonie patriotique !

HENRI *(il est monté sur une chaise)*

Mais il y a un monde fou ! Les voilà qui partent ! Où vont-ils ?

YVONNE

Sur ta tombe...

HENRI

Quoi ?

YVONNE

Ils ont fait revenir le corps du héros. Ton père ne te l'a pas dit ?

HENRI

Ils n'ont peut-être pas osé... C'est sûrement le pauvre Pernette qui est à ma place... Au front, il disait toujours : « Si on crève ici, on n'aura pas un bel enterrement ! » *(Henri ramasse les valises.)* Eh bien, tant mieux : ça me fait plaisir pour lui.

La marche du Chant du Départ retentit de tous ses cuivres, pendant que le rideau descend.

RIDEAU

ACTE CINQUIÈME

Un beau bureau à Paris

Bachelet donne une conférence de presse. Six ou sept journalistes prennent des notes, et il y a deux photographes, dans des postures imprévues, qui font éclater leur flash toutes les minutes.

Bachelet se tient très droit dans une jaquette neuve.

Il parle avec beaucoup d'autorité, et une fausse modestie visible. Il y a sur son bureau une montagne de journaux.

Scène I

BACHELET, DES JOURNALISTES

BACHELET

Non, messieurs, non. Ce n'est pas mon discours qui a provoqué la chute du ministère. Je ne suis pas assez vaniteux pour le croire.

UN JOURNALISTE

En tout cas, il y a grandement contribué.

BACHELET

Dans une certaine mesure, peut-être. C'est l'interpellation de Cazalis sur les logements qui a emporté le morceau. Le mien n'a été qu'une sorte de préparation...

UN JOURNALISTE

Une préparation d'artillerie !

UN JOURNALISTE À LUNETTES

Vous avez eu des mots terribles ! Il y a eu des acclamations quand vous avez lancé : « Aujourd'hui, la première qualité d'un héros, c'est d'être mort et enterré ! »

UNE JOURNALISTE

Et : « Pour ce gouvernement, les glorieux mutilés de

jadis ne sont plus que des infirmes » ! Quel remous ! Et quelle ovation !

UN VIEUX JOURNALISTE

Quand vous êtes descendu de la tribune, ma conviction était faite. J'ai dit à Dampierre : « C'est du tout cuit ! Si Cazalis donne encore une petite poussée, le ministère est par terre. » Et ça n'a pas raté.

UN JOURNALISTE

Cazalis est à l'Élysée. Le Président lui confie la Présidence du Conseil.

LA JOURNALISTE

Avez-vous une idée de la composition du nouveau ministère ?

BACHELET

Non, aucune. Je ne suis pas un vieux parlementaire, puisque je ne siège que depuis trois mois, et je ne suis pas dans les secrets des dieux... Je crois cependant pouvoir dire que mon ami Berlureau a quelques chances d'être appelé à la reconstruction. Oui. Il a exposé plusieurs fois son plan à Cazalis, qui a paru le trouver très intéressant.

LE VIEUX JOURNALISTE

Mais vous-même ?

BACHELET *(modeste)*

Oh moi, je n'y songe pas, et je ne crois pas que personne y songe pour moi. J'estime que j'ai encore à faire mon apprentissage...

UN JOURNALISTE

Mais si vous alliez aux Pensions ?

UN AUTRE

Vous ne croyez pas qu'aux Pensions, le père du sergent Bachelet...

BACHELET

Évidemment, aux Pensions, je pourrais rendre des services. Mais le moment n'est pas encore venu... Nous verrons plus tard... *(soucieux).* Si je ne suis pas obligé de renoncer à la vie publique pour des raisons de santé...

LE VIEUX JOURNALISTE

Comment ? Vous ? A peine arrivé vous pensez à nous quitter ?

BACHELET

Croyez bien que je n'en ai nulle envie !

LE VIEUX JOURNALISTE

Un orateur de votre classe ! Ce serait une perte pour le Parlement !

BACHELET

On ne fait pas toujours ce qu'on veut... Enfin, pour le moment, il n'en est pas question... (*La porte s'ouvre, un jeune homme paraît, et dit à très haute voix :* « Cazalis nous attend dans son bureau à la Chambre ! »)

Immédiatement, et sans même prendre congé, toute la bande s'élance avec une véritable furie sur les traces de l'appelant. Seul le vieux journaliste va serrer la main de Bachelet.

LE VIEUX JOURNALISTE

Dites-moi, mon cher député, votre protestation au passage, contre la saisie de l'Action Royaliste, marquerait-elle un infléchissement vers la droite de vos convictions politiques ?

BACHELET

Nullement. Si j'ai protesté contre la saisie de votre journal, c'est d'abord parce qu'un grand nombre des vôtres sont tombés au champ d'honneur pour défendre la République.

LE JOURNALISTE

Pour défendre la France. Ce n'est pas la même chose.

BACHELET

Mais c'est surtout au nom des libertés que la Républiques assure à tous les citoyens, quelles que soient leurs opinions politiques : j'ai parlé en Républicain, et en défenseur de la Presse Libre, que nul n'a le droit de bâillonner.

LE JOURNALISTE

Et puis peut-être aussi avez-vous gardé une certaine reconnaissance envers un parti qui vous a apporté huit mille voix ?

BACHELET

Probablement... Mais ce n'est peut-être pas la peine de le rappeler ?

LE JOURNALISTE

Je n'en dirai rien. Vous savez que M. de Lieuville doit venir vous rendre visite ce matin ?

BACHELET

Oui. Je l'attends vers midi. Mais n'en dites rien non plus.

LE JOURNALISTE

Comptez sur moi.

Ils se serrent la main. Le vieux journaliste sort. Bachelet ferme à clef les tiroirs de son bureau.

Scène II

L'HUISSIER, BACHELET, HENRI, YVONNE

Un huissier entre.

L'HUISSIER

Monsieur le Député, il y a encore cinq personnes...

BACHELET

Je ne reçois plus ce matin, sauf M. de Lieuville qui est accompagné d'une délégation.

L'HUISSIER

Ils ne sont pas encore arrivés, mais il y a un monsieur qui insiste. Il est avec une demoiselle, et ils arrivent de Boulouris.

BACHELET *(surpris et inquiet)*

Ah ? Bien. Faites-les entrer.

L'huissier sort. Bachelet, nerveux, regarde la porte. Entre Henri, dans un costume de sport. Il paraît sûr de lui-même. Derrière lui, Yvonne. Elle porte une robe claire, elle a changé d'allure et de visage. Ses talons pointus la grandissent ; elle est heureuse mais émue par la présence de son parrain.

BACHELET

Voilà une surprise ! Qu'est-ce qu'il se passe ?

HENRI

Tu n'as pas reçu ma lettre ?

BACHELET

Non. Quand m'as-tu écrit ?

HENRI

Vendredi dernier. Ça fait quatre jours...

BACHELET *(il montre sur son bureau deux piles de lettres qu'il commence à vérifier tout en parlant)*

Elle doit être encore là. Mes deux secrétaires sont grippées, et je suis absolument débordé... Je n'ai pas une minute à moi. Tu as vu toi-même mon antichambre ; c'est comme ça tous les jours. Et puis, j'ai des réunions de commissions. Tu sais que je suis vice-président de la commission des Pensions ?

HENRI

Oui. Ça, tu nous l'as écrit.

YVONNE

Marraine m'a chargé de te dire que tu ne lui écris pas assez souvent.

BACHELET

Je sais, je sais... Mais j'ai pensé que vous aviez de mes nouvelles par la presse.

YVONNE

Pour ça, on a vu ta photo dans le Petit Var et l'Éclaireur de Nice. Tu étais superbe.

BACHELET *(modeste et souriant)*

Le mérite en revient au photographe ! C'est la presse parisienne qu'il faut voir. Ma première interpellation, celle du 6 octobre, a fait un certain bruit. Et celle d'hier en a fait bien davantage ! Tu as lu les journaux du soir ?

HENRI

Non, nous étions dans le train, et nous parlions d'autre chose.

BACHELET

Regarde donc ça ! *(Il déplie un journal qu'il prend sur son bureau.)* « Le Ministère est renversé. C'est un nouveau député, Édouard Bachelet, qui lui porte le coup fatal par son interpellation sur les Pensions... » Celui-là, je ne l'avais pas vu. Ça m'ennuie pour Cazalis... C'est le nouveau Président du Conseil. Il va être vexé. Entre nous, c'est la vérité ! C'est grâce à moi qu'il a tombé le Ministère ! *(Il ouvre une lettre.)* Ah ! Voilà ta lettre. *(Il la lit rapidement à haute voix.)* « Mon cher cousin. J'ai beaucoup de choses à te dire, qu'il serait bien long de t'écrire. J'ai donc décidé d'aller te voir à Paris avec Yvonne mardi ou mercredi, si tu n'y vois pas d'inconvénient. Je t'embrasse. Ton petit cousin de Boulouris. » Bon. Eh bien, qu'est-ce qu'il a à me dire, mon petit cousin ?

HENRI

Il a à te dire qu'il aimerait bien redevenir ton fils.

BACHELET

C'est évidemment la grande question. Tu es si pressé ?

HENRI

Oui. Écoute-moi, cousin. Voilà un peu plus de trois mois que je suis revenu. Dès le premier jour, ton ami

Berlureau m'a expédié dans le paysage, avec ton approbation.

BACHELET

Et la tienne. Je dirais même sur ta demande.

HENRI

C'est exact : il s'agissait de me reposer une semaine, ou peut-être deux. Mais je vois que la situation s'éternise. Je viens te demander « jusques-à-quand ? ».

BACHELET

D'abord, es-tu sûr d'être complètement rétabli ? Tu as évidemment fort bonne apparence, mais est-ce que tu as remis de l'ordre là-dedans ?

Il touche son front du bout de l'index.

HENRI

Je puis te dire que tout est en ordre, et que mes souvenirs se sont reclassés.

YVONNE

Il est exactement comme avant, et il fait la révision de ses cours des Arts et Métiers.

BACHELET

Je trouve ça très bien, car il faudra bientôt se remettre au travail : la profession de héros ne nourrit pas son homme. Mais pour le moment, est-ce que vous n'êtes pas bien à Boulouris ?

HENRI

J'y suis admirablement bien. Je fais mes révisions, je pêche à la ligne, je cultive le jardin de ton ami Berlureau...

YVONNE

Il ne le reconnaîtra pas ! Nous avons planté des rosiers partout !

HENRI

Oui, mais ça, finalement, ce sont des vacances. J'en avais évidemment grand besoin : mais maintenant, je voudrais vivre.

BACHELET

Je te trouve bien vivant, et j'en suis fort heureux.

HENRI

Moi aussi, et plus heureux que tu ne penses. Seulement, je n'ose même pas me promener dans les rues de Saint-Raphaël, et je tremble à la vue des gendarmes parce que je n'ai pas de papiers. J'ai l'impression d'être un échappé du cimetière !

BACHELET

Cette question de papiers, notre ami Berlureau s'en occupe... Il peut te donner provisoirement par la Mairie, un acte de naissance... et même un livret de famille à un nom quelconque, si ça peut te rassurer.

HENRI

J'ai l'impression qu'il est assez astucieux, et qu'il n'hésiterait pas à faire un faux ! Il m'a d'ailleurs toujours fait assez mauvaise impression.

BACHELET *(presque sévère)*

Ne te hâte pas de juger des gens que tu ne connais pas. Ferdinand est certainement très débrouillard, mais c'est un ami fidèle et serviable.

HENRI

C'est Berlureau que tu appelles Ferdinand ?

BACHELET

Il y a toujours eu entre députés une familiarité traditionnelle. Et je te rappelle qu'il avait essayé de te faire revenir du front, que tu es son invité sur la Côte d'Azur et que tu lui dois peut-être la belle santé que tu as retrouvée. De plus, c'est lui qui s'occupe très activement de ton dossier. Et il m'a même promis une surprise agréable.

HENRI

Quelle surprise ?

BACHELET

Je me le demande.

HENRI

Ça fait trois mois qu'on en parle, de ce dossier. Et il n'en sort jamais rien.

BACHELET

Je sais qu'il a écrit au Centre de Meyreuil, sous prétexte de rechercher un parent disparu, puis en Allemagne à divers hôpitaux. C'est d'ailleurs une affaire très délicate. Et qui demande évidemment un certain temps.

HENRI

C'est que justement je suis assez pressé, et je vais te dire pourquoi. Je veux recommencer ma vie, et je veux épouser Yvonne.

BACHELET *(il se lève, un peu ému)*

Eh bien, mes enfants, voilà une grande nouvelle ! Je n'y avais jamais pensé, parce que vous étiez tous deux mes enfants, et je vous considérais comme le frère et la sœur. Mais en réalité, la maman d'Yvonne n'était que ma cousine au troisième ou quatrième degré, et votre parenté est très éloignée... Mon garçon, tu n'aurais jamais pu trouver une meilleure femme. Celle-là ne se remariera pas, même quand elle sera veuve pour de bon.

HENRI

Le plus tard possible j'espère. Mais il est urgent de nous marier.

BACHELET

Vous n'en êtes tout de même pas à trois mois près.

HENRI

J'ai six ans de ma vie à rattraper.

BACHELET

Oui, je sais, évidemment... Mais vous vivez ensemble ; et le temps des fiançailles, c'est l'époque la plus charmante d'un mariage...

HENRI

Certainement... Mais il ne nous est pas possible de le prolonger, car je désire que notre enfant porte mon nom.

Yvonne rougit et baisse les yeux.

BACHELET *(stupéfait)*

Votre enfant ? Vous en êtes déjà là ? Comment ? Toi, Yvonne, une fille comme toi ? Tu ne fais guère honneur à l'éducation que je t'ai donnée.

Yvonne baisse la tête.

BACHELET

Je constate tout de même avec plaisir que tu rougis, ce qui prouve que tu n'as pas perdu tout sens moral. *(Il se tourne vers Henri.)* Toi, tu trouves ça tout naturel ?

HENRI

Moi, tu sais, j'ai vu tant de choses beaucoup moins naturelles... Comme par exemple, de tirer sur des jeunes gens avec l'espoir de les tuer...

BACHELET

A la guerre, c'était un devoir. Mais dans la vie ordinaire, il y a tout de même un minimum de décence et de moralité. Tu aurais dû respecter la présence de ta mère... Quand elle apprendra ça...

YVONNE

Marraine n'a jamais été si heureuse. Elle nous apporte le café au lit tous les matins.

BACHELET

Alors ça, c'est le comble ! et ni elle ni vous n'avez pensé que tu es encore le mari de Germaine ? Oui, tu es marié devant la loi, devant les hommes et devant Dieu.

HENRI *(il montre son père du doigt)*

Radical-Nationaliste-Chrétien. C'est justement parce que je suis encore marié qu'il faut que je divorce. Et pour divorcer, il faut que j'existe. Et comme ce divorce va durer quatre ou cinq mois, je désire exister tout de suite, pour commencer la procédure.

Berlureau entre en courant. Son visage est congestionné. Il rit de toutes ses dents, et s'élance sur Bachelet.

Scène III

BERLUREAU, BACHELET, HENRI, YVONNE

BERLUREAU

Édouard, tu es ministre !

BACHELET *(devient tout pâle)*

Qui te l'a dit ?

BERLUREAU

Je quitte Cazalis, qui sortait de chez le Président. Il t'offre les Pensions, et il en fait un ministère. Il t'attend à quatre heures précises... *(Il lui donne l'accolade, puis le prend aux épaules, et le regarde en souriant.)* Ah mon petit vieux ! Je te l'avais prédit ! Ministre ! Tu vas pouvoir donner la Légion d'honneur à mon beau-frère et à ma sœur ! Tiens, j'en ai les larmes aux yeux !

Il essuie ses yeux.

BACHELET

Et toi, tu n'as rien ?

BERLUREAU

Moi, je suis délégué au Conseil Supérieur de la Reconstruction !

HENRI

Là, il y a de quoi faire ! Il paraît que pour les indemnités de guerre, il y a des combines formidables.

BERLUREAU *(enthousiaste)*

Formidables ! *(Il reconnaît Henri.)* Tiens, mais c'est notre jeune homme ! Il est superbe ! Eh bien mon vieux si je vous avais rencontré dans la rue, je me serais dit : « Je connais ce charmant garçon, mais qui est-ce ? »

HENRI

Je me le demande aussi.

BERLUREAU

Et voici la jeune demoiselle, de plus en plus jolie et appétissante... Vous tombez à pic tous les deux : c'est un jour de gloire, et c'est à vous que nous le devons ! Oui, c'est à votre idée de re-disparaître à la veille des élections ! Qu'est-ce que tu as Édouard ? C'est la peur des responsabilités qui te préoccupe ? Mais tu sais bien qu'un ministre n'est jamais responsable de rien !

BACHELET

Mon cher Ferdinand, je suis un peu mélancolique à la pensée que j'aurais pu être ministre.

BERLUREAU

Pourquoi dis-tu que tu aurais pu ? Il ne te reste qu'à dire oui.

BACHELET

Je vais être forcé de dire non.

BERLUREAU

Tu deviens fou, toi aussi ?

BACHELET *(grave)*

Ferdinand, il est inutile de monter encore si c'est pour tomber de plus haut. *(Il montre son fils.)* Il veut ressusciter tout de suite !

BERLUREAU

Hé là ! Pas de blague ! Ce n'est pas le moment ! Vous n'allez pas me dire que vous êtes mal à Boulouris ? Une villa de douze pièces, vue imprenable ! Un gardien qui joue à la pétanque comme un dieu, je me demande ce qu'il vous faut !

HENRI

Je vous remercie de votre hospitalité, mais je ne puis pas rester à Boulouris toute ma vie, et j'en ai assez de me cacher comme un coupable. Et finalement, je ne vois pas pourquoi mon père serait forcé de démissionner.

BERLUREAU

Mais mon pauvre ami, non seulement il s'écroulerait sous les huées, mais sa chute peut entraîner celle de tout le ministère ! *(A Bachelet.)* Bougrillot est capable dc demander l'annulation de nos élections, en disant que toute notre campagne était fondée sur une imposture ! Les journaux de gauche vont se régaler ! Et même si nous réussissons à nous accrocher, nous perdons tout crédit à la Chambre ! Réfléchissez sérieusement avant de déclencher un pareil scandale !

HENRI

Parce que c'est un scandale de revenir de la guerre, avec trois blessures, deux citations, la croix de guerre, la médaille militaire, et la Légion d'honneur ?

BERLUREAU

Les deux dernières, à titre posthume, ne l'oubliez pas !

YVONNE

Vous pensez qu'il n'y aurait plus droit ?

BERLUREAU

Je ne vois pas bien un vivant porter des décorations posthumes ! *(À Henri)* : Mon jeune ami, j'ai l'impression fâcheuse que vous croyez avoir une belle situation parce qu'on vous a fait des funérailles solennelles. Vous en avez vu des comptes rendus dans les journaux, avec de superbes photographies du monument, et du grand médaillon de marbre qui représente votre profil. Mais si vous ressuscitez, je crains fort qu'on ne reprenne vos décorations pour les donner au pauvre Pernette, et en tout cas, on changera le médaillon. Eh oui ! Le sergent Bachelet a une réputation grandiose, une situation morale énorme. Mais s'il sort du cimetière, il est mort ! Ressusciter aujourd'hui, c'est non seulement commettre un parricide, mais un suicide. Le suicide d'un mort glorieux ! Oui monsieur.

Il va ouvrir sa serviette.

J'ai réussi à grand-peine à réunir quelques pièces de votre dossier. Eh bien, ce dossier n'est pas sortable.

BACHELET

Pas sortable ? Que veux-tu dire ?

HENRI

C'est ça la surprise agréable que vous avez promise à mon père ?

BERLUREAU

Pas précisément, mais ça en fait partie.

HENRI

Qu'est-ce que ça veut dire ?

BERLUREAU *(il a pris le dossier dans sa serviette)*

Centre de Rééducation de Meyreuil. Le soldat 122 nous a été envoyé le 18 juillet 1919, par l'hôpital de Wittigsheim, en Saxe, accompagné de la note suivante :

« Appartient probablement au 151e d'infanterie qui défendait le fort de Douaumont. Après la prise de cet ouvrage par nos troupes, s'est présenté devant notre seconde ligne dans la nuit du 17 février 1916. Blessure superficielle au crâne, poignet gauche brisé, très forte commotion. Amnésie localisée rétrograde : a été reconnu par deux familles allemandes, avec lesquelles il a refusé de rester, en affirmant qu'il se croyait Français. N'est probablement pas un simulateur, car la nouvelle de la signature de l'armistice n'a apporté aucune amélioration dans son état. Soigné dans les hôpitaux de Mannheim et de Dresde avant d'être dirigé sur le centre de Wittigsheim. Rapatrié le 12 juillet 1919. Au centre de Meyreuil, a été reconnu par la famille Ménard, de Lyon ; la famille Boussingault, de Nancy ; la famille Estublier, de Paris. »

HENRI

C'est le cas de tous les amnésiques, mais je n'ai jamais marché.

BERLUREAU *(il lit toujours)*

A pris la fuite le 30 mars 1922, sans argent. Recherché par la police et les gendarmeries.

HENRI

Et qu'est-ce qui n'est pas sortable, dans tout ça ?

BERLUREAU

« S'est présenté devant nos lignes. » Les lignes allemandes...

BACHELET

Il ne savait plus ce qu'il faisait... Il a marché dans la nuit, tout droit devant lui...

BERLUREAU

Oui, mais par malchance, il a pris la mauvaise direction.

HENRI

Que voulez-vous insinuer ?

BERLUREAU

Je n'insinue rien du tout : je lis un document. Remarquez bien que je ne discute pas votre héroïsme. Je suis persuadé que vous êtes resté jusqu'au dernier moment à votre mitrailleuse, tant que vous avez été conscient. Mais nous avons des ennemis, qui eux ne manqueront pas d'insinuer qu'il s'est tout simplement rendu... Il est possible aussi que les experts, qui n'en ratent pas une, vous découvrent les caractéristiques d'un Bavarois ou d'un Prussien...

YVONNE

Mais puisque nous l'avons tous reconnu ?

BERLUREAU

Vous êtes la sixième famille à le reconnaître ! Ça se discutera ! De plus, de plus, la Chambre vient de voter l'amnistie !... On a vu reparaître depuis ce jour-là, un certain nombre de déserteurs. Il est fâcheux, pour un héros — car je ne discute pas votre héroïsme — il est fâcheux de ressusciter en aussi mauvaise compagnie.

BACHELET

Je n'avais pas pensé à ça !

BERLUREAU

J'en connais qui y penseront ! On ne se gênera pas pour dire : « Il a retrouvé la mémoire bien à propos. » Voilà, cher ami, ce qui vous attend, ce qui nous attend...

BACHELET

Et d'autre part, est-ce que nous avons le droit de priver la France d'un héros solidement installé dans sa gloire ? Le sergent Bachelet, c'est comme Bayard, la Tour d'Auvergne, Cambronne. Sa légende fait partie de notre histoire. Avons-nous le droit d'appauvrir l'Histoire de France ?

BERLUREAU *(avec émotion)*

Oui. Allons-nous appauvrir l'Histoire de France ?

HENRI

L'Histoire de France, j'en ai fait ma très petite part, et elle n'y perdra pas grand-chose. Mais moi, j'ai besoin de mon nom... Ce n'est pas pour parader ; c'est pour le donner à mon enfant, qui va naître dans quelques mois...

BERLUREAU

Vous allez avoir un enfant ? Bravo ! Félicitations ! L'air de Boulouris lui a fait du bien.

HENRI

Je veux épouser sa mère le plus tôt possible, et il me faut mon nom pour divorcer d'abord. Je suis venu à Paris pour ça, et je n'en repartirai qu'avec mon nom.

BERLUREAU

Et si vous pouvez garder votre nom sans ressusciter, qu'est-ce que vous diriez ?

BACHELET

Il te dirait sans doute un grand merci !

BERLUREAU

J'ai la combine, et elle est toute prête. Édouard, c'est la surprise que je t'avais promise. Tu ne m'avais pas dit que tu avais eu un enfant avant celui-ci.

BACHELET

Oui. Un bébé que nous avons perdu à l'âge de six mois.

BERLUREAU

Eh bien ne le pleure plus : il est là. *(Il montre Henri.)* Et il s'appelle René Bachelet. René. Ça veut dire renaître, naître deux fois : ça lui va comme un gant !

BACHELET

Mais comment as-tu trouvé ça ?

BERLUREAU

Eh bien je cherchais des Bachelet dans nos registres de la Mairie, et j'ai découvert celui-là... En marge de son acte de naissance, il y avait la mention « décédé » le... Grâce à une invention admirable, ça n'est pas difficile de l'effacer et de remplacer cette triste annonce par celle beaucoup plus gaie de son mariage. Ainsi, nous ne touchons pas à la gloire de l'illustre sergent Bachelet, nous n'appauvrissons pas l'Histoire de France, et ce René Bachelet, frère d'un héros, et fils d'un ministre, ça lui fait une drôle de situation !

HENRI

Mais mon divorce ? Il faut absolument que je divorce !

BERLUREAU *(avec enthousiasme)*

Mais tu ne divorces plus puisque tu es mort ! Tu peux te marier quand tu voudras ! Tiens, Édouard, voilà son acte de naissance...

BACHELET

Mais sur mon livret de famille...

BERLUREAU

Ton livret de famille, tu l'as perdu : je t'en donnerai un duplicata revu et corrigé.

HENRI

Et mon livret militaire ? Je l'ai perdu pour tout de bon !

BACHELET

Pas du tout. Il est à la maison. Il est d'ailleurs en lambeaux.

BERLUREAU

Si le prénom y est encore, on arrachera un lambeau de plus. Ne discutons pas sur des niaiseries. *(A Bachelet.)* Évidemment, je ne lui conseille pas de retourner dans notre bonne ville, où on pourrait le reconnaître.

HENRI

Je n'y tiens guère.

YVONNE *(à Henri)*

Moi non plus. A cause de Germaine.

BERLUREAU

Tant mieux, car j'ai prévu pour lui une assez jolie situation en Corse, et une situation tout à fait dans ses cordes. Tu étais métreur chez Martinot, n'est-ce pas ?

HENRI

Oui, c'est mon métier.

BERLUREAU

Eh bien, j'ai de gros intérêts là-bas, dans une affaire immobilière très importante. Quand je dis « de gros intérêts », ça veut dire que l'affaire est à moi. J'ai des prête-noms. Mais les hommes de paille, tu sais ce que c'est. Au bout de trois mois, ils croient sincèrement que l'affaire leur appartient. J'ai donc besoin de quelqu'un qui me représente car je n'aurai plus guère le temps d'y aller. Sitôt mariés, vous partez pour Ajaccio... La Corse, c'est là que je voudrais vivre. Le maquis, les plages de sable, les châtaignes, le pâté de merles, le vin de Patrimonio, l'ombre de Napoléon... *(Brusquement.)* Bon. Midi et demi... Une course à faire, et je viens vous reprendre pour déjeuner. On ira à l'Écu de France, au bord de la Marne, on déjeunera en famille, et on parlera de notre affaire. A tout de suite, Monsieur le Ministre.

Il sort.

Scène IV

HENRI, BACHELET

HENRI *(il s'approche de son père)*

Qu'est-ce que tu en penses ?

BACHELET

C'est à toi qu'il faut le demander.

HENRI

Eh bien moi, je refuse tout net. Je trouve horriblement humiliant de renoncer à moi-même, et de vivre sous un faux nom.

YVONNE

Un faux prénom.

HENRI

C'est exactement la même chose. Je vais m'en occuper, moi, de mon dossier !

BACHELET

Et toi, Yvonne, qu'en dis-tu ?

YVONNE

Moi, je ne demande qu'une chose, c'est de ne pas le quitter. Mais le nom de l'enfant ?

HENRI

Je le reconnaîtrai *ipso facto* en t'épousant.

BACHELET

Soit. Donc, nous dirons la vérité. Je démissionne, je renonce pudiquement à porter ce ruban rouge, et je retourne à la Préfecture, où mes anciens collègues, et surtout le Préfet seront enchantés de me voir revenir. Nous commencerons aussitôt les démarches pour qu'on te rende ton état civil : je te préviens qu'il faudra des expertises, et un jugement du tribunal. J'espère que ça ne demandera pas plus d'un an. Ensuite, nous pourrons commencer la procédure du divorce. Étant donné les circonstances je suis sûr que Germaine ne s'y opposera pas, et l'affaire peut être réglée en six ou huit mois. Évidemment, pendant tout ce temps, Yvonne sera une fille-mère, mais nous pourrons la cacher à la campagne, jusqu'à la naissance de cet enfant naturel. Ce n'est pas la voie glorieuse, mais nous aurons notre conscience pour nous. Puisque tu préfères cette solution, je l'adopte. Je vais aller voir Cazalis à quatre heures, et lui dire que je refuse pour raisons de santé.

HENRI

Tu es obligé de donner ta réponse tout de suite ?

BACHELET

Oui, à quatre heures. Cazalis ne sera pas embarrassé pour me remplacer. Il y a certainement une dizaine de candidats qui sont tout prêts à se jeter sur mon portefeuille...

HENRI

Père, parle franchement : toi, tu accepterais de mentir tous les jours ?

BACHELET

Mais je n'aurais pas à mentir. Jamais personne ne me poserait de questions à ton sujet.

HENRI

Alors toi, tu m'appelleras René, et tu iras porter des fleurs le 11 novembre sur la tombe du sergent Bachelet ?

BACHELET

Le pauvre Pernette le mérite bien.

HENRI

Je te retrouve bien changé...

BACHELET

Peut-être, mais je ne suis pas le seul. La guerre ne tue pas que des hommes. Elle supprime aussi des façons de vivre ou de penser... Elle change les règles du jeu. Quand on joue au bridge, le roi est maître. Au piquet, c'est l'as. A la belote, c'est le valet... Toi, tu viens de renaître à l'âge de 32 ans, dans un monde nouveau... Alors évidemment, tu ne comprends pas.

HENRI

J'ai été assez étonné en lisant les journaux. On dirait qu'ils sont écrits par des canailles pour tromper des imbéciles.

BACHELET

Si tu parles de politique, évidemment. Mais sur ce chapitre, je ne sais pas si les gens d'autrefois étaient tellement plus honnêtes... Ceux d'aujourd'hui sont peut-être moins hypocrites, et les petites gens ont découvert ce qu'ils ignoraient : ils se sont vite mis au pas.

HENRI

Et c'est ce que tu as fait.

BACHELET

Pourquoi pas ? Je ne suis pas un saint.

HENRI

Je croyais que tu en étais un.

BACHELET

Parce que tu n'as connu que ton père. Les sacrifices que j'ai faits pour ma famille, je les ai faits par amour, et non par vertu... Tu n'as jamais rien su de mes espoirs déçus, de mes ambitions anéanties... Tu n'as pas connu mon enfance, quand j'ai dû quitter le lycée parce que mon père était mort, et que je suis devenu commis d'épicerie. J'ai été trop vaniteux pour t'en parler... Grandel m'apportait le texte des devoirs, m'indiquait les leçons qu'on lui donnait en classe. Ces leçons, je les apprenais en allant faire les livraisons en ville. J'avais fabriqué un petit système avec des élastiques pour tenir mon livre ouvert sur le couvercle de ma poussette, et dans les escaliers, en portant sous le bras du fromage ou de la morue, je récitais du latin ou des théorèmes de géométrie. C'est comme ça que j'ai passé mon baccalauréat — après avoir été refusé deux fois, car c'est difficile d'apprendre seul — et que je suis entré à la Préfecture. J'étais dévoré d'ambition. Parce que la vie avait été si injuste avec moi, j'ai voulu prendre ma revanche. Je travaillais, toujours tout seul, pour obtenir une licence en droit. Je n'en ai pas eu les moyens, parce que je me suis marié, et que tu es né... Nous avons gardé ma mère impotente pendant des années. J'ai recueilli notre petite Yvonne. J'ai payé tes études, j'ai payé les siennes... Je ne le regrette pas, bien sûr... C'était tout naturel... Mais je n'étais pas encore résigné... J'étais aigri, revendicateur... A la Préfecture, on ne m'a pas donné l'avancement auquel j'avais droit... Puis, je me suis résigné à notre petite vie, et c'est comme ça que je suis devenu ce pauvre bonhomme avec une jaquette élimée, et des bosses aux genoux. Je n'espérais plus rien de la vie, je ne lui demandais plus rien que ma retraite... Le plus affreux de la médiocrité, c'est qu'on finit par l'accepter. Puis, la guerre est venue, et ce gendarme. Et puis un jour dans la cour de la caserne, devant le Préfet — qui ne m'aimait pas — le général a épinglé tes décorations sur ma poitrine. C'est là que tout a commencé. J'ai voulu travailler à ta gloire, te faire survivre... Grâce à ton nom, on m'a élu président de cette Société... On m'a donné un avancement que je n'espérais plus. Berlureau m'a offert un siège de député... L'ambition de ma jeunesse s'est réveillée d'un seul coup. Oui, je me suis servi de ta gloire : mais est-ce que ce n'était pas la gloire de mon fils ? Jusqu'à ton retour, je n'ai trompé personne... Oui, cette nuit-là, j'aurais dû abdiquer... J'ai trouvé de bonnes raisons, et on m'en a fourni d'autres... Je n'ai pas eu le courage de voir la vérité en face. C'est que moi aussi, je venais de ressusciter, j'étais en train de vivre mon véritable personnage... Et voilà maintenant où j'en suis... Ministre ! Les circulaires sacrosaintes que nous recevions à la Préfecture, maintenant c'est moi qui vais les dicter ! Et lorsque je rendrai visite à notre ville, qui viendra m'attendre à la gare ? C'est le Préfet en uniforme ! Je ne te demande qu'une chose : laisse-moi encore trois mois. Nous verrons après... Peut-être, quand j'aurai fait mes preuves, quand ma situation politique sera plus solidement établie, il sera possible...

Berlureau entre...

Scène V

BERLUREAU, BACHELET, HENRI, YVONNE, L'HUISSIER

BERLUREAU

On déjeune au bord de la Marne. Mais il vaut mieux ne pas partir ensemble. Vous prendrez la voiture noire, juste devant la porte. Édouard vient avec moi. On y va ?

BACHELET

J'attends Lieuville. N'oublie pas qu'il dispose de sept voix à la Chambre. Ça peut être utile.

BERLUREAU

D'accord. *(A Henri.)* Alors tout va bien ?

HENRI

Ça dépend.

BACHELET

Ça dépend de quoi ?

HENRI

Tu viens de m'expliquer les nouvelles règles du jeu : si je les subis, il est juste que j'en profite...

BERLUREAU

Mais bien sûr ! Il est tout à fait normal que vous profitiez de la situation que je vous offre.

HENRI

De la situation que vous m'offrez, et de celle que je vous ai faite. Quelles sont les conditions de cet agréable exil en Corse ?

BERLUREAU

Très honorables. Nous en parlerons au dessert : vous aurez une agréable surprise.

HENRI

J'aimerais mieux être agréablement surpris tout de suite. Combien ?

BERLUREAU

C'est une question raisonnable. Eh bien, vous habiterez d'abord une villa près d'Ajaccio, au bord de la mer.

YVONNE

Pas trop grande parce qu'il faudrait des domestiques.

HENRI

Mais nous en aurons ! Un couple : la cuisinière et le chauffeur jardinier. Puis deux femmes de ménage. A vos frais, bien entendu.

BERLUREAU

Aux frais de la société.

HENRI

La voiture aussi, n'est-ce pas ?

BERLUREAU

Oui. La voiture aussi, et mille francs par mois. C'est l'indemnité parlementaire.

HENRI

Cher Ferdinand, j'aimerais mieux deux mille.

BACHELET

Henri, n'exagère pas.

HENRI

Ce n'est pas Henri qui exagère : c'est René. Pense que René va représenter Ferdinand Berlureau. Mille francs, ce serait très bien pour une affaire normale. Mais puisque je vends mon âme au diable, j'ai besoin de deux mille francs pour apaiser mes scrupules.

BERLUREAU

Ils sont un peu chers vos scrupules.

HENRI

C'est qu'ils sont grands, et assez douloureux... Le scrupule, mon cher Ferdinand, est une maladie pénible, dont tu n'as probablement jamais souffert. Mais c'est aussi cruel qu'une sciatique. Par bonheur, il existe un très vieux remède, mais dont l'effet est immédiat : c'est le cataplasme d'oseille.

BERLUREAU *(joyeux)*

Les remèdes de bonne femme ont toujours été les meilleurs. D'accord.

BACHELET

Il ne faudrait tout de même pas abuser...

HENRI

Tu trouves que ce n'est pas moral ?

BERLUREAU

Édouard, ne sois pas confus, parce que moi, ça me rassure. Je craignais que l'amnésie ne l'ait rendu inutilisable, et je l'envoyais là-bas pour l'escamoter... Mais puisqu'il a toute sa tête, et qu'il a compris la musique, il peut me rendre de grands services. C'est une affaire très délicate. Les deux mille francs, il les vaut.

BACHELET

Les appointements de deux députés !

BERLUREAU

Pour deux députés, c'est déjà trop. Mais pour un homme utile, c'est tout juste assez.

YVONNE

Et nous pouvons nous marier quand ?

BERLUREAU

Dans un mois. Mais pas chez nous. A Boulouris. Et le bébé s'appellera Bachelet... Et même peut-être, en souvenir du héros, vous pourriez l'appeler Henri ! Ça serait une façon de le ressusciter !

HENRI *(il éclate de rire)*

Ferdinand, tu es répugnant !

Berlureau éclate de rire à son tour.

BERLUREAU

Ce n'est pas la première fois qu'on me le dit. *(Grave.)* Mais tu verras que ce n'est pas vrai, et que même dans des affaires discutables, je n'ai qu'une parole.

La porte s'ouvre. L'huissier apporte un télégramme qu'il dépose sur le bureau et sort. Bachelet, qui est très gai, ouvre le télégramme.

BACHELET *(il lit le télégramme)*

« Espère cousin bien arrivé. Lucien décédé la semaine dernière. Lettre suit. Bons baisers. Fernande. »

HENRI

Le père Grandel est mort ?

BACHELET

Eh oui, pauvre Lucien ! Il ne m'aura pas connu ministre...

L'huissier reparaît et se met au garde-à-vous à côté de la porte ouverte.

L'HUISSIER

M. de Lieuville !

Bachelet fait un signe de tête. Berlureau arrange sa cravate et prend un air digne. Il garde le télégramme à la main.

BERLUREAU

Attention ! Sept voix à la Chambre.

Entre Lieuville, suivi de quatre ou cinq messieurs très distingués... Ils sont aimables, mais cérémonieux. Lieuville s'avance vers Bachelet qui prend de son mieux l'air d'un ministre.

Scène VI

LIEUVILLE, BACHELET, HENRI

LIEUVILLE

Mon cher Ministre...

BACHELET

Pas encore !

LIEUVILLE *(très souriant)*

Nous avons nos informateurs... Mon cher Ministre, nous sommes ici aujourd'hui pour vous remercier de votre intervention à la Chambre en faveur de notre journal, si injustement saisi par un ministère de tyrannie, dont votre éloquence nous a d'ailleurs délivrés. Nous espérons que cette bienveillance du député ne faisait qu'annoncer celle du ministre, et qu'elle est le signe d'une sympathie agissante en faveur de notre parti.

BACHELET *(tout en parlant, il va froisser le télégramme)*

Monsieur le Marquis, si j'ai protesté si vivement contre la saisie de l'Action Royaliste, c'est d'abord parce qu'un grand nombre des vôtres sont tombés au champ d'honneur pour défendre la République — je veux dire la France, car pour vous ce n'est pas la même chose — mais c'est surtout au nom des libertés que la République assure à tous les citoyens, quelles que soient leurs opinions politiques : j'ai parlé en républicain, et en défenseur de la presse libre, que nul n'a le droit de bâillonner *(puis à voix plus basse).* J'ajoute que je sais la reconnaissance que je vous dois pour l'aide que...

LIEUVILLE

Je sais, je sais. Mais ce n'est peut-être pas la peine de le rappeler. *(A haute voix.)* Permettez-moi maintenant, au nom de tous nos adhérents, de vous laisser un souvenir de cette visite, et un témoignage de notre reconnaissance.

Il fait un signe. Deux hommes entrent portant un énorme cadre enveloppé d'une toile. On s'écarte devant eux. Ils vont le poser sur la cheminée, derrière le bureau. Dans un grand silence, le marquis s'approche de l'immense tableau. Il tire sur le coin du voile, et découvre un portrait du héros, en tenue de campagne. Silence respectueux.

LIEUVILLE *(à mi-voix)*

C'est un artiste de notre journal qui a peint ce tableau à votre intention. Il sera mieux placé encore dans votre cabinet de ministre, où il veillera sur vos travaux.

BACHELET

Messieurs, je ne saurais vous cacher mon émotion à la vue de cette image. Émotion qui me serre la gorge, et qui me gêne pour vous témoigner comme je le voudrais, ma très profonde gratitude.

Il chancelle, passe la main sur ses yeux, et s'appuie sur son bureau. Dans son émotion, il froisse le télégramme et le jette au panier. Au tout premier plan, Henri chuchote à l'oreille de Berlureau.

HENRI

Il va fort.

BERLUREAU

Il faut ce qu'il faut.

A ce moment, un monsieur distingué s'approche d'Henri, et lui dit à mi-voix : « Chapeau bas, monsieur ! »

HENRI *(à mi-voix)*

Quoi ?

LE MONSIEUR *(à haute voix)*

Chapeau bas devant le héros !

Tous se tournent vers Henri.

HENRI *(il se découvre respectueusement)*

Excusez-moi, Messieurs, c'est l'émotion... Je l'ai beaucoup connu...

Cependant, Bachelet a repris son discours pendant que le rideau descend.

BACHELET

Certes, je ne puis oublier les temps heureux, où il poussait, d'une baguette légère, son cerceau, dans le jardin public de sa ville natale... Et lorsque la Patrie l'appela, je gardais comme tous les pères, l'espoir de le voir revenir...

RIDEAU

Aubin Imprimeur
LIGUGÉ, POITIERS

Achevé d'imprimer en octobre 1990
pour le compte de France Loisirs
123, bd de Grenelle, 75015 Paris
N° d'édition 19629 / N° d'impression L 35703
Dépôt légal octobre 1990 / Imprimé en France